普通高等教育『十一五』国家级规划教材

国家文化产业资金支持媒体融合重大项目

高等职业教育专业基础课教材新系

管理学原理 Guanlixue Yuanli

（第七版）

荣晓华 张燕 主编

东北财经大学出版社
Dongbei University of Finance & Economics Press
大连

图书在版编目（CIP）数据

管理学原理 / 荣晓华，张燕主编．—7版．—大连：东北财经大学出版社，2023.1（2025.2重印）
（高等职业教育专业基础课教材新系）
ISBN 978-7-5654-4698-6

Ⅰ．管… Ⅱ．①荣… ②张… Ⅲ．管理学-高等职业教育-教材
Ⅳ．C93

中国版本图书馆CIP数据核字（2022）第218874号

东北财经大学出版社出版
（大连市黑石礁尖山街217号 邮政编码 116025）
网 址：http://www.dufep.cn
读者信箱：dufep@dufe.edu.cn
大连天骄彩色印刷有限公司印刷 东北财经大学出版社发行

幅面尺寸：185mm×260mm 字数：375千字 印张：16.75
2023年1月第7版 2025年2月第3次印刷

责任编辑：魏 巍 王 斌 宋雪凌 责任校对：赵宏洋
封面设计：冀贵收 版式设计：原 皓

定价：42.00元

教学支持 售后服务 联系电话：（0411）84710309

如有印装质量问题，请联系营销部：（0411）84710711

富媒体智能型教材出版说明

“财经高等职业教育富媒体智能型教材开发系统工程”入选国家新闻出版广电总局新闻出版改革发展项目库，并获得文化产业专项资金支持，是“国家文化产业资金支持媒体融合重大项目”。项目以“融通”“融合”“共建”“共享”为特色，是东北财经大学出版社积极落实国家推动传统媒体与新媒体融合发展的重要举措之一。

“财济书院”智能教学互动平台是该工程项目建设成果之一。该平台通过系统、合理的架构设计，将教学资源与教学应用集成于一体，具有教学内容多元呈现、课堂教学实时交互、测试考评个性设置、用户学情高效分析等核心功能，是高校开展信息化教学的有力支撑和可靠保障。

富媒体智能型教材是该工程项目建设成果之二。该类教材是我社在着力进行供给侧结构性改革中，进行前瞻性探索时策划、运作而成的创新型产品，是一种新形态立体化教材。富媒体智能型教材秉持严谨的教学设计思想和先进的教材设计理念，为财经职业教育教与学、课程与教材的融通奠定了良好的基础，较好地避免了传统教学模式和单一纸质教材容易出现的“两张皮”现象，有助于教学质量的提高和教学效果的提升。

从教材资源的呈现形式来说，富媒体智能型教材实现了传统纸质教材与数字技术的融合，通过二维码建立链接，将VR、微课、视频、动画、音频、图文和试题库等富媒体资源丰富多彩地呈现给用户；从教材内容的选取整合来说，其实现了职业教育与产业发展的融合，不仅注重专业教学内容与职业能力培养的有效对接、融汇，而且高效地解决了部分专业课程学与训、训与评的难题；从教材的教学使用过程来说，其实现了线下自主与线上互动的融合，学生可以在任何有网络支持的地方自主完成预习、巩固、复习等，教师可以在教学中灵活使用随堂点名、作业布置及批改、自测及组卷考试、成绩统计分析等平台辅助教学工具。

富媒体智能型教材设计新颖，一书一码，使用便捷。使用富媒体智能型教材的师生首先下载“财济书院”App或者进入“财济书院”（www.idufep.com）平台完成注册，然后登录“财济书院”输入教材封四学习卡中的激活码建立或找到班级和课程对应教材，就可以轻松开启个性化教与学之旅。

“重塑教学空间，回归教学本源！”“财济书院”平台不仅仅是出版社提供教学资源和服务的平台，更是出版社为作者和广大院校创设的一个教学空间，作者和院校师生既是这个空间的使用者和消费者，也是这个空间的创造者和建设者，在这里，出版社、作者、院校共建资源，共享回报，共创未来。

最后，感谢各位作者为支持项目建设所付出的辛劳和智慧，也欢迎广大院校在教学中积极使用富媒体智能型教材和“财济书院”平台，东北财经大学出版社愿意也必将陪伴广大职业教育工作者走向更加光明而美好的职教发展新阶段。

东北财经大学出版社

管理学原理

第七版

Guanlixue Yuanli

7TH EDITION PREFACE

第七版 前言

改革开放以来，在中国经济快速发展的同时，中国企业的发展也取得了巨大成就，不仅整体实力大幅提升，而且涌现出一批具有全球竞争力的世界一流企业。党的二十大报告也提出："完善中国特色现代企业制度，弘扬企业家精神，加快建设世界一流企业。"中国企业整体发展进步的背后，是中国企业管理学的创新与发展。因此，学习管理学，进而构建中国特色管理学的任务十分紧迫。

本书围绕高等职业院校学生的培养目标，按照理论以够用为度的改革要求，结合当今前沿的管理理论和典型的管理实践展开修订，既保留了管理学的理论体系，又吸收了管理研究的新理论和研究成果。在内容设计上，以管理职能为基本框架，在介绍管理的含义与性质、管理理论的演变等一般概念和知识的基础上，按照计划、决策、组织、人力资源管理、领导、沟通、激励和控制的顺序安排章节，阐述了管理中的有关知识及其运用。

本次修订更换了全书每一章的篇头引例、课中的微型案例、课后的中型案例以及部分略显过时的资料，力求使每一个案例都更具有权威性、前沿性和代表性，更能体现新时代中国管理特色。需要特别说明的是，本次修订增加了"管理育人"栏目，融入党的二十大精神，讲授中国传统管理思想，引入中国情境下最新的管理学研究成果，从国家意识、法治意识、社会责任意识和个人诚信意识等层面，引导学生树立正确的世界观、人生观、价值观，"要坚定不移听党话、跟党走，怀抱梦想又脚踏实地，敢想敢为又善作善成，立志做有理想、敢担当、能吃苦、肯奋斗的新时代好青年"。

同时，为了提高学生的学习兴趣和学习深度，本次修订在每一章都设立了"知识拓展”二维码，其链接内容主要是对教材相关知识的拓展，学生通过扫描二维码就可以轻松实现阅读。此外，每章后还增加了“在线测评”二维码，可以用于检测学生对本章学习内容的掌握情况。

本书第七版由大连交通大学荣晓华、辽宁师范大学张燕共同主编。具体分工如下：荣晓华编写第1～9章，张燕编写第10章。全书由荣晓华总纂定稿。

本书既可以作为高职院校学生学习管理学的教材或参考书，也可以作为成人高等学校、企事业经营者及各类管理人员的培训教材。

编者在修订过程中查阅了各类文章和信息资料，并部分引用、消化到本书中，在此对所有作者一并致谢。另外，由于编者的学识有限，本书中还存在不足之处，恳请各位同仁、读者谅解并不吝赐教。

本书自2002年第一次出版以来，6次再版、近30次印刷，真心感谢大家的支持与厚爱，特向多年来给予本书大力支持的各位同仁、读者表示最诚挚的谢意！

编　者

2023年7月

Contents

目 录

目录

Contents

数字资源目录

道私者乱，道法者治。

——《韩非子·诡使》

第1章 管理概述

学习目标

知识目标： 理解管理和管理者的含义与特点；了解管理学的研究对象和方法；掌握管理的职能与管理工作的重要性；了解组织内不同层次的管理人员应具有的管理技能；明确管理者的职责，并能把管理者的工作和作业人员的工作区分开来。

技能目标： 能够分析管理者应具备的素质，并在具体的管理活动中具有使用不同的管理人员来担当相应的管理职责的能力。

素养目标： 引导学生树立正确的世界观、人生观、价值观，积极践行社会主义核心价值观，提高个人素养。

思维导图1-1

第1章

引例　跟洛可可学管理

从设计公司到设计共享平台，再到供应链共享平台，三次颠覆式创新，五次管理变革，贾伟用了十年时间把洛可可小作坊打造成洛客百亿大平台。这就是管理的力量。

2004年，贾伟从联想离开后开始创业，当时实行的就是作坊式管理模式。这种模式因为灵活而且管理成本低，被大多数小型设计公司采用。但随着公司规模扩大，小作坊模式逐渐变得效率低下，质量也较难控制。

第一次变革：流水线管理模式

因为难以突破规模的限制，洛可可将作坊式管理模式改成了专业化分工的流水线模式，设计师流水线作业，每个设计师都只从事流程中的一道工序，以计件来记录工作成果，如此一来工作效率大大提高。

但这种把将设计师“机器化”的流水线模式，大大降低了设计师的整体创新能力，导致洛可可的产品质量急速下降，客户不断流失，设计师也因感觉不受尊重而出现大面积的离职。

第二次变革：细胞式管理模式

当流水线管理模式行不通时，细胞式管理成为了洛可可的新选择。这种模式也称为6+1模式，1是细胞核，6是营养组织。每个细胞组织自主管理，成为独立管理单元承接设计任务，表现好的细胞可以裂变。因此裂变出多个事业部，进而形成事业群。

实行细胞式管理后，员工的自主创新能力被大大激发，同时在公司层面也实现了较高的管理效率。

第三次变革：分形管理模式

细胞式管理模式下出现的每个独立细胞很容易实现独立创业。所以洛可可又进一步实行了分形管理模式，分为区域分形、专业分形、业务分形。

同时洛可可将设计类型分形为不同的专业，整合成不同的业务逻辑，给他们资金、品牌、公司资源及股份支持，让他们从一个细胞核裂变到全国甚至国外。

第四次变革：打造平台型企业

经历一年连续两次的平台化尝试失败后，2016年，贾伟辞去了洛可可总裁的职位，喊出干掉洛可可的口号，吸引了大批设计师入驻洛客平台。由于平台模式不再需要雇佣设计师，管理瓶颈消失，省下的成本就可以降低客单价。价格低了，客户就更愿意在网上挑选设计师。

洛可可就如传统的出租车公司，而洛客就如滴滴这样的共享平台，不仅把设计师和需求方企业引进平台，还把供应链引入共享平台，这样各方都可以从中受益。

第五次变革：智能化创新

洛客花10个月的时间研发出了洛客云1.0版。利用技术+数据驱动，公司工作效率得到几何级的提升。原来做一个设计需要2周，现在只需要3秒；原来客单价上万元，现在只要100元。客单价大幅降低之后，客户范围也得到了扩展，随之订单量暴增。2020年，洛客2月23、24日两天的订单数量超过了原来洛可可线下一年订单数量的3倍。

二十年里，洛可可借助管理变革实现了多次跨越。贾伟说：企业管理太重要了。企业小的时候老板一个人说了算，可以不需要管理。但企业越大，管理的作用就越明显，管理和机制做好了可以起到乘数级的作用，做不好反而可能变成除法。

资料来源　竹子. 洛可可从小作坊到100亿大平台，三次颠覆式创新，五次管理变革［EB/OL］.［2022-09-03］. http：//www.chinahrd.net/blog/417/469578/416319.html.

从上述案例可以看到，洛可可历经几次组织迭代，每一个阶段都有其优劣势，这既是洛可可一次次管理能力上的迭代，同时也让贾伟从一个设计师成长为一个管理者。

作为本书的第1章，本章主要介绍管理的含义、性质、职能以及管理者的职责与技能等。

1.1　管理的含义与特征

管理是人类生活中最常见、最普遍和最重要的活动之一，广泛存在于现实社会生活的各个领域。人类历史的实践证明，有效的管理可以改变社会和经济结构，是任何国家及组织走向成功的基础。正如著名管理学家彼得·德鲁克所言：在人类历史上，几乎没有一种制度能像管理那样迅速兴起并产生巨大影响。

1.1.1　管理的含义

“管理”一词有“管辖”“处理”“管人”“理事”等意，是指人们对一定范围内的人员及事务进行安排和处理，以达到预定目标的活动。大到国家，小到企业或学校，任何组织都离不开管理。管理伴随着人类生存、发展的各种活动，可以追溯到遥远的古代。但是管理成为一门学科，却是19世纪末20世纪初的事情，距今只有100余年。随着管理学的产生和发展，在不同时期，不同学者对管理做出了不同的描述，这些管理的定义从不同的方面客观地反映了管理的特性。

（1）国外学者对管理的定义：

管理是一门怎样建立目标，然后用最好的方法经过他人的努力来达到的艺术（泰罗）。

①管理就是计划、组织、控制、指挥、协调（法约尔）。

②管理就是决策（西蒙）。

③管理就是协调活动（马克斯·韦伯）。

④管理是通过他人的努力来达到目标（美国管理协会）。

⑤管理这一术语是指和其他人一起并且通过其他人来有效地完成工作的过程（斯蒂芬·罗宾斯）。

（2）国内学者对管理的定义：

①管理是通过计划、组织、控制、激励和领导等环节来协调人力、物力和财力资源，以期更好地达成组织目标的过程（徐国华）。

②管理是组织中的管理者通过实施计划、组织、人员配备、指导与领导、控制等职

能来协调他人的活动，使他人同自己一起实现既定目标的活动过程（杨文士、张雁）。

③管理是指组织为了达到个人无法实现的目标，通过各项职能活动，合理分配、协调相关资源的过程（周三多）。

④管理是对组织的有效资源进行有效配置，以达成组织既定目标的动态创造性活动（芮明杰）。

根据以上阐述，本书给管理下的定义是：所谓**管理**，就是管理者在特定的环境下，对组织所拥有的各种资源进行计划、组织、领导和控制，以便有效地实现既定的组织目标的过程。

为了更全面地理解管理的概念，我们可以从以下几方面来进一步把握管理的含义：

（1）管理是以管理者为主体开展的活动。在现代条件下，管理主体具有多样性的特点，既可以是以个人形式存在的领导者，也可以是以集体形式出现的决策者和领导者。

（2）管理是一个过程。管理是一个包含多阶段、多项工作的综合过程。

（3）管理由若干个职能构成，即计划、组织、控制、领导和协调等；管理工作的过程是由一系列相互关联、连续进行的活动所构成的。

（4）管理的对象是组织中各种各样的资源，包括人力、物力、财力和信息等。

（5）管理的目的是使组织高效率地达到组织目标。管理是要实现资源成本最小化，因此，效率是管理极其重要的组成部分，而仅仅有效率是不够的，管理还必须使活动实现其预定的目标，即追求活动的效果。使活动达到目标，而且做得尽可能有效率，这就是管理的最终使命。

总之，管理是一个组织生存与发展的基本条件，是经济发展和社会进步的力量。真正有效的管理，必然会使组织运行合理化和高效化。合理化是指合理组织人力、物力、财力，切实安排好各项工作；高效化是指提高劳动生产率，努力提高组织的社会效益和经济效益。前者是手段，后者是目的，只有使二者做到高度统一，才能实现有效管理的目标。

1.1.2　管理的基本特征

管理的产生源于社会活动组织的要求，即这种社会活动不是单个人的活动，而是两个人以上的社会活动。共同劳动的规模越大，劳动分工和协作越复杂，管理工作就越重要。管理的基本特征主要表现在以下几方面：

1）管理是一种社会现象

自从有了人类社会，就存在管理的实践活动，并在此基础上形成各种管理思想，因此管理是一种社会现象。管理或者管理活动存在，必须具备两个必要条件：两个人以上的集体活动；一致认可的目标。在人类社会的生产活动中，人们总是或多或少地组织起来，通过协作来取得个人单独活动所不能取得的效果。管理就是通过制订计划、确定目标，引导组织成员实现目标，取得组织成员协作的整体效果。

2）管理具有普遍性与目的性

管理普遍存在于各种活动之中，这就决定了管理的普遍性。管理是人类一项有意识、有目的的协作活动，是为实现组织既定的目标而进行的，这就是管理的目的性。

3）管理的主体是管理者

管理者的第一个责任是管理一个组织；第二个责任是管理管理者；第三个责任是管理工作和员工，主要是激励组织成员发挥其创造的热情，取得组织的最佳效果。

4）管理的核心是处理好人际关系

管理不是个人的活动，它是在一定的组织中实施的。对主管人员来讲，管理是在其职责范围内协调下属人员的行为，是让别人和自己共同去完成组织目标的活动。组织中的任何事都是由人来传达和处理的，所以主管人员既管人又管事，而管事实际上也是管人。管理活动自始至终，在每一个环节上都是与人打交道的，因此说管理的核心是处理组织中的各种人际关系。

5）管理效果具有不确定性

在管理实践中，我们经常可以看到一些基本条件相同的企业采用同一种管理模式，结果却截然相反。对此，许多人感到疑惑不解，这是为什么呢？如果只从一些看得见的方面（诸如企业的资金投入、规模、行业、产品、厂房、政策、法令等）去进行分析，而忽视另外一些人们不易觉察的内在因素（如员工的思想、情感、士气、作风、人际关系及领导风格等）的话，就不可能得出正确的结论。换言之，管理活动的最终结果受制于许多因素，而对这些因素是无法全部预知的，要加以有效控制的话难度就更大了。因此，一种管理方法在这个地方成功了，不等于在另一个地方也一定有效。

1.1.3 管理的重要性

社会上有各种各样的组织，这些组织是对完成特定使命的人们的系统性安排，而管理普遍存在于各种组织活动中，有组织存在就会有管理。管理是人类共同劳动的产物。在人类历史上，很少有什么事比管理的出现和发展更为迅猛，对人类具有更为重大的影响。无论在什么情况下，只要需求超过了供给，我们就需要管理；无论在什么情况下，只要我们参与了工作或者志愿活动，就需要管理。在当今社会，要干得好一些甚至做些好事，都需要我们像管理者那样进行思考，即使我们本人并非管理者。

具体地说，管理的重要性主要体现在以下几方面：

1）管理是一切组织正常发挥作用的前提

任何有组织的集体活动，不论其性质如何，只有在管理者对它加以管理的条件下，才能按照所要求的条件进行。

组织是由组织的要素组成的，组织的要素互相作用产生组织的整体功能，然而仅仅有组织要素还是不够的。这是因为各自独立的组织要素不会完成组织目标。只有通过管理，使之有机地结合在一起，组织才能正常地运行与活动。组织要素的作用依赖于管理。管理在组织中协调各部分的活动，并使组织与环境相适应。

2）管理有助于组织目标的实现

通过有效的管理，可以放大组织系统的整体功能。因为有效的管理会使组织系统的整体功能大于组织因素各自功能的简单相加之和，起到放大组织系统整体功能的作用。

在相同的物质条件和技术条件下，由于管理水平的不同而产生的效益、效率或速度的差别，就是管理所产生的作用。

3）管理水平的高低是决定一个组织竞争力的重要因素

一个组织的管理水平如何，直接关系着组织的活力和竞争力，乃至决定着组织的兴衰存亡。成功的组织有一个共同的特点，就是基础管理到位、管理水平很高。

4）管理是生产力中最重要的构成要素

现代管理理论认为，管理也是生产力，并且是生产力中最重要的构成要素。劳动者、劳动对象、劳动工具，包括科学技术等生产力要素，在有机结合之前，仅仅是一种潜在的生产力，只有通过管理把诸生产力要素合理地结合成一个有机整体，才可能形成现实生产力。管理和科学技术作为两个非物质要素，贯穿于生产力要素的结合过程中。

5）管理水平是决定一个国家兴旺发达的重要因素之一

组织管理水平的高低决定了一个组织的成败，对一个国家来说也是同样的。企业、学校、商场……都能管理得很好，国家自然就会兴旺发达。

1.2 管理者及其技能

管理大师彼得·德鲁克认为：管理者并不是由他的权力和职位所界定，管理者真正称其为管理者的理由，在于他对组织贡献的责任。

1.2.1 管理者的含义与职责

管理者在不同的组织中有不同的称呼：在工商企业既可以叫经理、厂长，也可以称总裁、首席执行官；而在学校，校长、教务长则是主要管理头衔；在政府部门，按部长、厅（局）长、处长、科长等分为不同层次的管理者；在医院这类组织中，院长是我们最熟悉的管理头衔；在军队系统，以司令员、军长、师长、团长、连长等设置管理头衔；在其他一些组织中，主管也是流行的称呼。凡此种种，不一一列举。总之，尽管不同组织不同管理层次的称呼不同，但他们的共同特点都是执行相应的管理职能，并负责完成组织各个层次的管理任务。

根据我们对管理含义的理解，管理者是指在组织中从事管理活动的全体人员，即在组织中担负计划、组织、领导、控制和协调等工作，以期实现组织目标的人。

管理者的职责主要包括：

1）管理者是目标的提出者

管理能否取得成效和成效的大小，关键在于是否能制定出适应本组织发展的目标。这个目标体现着管理者和大多数成员的意志以及社会发展的要求。因此，管理者要能够为组织制定一个切实可行、足以激发组织成员奋发向上的发展目标。

2）管理者是计划者

制订计划是管理者的首要任务，也是管理者指引组织发展、调动组织内部成员积极性的重要手段。一个管理者必须善于制订计划，亨利·法约尔说过：缺乏计划或制订出一个不好的计划是领导人员无能的标志。因此，管理者必须以严谨的科学态度、实事求是的精神制订组织计划，并保证计划的可行性和可操作性。

3）管理者是组织者

组织是保证管理活动顺利进行必不可少的条件，因而是管理者的重要职责。管理者应把管理活动的各个要素、各个环节和各个方面，从劳动的分工、协作、时间、空间上进行很好的结合，使组织不断适应客观条件的变化，发挥出最大的效能。

4）管理者是指挥者

管理者要不断地在管理过程中发布命令、下达指示、制定措施，以此来统一协调组织成员的意志和行为，所以他又是一个指挥者。指挥者的任务就是在严密组织的基础上，合理分配任务和布置工作，并督促和检查执行情况，及时处理管理过程中出现的问题。没有高效统一的指挥，组织的目标就不能实现，计划就无法完成，也不能实行有效的管理。

5）管理者是协调者

有效的管理，必须保证生产过程中各要素、管理的各职能之间保持高度的协调。这种协调的实现，需要管理者在管理活动中不断地进行统筹和调节。所以，管理者又是一个协调者。作为一个协调者，必须在保证组织目标实现的基础上，使各环节相互配合、紧密衔接、不相矛盾。协调的形式有纵向协调和横向协调、内部协调和外部协调。协调既包括人、财、物的协调，也包括各种关系的协调。

1.2.2 管理者的类型

为了简化起见，组织中的成员一般分为两大类：一类是作业人员；另一类是管理人员。管理人员的工作性质与作业人员的工作性质是截然不同的。作业人员直接在某一岗位上或某一任务中制造产品或提供服务，但是他们不负有监管他人工作的责任。当然，管理人员也有一些作业性任务。不管管理人员是高层的、中层的还是一线的，他们都有下属。一个组织中从事管理工作的人可能有许多，不同的管理人员处于不同的管理岗位上。

1）按管理者在组织中所处的层次分

（1）高层管理者。他是指组织中的高级领导人，对整个组织的管理负有全面责任，主要任务是制定组织的总目标、总战略，把握组织的发展方向，并对组织的资源拥有分配权，尤其是对人力资源的调配，同时也需要对整个组织的业绩负责。

（2）中层管理者。他是指介于高层管理者和一线管理者之间的管理人员，主要职责是贯彻执行高层管理者的重大决策和管理意图，监督和协调基层管理者的工作，或对某一方面的工作进行具体的规划和参谋。大型组织的地区经理、分部负责人、生产主管等都属于中层管理者。

（3）基层管理者。他是指一线管理人员，是直接监督实际作业人员的管理者，主要职责是直接给下属作业人员分配具体任务，直接指挥和监督现场作业活动，确保下属的工作条件和工作环境，使工作流程一步接着一步顺利地进行，保证上级下达的计划和指令的完成。基层管理者的头衔包括工长、领班、小组长和办公室主任等。

案例分享1-1 **A公司面临的问题**

A公司是一家软件外包企业，总部在北京，400名员工分布在全国5个地区，为多个行业的头部企业提供外包服务。

前几年，公司发展迅猛，业务增长较快。但是，近两年来，公司利润下降明显。为了扭转这种局面，去年开始公司计划开发一款拳头产品，替代原来的驻场服务模式，以此提升公司利润。

对于A公司来说，这是一次重大转型，然而，实施过程困难重重。

首先，项目经理不能独当一面，不敢与较为强势的客户直接沟通，也无法有效管理客户，常常造成项目延期。

其次，各地驻场人员扑在各自项目上，难以抽调整合形成产品研发团队，导致产品开发进展缓慢。

还有，公司CEO终日奔波于各个现场与客户周旋，搞得精疲力尽。由此带来的结果是，上下级关系紧张，员工士气低落，公司内时常相互抱怨。

面对公司出现的状况，管理层也做过讨论并采取了措施。比如，人力资源部为项目经理们开展了沟通技巧和合理授权的培训，但项目经理的能力仍不达标，公司CEO还得奔波于各个现场。

针对项目人员与总部之间的冲突和抱怨，公司也组织了团队协作的培训，但这种情况并未改善，甚至愈演愈烈。

有几次，在和客户领导者开会时，项目经理反过来帮客户说话，搞得公司CEO很尴尬。A公司很强调“正能量”，高管层对个别发牢骚的员工提出了批评。

看到上述种种难题迟迟得不到解决，公司CEO甚是着急。

问题：公司到底出了什么问题？怎么解决这些问题？

案例分享1-1

分析提示

2）按管理者所从事的工作领域分

（1）综合管理人员。他是指负责管理整个组织或组织中某个事业部的全部活动的管理人员。

（2）专业管理人员。他是指负责管理组织中某一类活动（或职能）的管理人员。对现代组织来说，随着其规模的不断扩大和环境的日益复杂多变，将需要越来越多的专业管理者，专业管理者的地位也将变得越来越重要。根据这些管理人员所管理的专业领域性质的不同，又可以具体划分为生产部门管理人员、营销部门管理人员、人事部门管理人员、财务部门管理人员以及研究开发部门管理人员等。

3）按管理者的职责任务分

（1）决策指挥者。他是指在组织各层次中拥有决策指挥权的管理人员。其基本职责是负责组织或组织内各层次的全面管理任务，拥有直接调动下级人员、安排各种资源等权力。

（2）职能管理者。他是指负责组织某一专门管理职能的管理人员，如计划管理人员、财务管理人员、生产管理人员等。

（3）决策参谋人员。他是指为各级决策指挥人员提供决策建议的智囊人员，通常也将他们称为管理人员。决策参谋人员的职责是收集、整理、提供与决策相关的各种信息，为决策指挥者提供合理的建议和方案。

1.2.3　管理者的技能

技能是指一种可以由后天学习而来的、并非天生的能力。管理技能能够帮助管理者做好管理工作。也就是说，管理技能是为更好地做好管理工作而准备的，与管理者做些什么工作直接有关。要使管理者的管理工作卓有成效，管理者必须具备以下三方面的技能：

1）专业技能

专业技能是指使用某一专业领域内有关的工作程序、技术和知识去完成组织专业任务的能力。在特定的工作岗位要有特定的知识与能力，如生产技能、营销技能、财务技能等，而它们又是管理该岗位所需要的技能。如监督会计人员的管理者必须懂会计，熟知会计技能，才能按照一定的要求对会计人员进行监督。

2）人际技能

人际技能是指成功地与他人打交道并与他人沟通的能力。人际关系这项技能，对高、中、低层管理者有效地开展管理工作是非常重要的，因为各层次的管理者都必须在与上下左右之间进行有效沟通的基础上，相互合作，共同完成组织目标。

3）概念技能

概念技能是把组织作为一个整体进行考察并考虑各个构成部分之间关系的认知能力。它包括管理者的思维、信息处理和计划能力，对某个部门如何适应整个组织及整个组织如何适应所在产业、社区与广泛的经营和社会环境的认知能力，体现了用长远的眼光进行战略思维的能力。

要成为有效的管理者，必须具备上述三种技能，缺一不可。对于高层管理者，最重要的是概念技能；基层管理者最接近现场，专业技能格外重要。由于管理者的工作对象是人，因此人际技能对各个层次的管理者来说都是重要的。对基层管理者来说，具备专业技能是最为重要的，具备人际技能在同下属的频繁交往中也非常有用，而概念技能对基层管理者而言则显得不那么重要（如图1-1所示）。中层管理者对专业技能的要求下降，而对概念技能的要求上升；同时，具备人际技能仍然很重要。而对高层管理者而言，概念技能、人际技能都特别重要，对专业技能的要求相对来说则很低。可以这样理解，在大公司里，总经理们可以利用其下属的专业技能；但是在小公司里，总经理的专业技能可能仍旧十分重要。

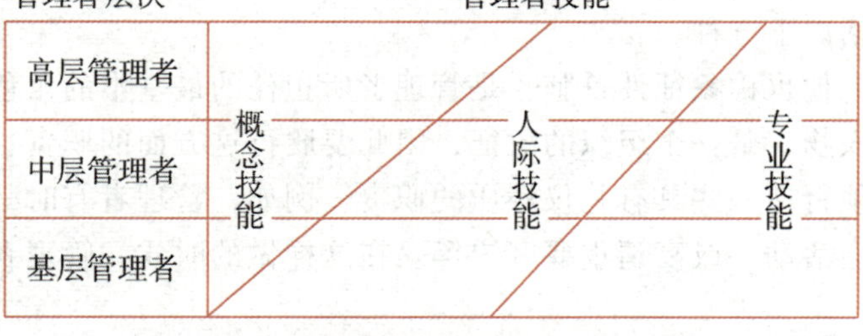

图1-1　管理者层次与管理者技能的关系

所有管理者，不论他在组织中的哪一层次上承担管理职责，其工作的性质和内容基本上是一样的，都包括计划、组织、领导和控制四个方面。不同层次管理者工作上的差别，不在于职能本身不同，而在于各项管理职能履行的程度和重点不同。

如图1-2所示，高层管理者花在计划、组织和控制职能上的时间要比基层管理者多，而基层管理者花在领导职能上的时间要比高层管理者多。即便是同一管理职能，不同层次的管理者所从事的具体管理工作的内涵也并不完全相同。例如，就计划工作而言，高层管理者关心的是组织整体的长期战略规划，中层管理者偏重的是中期、内部的管理性计划，基层管理者则侧重于短期的业务和作业计划。

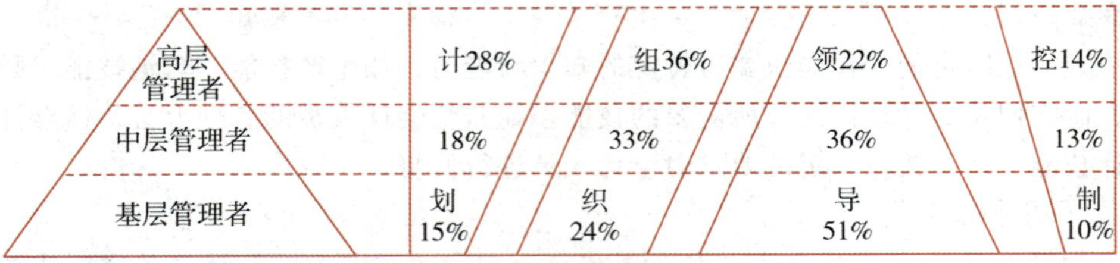

图1-2 不同层次管理者在每种职能上的时间分布

1.2.4 管理者的角色

所谓管理者的角色，就是指管理者在组织体系内从事各种活动时的立场、行为表现等的一种特性归纳。管理者大体上扮演管理一个组织、管理下属、管理工人和工作三种角色。

国外的管理学家经过长期研究，在大量观察的基础上，提出了一个管理者究竟在做什么的分类纲要。其结论是，管理者扮演10种不同但却是高度相关的角色。这10种角色可以进一步组合成3个方面：人际角色、信息角色和决策角色（如图1-3所示）。

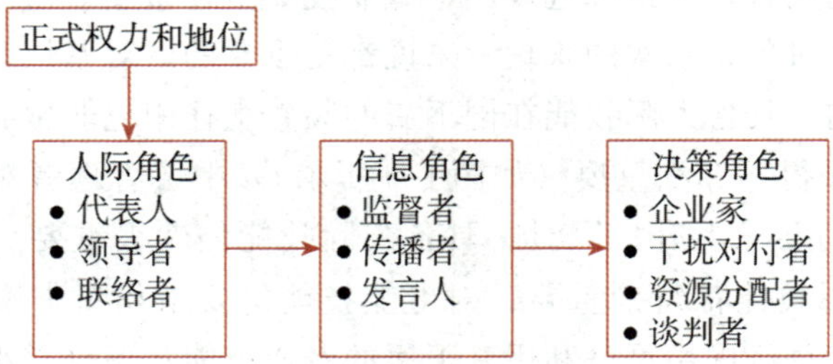

图1-3 管理者的角色

1）人际角色

人际角色包括以下三种：

（1）代表人。他也称象征性首脑，是管理者所担任的最基本的角色。由于管理者是一个组织的权威人物，是一个组织的象征，因此要履行这方面的职责。作为所在单位的领导，管理者必须行使一些具有礼仪性质的职责。例如，管理者有时必须出现在社区的集会上，参加社会活动，或宴请重要客户等。在这样做的时候，管理者行使着代表人的角色。

（2）领导者。管理者还要扮演领导者的角色，承担激励和动员下属、人员配备、培训和交往的职责。由于管理者对所在单位的经营成败负重要责任，因此他们必须在工作小组内扮演领导者角色。就这种角色而言，管理者和员工一起工作并通过员工的努力来确保组织目标的实现。

（3）联络者。这指的是管理者同他所领导的组织以外的无数个人或团体维持关系的一种角色。通过对每种管理工作的研究发现，管理者花在同事和单位之外的其他人身上的时间与花在自己下属身上的时间一样多。这样的联络通常都是通过参加外部的各种会议、各种公共活动和社会事务来实现的。实际上，联络角色一是用于管理者建立自己的外部信息系统，可以及时获得对组织有用的信息；二是可以为自己的组织开发关系资源。

2）信息角色

信息角色包括以下三种：

（1）监督者。管理者必须扮演的一种信息角色是监督者角色。作为监督者，管理者持续关注组织内外环境的变化，以获取对组织有用的信息。管理者通过接触下属来搜集信息，并且从个人关系网中获取对方主动提供的信息。根据这种信息，管理者可以识别工作小组和组织的潜在机会和面对的威胁。

（2）传播者。在扮演传播者的角色时，管理者将其作为信息监督者所获取的大量信息分配出去。作为传播者，管理者把重要信息传递给工作小组成员，有时也向工作小组隐藏特定的信息。但更重要的是，管理者必须保证员工拥有必要的信息，以便切实有效地完成工作。

（3）发言人。在扮演发言人的角色时，管理者要把一些信息发送给组织之外的人，而且作为组织的权威，要对外传递关于本组织的计划、政策和成果等信息，使得那些对企业有重大影响的人能够了解企业的经营状况。例如，管理者可能要向媒体发布信息，要就财务状况向董事会和股东报告，对外界进行演讲等。

3）决策角色

在决策角色中，管理者处理信息并得出结论。如果信息不用于组织的决策，这种信息就丧失了其应有的价值。管理者负责做出组织的决策，让工作小组按照既定的方向行事，并分配资源以保证小组计划的实施。

（1）企业家。在扮演企业家的角色时，管理者要寻求组织及其所处环境中的机会，制订“改进方案”以发起变革，监督某些方案的策划。在前述的监督者角色中，管理者密切关注组织内外环境的变化和事态的发展，以便发现机会。作为企业家，管理者对所发现的机会进行投资，以利用这种机会，如开发新产品、提供新服务或发明新工艺等。

（2）干扰对付者。作为干扰对付者，当组织面临重大的、意外的动乱时，管理者要负责采取补救措施。一个组织不论被管理得多么好，它在运行的过程中，或多或少总会遇到冲突或问题，而管理者必须善于处理冲突或解决问题，如平息客户的怒气，同不合作的供应商进行谈判，或者对员工之间的争端进行调解等。

（3）资源分配者。在作为资源分配者的角色时，管理者负责分配组织的各种资源——事实上是批准所有重要的组织决策。尽管我们一想到资源，就会想到财力资源或设备，实际上其他类型的重要资源也要被分配给项目。例如，对管理者的时间来说，当管理者选择把时间花在这个项目而不是那个项目上时，管理者实际上是在分配一种资源。除时间外，信息也是一种重要资源，管理者是否在信息获取上为他人提供便利，通常决定着项目的成败。

（4）谈判者。在作为谈判者的角色时，管理者在主要的谈判项目中作为组织的代表进行谈判。对所有层次的管理工作进行研究后发现，管理者把大量的时间花费在谈判上。管理者的谈判对象包括员工、供应商、客户和其他工作小组等。无论是何种工作小组，管理者都需进行必要的谈判工作，以确保小组朝着组织目标迈进。

大量的后续研究试图检验上述角色理论的有效性，这些研究涉及不同的组织和这些组织中不同的管理层次。研究证据一般都支持这样一种观点，即不论何种类型的组织和在组织的哪个层次上，管理者都扮演着相似的角色。但是，管理者所扮演角色的侧重点是随组织的等级层次变化的，特别是传播者、谈判者、联络者和发言人角色，对高层管理者要比低层管理者更重要；相反，领导者角色对低层管理者要比中、高层管理者更重要。

知识拓展 1-1

企业管理者角色的转变

课堂互动 1-1

小张是一家造纸厂的厂长，这家工厂面临着一项指控：厂里排放出来的废水污染了邻近的河流。因此，小张必须到当地的水务局去为本厂申辩。小李是该厂的技术工程部经理，他负责自己部门的管理工作并与销售部门协调相关工作。小王负责厂里的生产管理，他刚接到通知：每天向本厂提供包装纸板箱的供应厂商发生了火灾，至少在一个月之内无法供货，而本厂包装车间的工人们想知道，现在他们该干什么。小王说，他会解决这个问题的。

问题：运用管理者角色理论，分析在这家企业里，小张、小李、小王各自扮演了什么角色？

课堂互动 1-1

答案提示

1.2.5 管理者的素质

管理者的素质是指管理者与管理相关的内在基本属性与质量。管理者的素质是形成管理水平与能力的基础，是做好管理工作、取得管理功效极为重要的主观条件。

1）管理者的基本素质

管理者的基本素质主要表现为品德、知识、业务、能力、身心素质等几个方面。

（1）品德素质。品德是推动个人行为的主观力量，决定着一个人工作的愿望和努力程度。现代管理者应具备的品德素质主要包括以下几点：一是强烈的事业心和高度的责任感；二是公道正派，与人为善；三是谦虚谨慎，作风民主；四是以身作则，清正廉洁。

（2）知识素质。一个管理者应力求掌握以下三方面的知识：一是自然科学知识；二是社会科学知识；三是专业知识。

（3）业务素质。管理者应具备的业务素质主要是指管理知识与技能，如科学决策能力、知人善任能力、组织协调能力、开拓创新能力等。

（4）能力素质。能力反映一个人干好本职工作的本领，包括完成一项工作的具体方式，以及顺利完成一项活动所必需的心理特征。

（5）身心素质。它指的是管理者本人的身体状况与心理条件。

品德、知识和能力三者共同构成了一个人的基本素质，但这三者并没有必然的联系。如优秀的品德有利于知识水平和能力的提高，但并不代表具有优秀品德的人就必定具备高的知识水平和能力，反之亦然。

早在管理科学发展的初期，美国管理专家泰罗在论及工段长的工作时就谈道："要得到一个具备多种专门知识以及为完成其全部工作所必需的各方面的智力和道德品质的人极不容易，因为一个全才必须具有下列九种品德：脑力；教育；专门知识或技术知识，手艺或体力；机智；充沛的精力；毅力；诚实；判断力或常识；良好的健康情况。"

2）现代管理者素质的核心——创新

现代管理者的创新素质主要表现在以下几个方面：

（1）创新意识。管理者要树立创新观念，要真正认识到创新对组织生存与发展的决定性意义，并在管理实践中事事、时时、处处坚持创新，要有强烈的创新意识。

（2）创新精神。这是涉及创新态度和勇气的问题。管理者在工作实践中，不但要想到创新，更要敢于创新，要有勇于突破常规、求新寻异、敢为天下先的大无畏精神。

（3）创新思维。管理者不但要敢于创新，还要善于通过科学的创新思维来完成创新构思。没有创造性思维，不掌握越轨思维的方法与技巧，不采用科学可行的创造性技法，是很难实现管理上的突破与创新的。

（4）创新能力。在管理实践中，促使创新完成的能力是由相关的知识、经验、技能与创造性思维综合形成的。

管理育人1-1　用实干诠释新时代青年的责任与担当

青年兴则国家兴，青年强则国家强。青年一代是国家和民族的未来与希望。经济的建设、社会的发展，离不开广大青年的辛勤劳动和努力付出。进入新时代，阔步新征程，广大青年要敢于担当、做好表率、有所作为，才无愧于时代青春，无愧于华丽人生。

青年要敢于担当。没有金刚钻，不揽瓷器活。青年人有理想、有抱负，实现理想和抱负，要敢想敢做，敢作敢为，这种敢为人先的精神就是一种担当。青年理应有担当精神，国家才有前途。担当更是发自于内心，价值观只有内化于心、外化于行，才能产生凝聚力。敢于担当，贵在坚持，重在日常，找准定位，把工作当事业来经营，善于学习、善于思考、善于总结，每天前进一小步，一年前进一大步，以实际行动为实现中国梦贡献力量。

青年要做好表率。新时代肩负新任务，青年人要树立榜样，做出表率。青年是最具青春活力、能敏感捕捉到时代发展脉搏、最坚毅地引领社会风气之先、最具创造力和最具发展潜力的群体。广大青年应做弘扬社会主义核心价值观的榜样，自觉抵制网络歪风邪气，做先进文化的传播者；自觉远离网络低级趣味，做传递文明的先行者；自觉纠正网络谣言散播行为，做弘扬正能量的推动者。同时，在志愿服务、扶贫帮困、爱心救助等方面走在前、树形象、做表率，当好先锋。

青年要实干作为。青年是最有影响力的群体，是社会变革和积极建设期最活跃的社会力量。实干兴邦，青年一代要践行实干担当，在真刀真枪的实干中成就一番事业。当代青年有着大好机遇，要做起而行之的行动者、实践者。青年一代要立足实际实干争先，在改革发展、创新求图中勇立潮头、有所作为，凝聚起深化改革的强大正能量。

总而言之，广大青年要按照社会主义核心价值观的要求，找准立足点，努力树理想、练本事、修品德、创业绩，在社会主义经济建设的大潮中、在火热生动的实践中放飞青春梦想，抒写人生华章。

资料来源 练伟雄. 用实干诠释新时代青年的责任与担当［EB/OL］.［2022-05-06］. http：//www.wenming.cn/wmpl_pd/ht/202205/t20220505_6364029.shtml.

思政感悟：党的二十大报告指出："当代中国青年生逢其时，施展才干的舞台无比广阔，实现梦想的前景无比光明。"青年学生应情系国家，树立报国的爱国情怀，自觉融入坚持和发展中国特色社会主义事业、建成社会主义现代化强国、实现中华民族伟大复兴的奋斗中。

1.3 管理的性质与职能

在日常生活中，存在着各种各样的管理现象：企业经理管理着企业的生产经营活动；校长管理着学校的教育活动；政府机关的各级领导管理着城市和农村……尽管这些组织的目标不同，管理的要求也不同，但任何管理者的管理活动都遵循着一定的规律。那么，管理的性质和基本职能是什么呢？

1.3.1 管理的性质

管理普遍存在于各种组织活动中，有组织存在就会有管理。尽管人们对管理所下的定义不尽相同，但是对管理具有的以下两种属性却都基本认可，即管理的两重性与管理的科学性与艺术性。

1）管理的两重性

管理的两重性是马克思主义关于管理问题的基本观点。一方面，管理是由许多人协作劳动而产生的，它是有效组织共同劳动所必需的，具有同生产力、社会化大生产相联系的自然属性；另一方面，管理又体现着生产资料所有者指挥劳动、监督劳动的意志，因此，它又有同生产关系、社会制度相联系的社会属性。这就是管理的两重性。

管理的两重性是辩证的：一方面，管理的自然属性总是在一定的社会形式、社会生产关系条件下发挥作用；同时，管理的社会属性也不可能脱离管理的自然属性而存在，否则管理的社会属性也就成为没有内容的形式。另一方面，二者又是相互制约的，管理的自然属性要求具有一定的"社会属性"的组织形式和生产关系与其相适应；同样，管理的社会属性也必然对管理的科学技术等方面产生积极影响或制约作用。

2）管理的科学性与艺术性

管理实践是一门艺术，而指导这种实践活动的有条理的知识，可以被称为科学。

管理的科学性，也就是说管理学是一门科学。这是因为管理学具有客观性、实践性、理论系统性、真理性及发展性等科学的特点。其客观性体现在，管理学的研究对象是人类社会中各种组织的管理活动，它从客观实际出发，揭示管理活动的各种规律。这些规律是客观存在的，谁违反这些规律就必然遭到惩罚。其实践性体现在，管理学是在实践中产生并发展起来的一门科学，它所包含的知识都是人们多年来实践经验的总结，它的直接目的就是有效地去指导实践。管理学已形成一整套理论，它的许多原则都是经过了反复的检验才抽象出来的，这便是管理学的理论系统性与真理性。

管理的艺术性就是强调其实践性，没有实践则无所谓艺术。这就是说，管理人员仅凭停留在书本上的管理理论或背诵原理和公式来进行管理，是不能保证其成功的。管理人员必须在管理实践中发挥积极性、主动性和创造性，因地制宜地将管理知识与具体管理活动相结合，这样才能进行有效的管理。所以，管理的艺术性，就是强调管理活动除了要掌握一定的理论和方法外，还要有灵活运用这些知识和技能的技巧和诀窍。管理科学是反映管理关系领域中的客观规律的知识体系；管理艺术则是以管理知识和经验为基础，富有创造性的管理技巧的综合。

从管理的科学性与艺术性可知，卓有成效的管理艺术是以对它所依据的管理理论的理解为基础的。管理者在管理实践中，既要运用管理知识，又要发挥创造性，谋划出一种有用的解决方法来高效地实现目标。没有实践则无所谓艺术。因此，二者之间不是互相排斥，而是互相补充的。

1.3.2 管理的职能

管理职能是管理者实施管理的功能或程序，即管理者在实施管理过程中所体现出的具体作用及实施程序或过程。

1）计划职能

计划是管理过程中的首要职能。它的含义可以从两个角度讨论：第一，从名词的角度（静态的）理解，计划是指实现组织目标的行动方案；第二，从动词的角度（动态的）理解，计划是拟订实现组织行动方案的过程。后者就是管理的计划职能。

由于组织的存在是为了实现某些目标，因此就需要有人来制定组织要实现的目标和实现目标的方案，这就是管理的计划职能应做的工作。具体来说，计划工作主要包括评估机会和确定目标，分析测量条件、环境和资源，制订实现目标的备选行动方案，比较分析不同的行动方案，选择方案，根据实际情况调整计划等。

计划既可以是针对整个组织的，也可以是针对单个单位和每个人的；既可以是长期的（5年以上），也可以是短期的（几天到几周）；既可以是一般性的（如通过开发新产品获得利润），也可以是非常具体的（如下个月次品率降低10%）。

2）组织职能

组织职能有两层含义：一是进行组织结构的设计、建造和调整，如成立某些机构或对现有机构进行调整和重塑；二是为达成计划目标所进行的必要的组织过程，如进行人员、资金、技术、物资等的调配，并组织实施等。

计划的实施要靠其他人的合作。组织工作正是从人类对合作的需要中产生的。一个组织不是一群随机的人碰在一起，而是为实现其成员个人无法实现的一定目标而建立的。也就是说，组织是由两个或两个以上的个人为了实现共同的目标组合而成的有机整体。组织是一群人的集合，组织中的成员只有按照一定的方式相互合作，共同努力，组织才能形成整体力量，完成个人力量的简单总和所不能完成的各项活动，实现不同于个人目标的组织总体目标。而要使一个组织完成这一使命，管理者就应根据工作的要求和人员的特点设计岗位，通过授权与分工，将适当的人安排在适当的岗位上，用制度规定各个成员的职责和上下左右的相互关系，形成一个有机的组织结构，使整个组织协调运转。这就是管理的组织职能。

组织目标决定着组织结构的具体形式和特点。例如，政府、企业、学校、医院、军队、教会、政党等由于其各自的目标不同，其组织结构形式、特点均不相同。而组织工作的状况又很大程度上决定着这些组织各自的工作效率和活力。组织职能是管理活动的根本职能，是其他一切管理活动的保证和依托。组织职能也是一个动态的过程，随着管理条件和环境的变化，组织结构必须相应地进行变革和调整。

3）领导职能

领导是领导者及其领导活动的简称。领导者是组织中那些有影响力的人员，他们既可以是组织中拥有合法职位、对各类管理活动具有决定权的主管人员，也可以是一些没有确定职位的权威人士。领导活动是领导者运用权力或权威对组织成员进行引导或施加影响，以使组织成员自觉地与领导者共同实现组织目标的过程。

计划与组织工作做好以后，如果没有人来领导组织内的成员，也很难达成组织目标。这是因为配备在组织机构各岗位上的人员，由于各自的目标、需求、偏好、性格、素质、价值观及工作职责和掌握的信息量等方面存在很大差异，在相互合作中必然会产生各种矛盾和冲突，而组织目标的实现要依靠全体成员的努力，因此必须由领导者来指导和协调组织成员的思想与行为，激励每个成员自觉为实现组织目标共同努力。这就是管理的领导职能。领导职能的基本内容包括激励、沟通、协调、奖励、处罚、示范等，它贯穿于管理活动的整个过程。

领导职能是一门非常奥妙的艺术，它贯穿于整个管理过程中。它是管理过程中的活的灵魂，是集中体现管理者素质和管理能力的活动，是实现管理效率和效果的关键，因此领导职能常被人们认为是管理的核心环节。

4）控制职能

在管理活动中，控制是一项重要的管理职能，它促使组织的活动按照计划规定的要求展开。

周全的计划、严密的组织和出众的领导，并不能确保组织目标的实现。这是因为人们在执行计划的过程中，常常由于受到各种因素的干扰，使实践活动偏离原来的计划。为了保证组织目标及为此而制订的计划得以实现，管理者必须根据由计划衍生而来的控制标准对组织各项实践活动的进展情况进行检查，发现偏差后分析原因，并及时采取有效的纠偏措施。这就是管理的控制职能。控制职能是管理过程的监视器和调节器；控制不仅是对以前组织活动情况的检查和总结，而且可能要求某一时点以后对组织业务活动进行局部甚至全局的调整。因此，控制是整个管理过程的重要链条，对管理过程的顺利进行具有重要的保证作用。难怪有人说，没有控制就没有管理。有的学者在强调控制必要性时还特别指出，控制与信任并不对立，管理中可能有不信任的控制，但绝不存在没有控制的信任。

没有计划便无法控制，没有控制也就无法积累制订计划的经验。人们往往在进行控制工作的同时，又需要编制新的计划或对原计划进行修改。同样，没有组织架构，便无法实施领导，而在实施领导的过程中，又可能反过来对组织架构进行调整。但就总体而言，每一项管理工作一般都是从计划开始，经过组织、领导，到控制结束。管理过程是一个各职能活动周而复始的循环过程。

以上是管理的四种基本职能，它们分别重点回答了一个组织要做什么、怎么做、靠什么做以及做得怎么样等基本问题。这四种职能是一个互相关联、不可分割的整体。其中，某些职能的完成情况会受其他职能完成情况的影响。因此，要正确理解各管理职能之间的关系：一方面，在管理实践中，计划、组织、领导和控制职能一般是按顺序履行的，即先要执行计划职能，然后是组织、领导职能，最后是控制职能。另一方面，上述顺序不是绝对的，在实际管理中，这四大职能又是相互融合、相互交叉的。

1.4　互联网时代的企业管理

互联网时代，人与人、人与物的关系与沟通发生了深刻变革，企业管理也面临一系列新挑战。正是由于互联网尤其是移动互联网的普及，我们正在从工业文明社会走向信息文明社会。其差距与鸿沟，就像工业文明与农业文明的差距与鸿沟一样。

互联网对企业来说，不仅是一种技术，更是一种商业模式，其商业模式的作用比技术更重要。互联网的商业应用包括消费互联网和工业互联网，像淘宝等电商公司属于消费互联网，目前中国在消费互联网领域位居全球第一。我国的互联网发展正在由消费互联网进入工业互联网。比如海尔卡奥斯工业互联网平台聚集了390多万家生态服务商；疫情期间，青岛的4个女职员用4天时间帮助山西一家企业转型生产口罩，每天产能达10万只，这些都是在互联网平台上完成的。消费互联网是面向个人的，我国有14亿消费者；而工业互联网是B2B模式的，我国有3 000多万家公司，拥有充足的市场需求，这些都是我国互联网产业发展的坚实基础。

1.4.1　互联网给企业管理带来的新变化

现在的互联网正在从PC端向移动端转移，不只是每年新增3亿多台电脑营造的互联网，更有每年新增15亿部智能手机和平板电脑打造的移动互联网。移动互联网是一个全新的科技生态系统：网络跨越了地点的限制，可以在任何地方使用；跨越了时间的限制，使用的频次更高；跨越了使用环境的限制，应用的环境更为复杂；跨越了沟通的限制，沟通更加便捷，沟通方式包括文字、语音、视频、网络会议等等。再加上无处不在的传感器和无处不在的数据流，每一个新的传感器都在创造一种新的商业，每一种数据流都在挖掘一种需求。把这些综合到一起，价值的创造变得非常有可能，其中蕴含巨大的产业机会、非常丰富的商业模式，以及个体价值的瞬间爆发。

（1）跨界技术的出现。IT（微电子技术）不再是一个行业的技术，而是能够跨界并与其他行业技术融合的技术。其他领域的产品将随着IT技术的渗透而发生改变。颠覆发生在行业之外，没有这样的跨界技术是不可能的。

（2）各类创新门槛的降低。过去，创新是门槛很高的活动。虽然小企业的创新比例很高，但真正商业化几乎都是大企业的专利。现在，个体或小微组织的创新比大企业更有爆发性，更有颠覆性。

（3）大数据的开发利用。大数据时代，经济、政治、社会、文化等许多门类都会发生本质的变化和发展，会影响到很多人的价值体系、知识体系和生活方式。互联网带来的大数据正成为巨大的经济支撑，它会给我们带来全新的创业方向、商业模式和投资机会。

（4）新族群的产生。截至2022年6月份，我国网民规模达10.51亿，互联网普及率达74.4%。其中基本上都是手机网民，而且这部分消费人群是非常活跃的，所以现在几乎所有的商家都想尽一切办法抓取流量，因为有了流量就有了销售，就有了顾客，就有了市场利润。

（5）互联网带来工作方式的巨变。互联网为那些在自己喜欢的地方和时间段工作的人描绘了一种新的工作样态。尤其是最近两年，由于受新冠肺炎疫情影响，远程办公的潮流正在全世界范围内兴起。远程会议、线上招聘、居家办公……人们的生活和办公方式，正随着疫情悄然变化，“家”和“办公室”的界限开始变得模糊，“混合办公”的趋势日益凸显。特别是依靠逐渐成熟的协同工作软件，国外不少大型跨国公司允许员工远程工作，“3+2”混合办公模式（即允许员工每周选择1~2天远程办公）并非天方夜谭。

案例分享1-2　　携程的“3+2”混合工作模式

2022年2月，“携程将推出‘3+2’混合工作模式”的话题冲上了热搜，在网上引发网友一片艳羡。从3月起，携程允许员工在每周三、周五在家远程办公，除疫情防控需要外，旨在缓解员工照顾家庭、带孩子的压力，促进社会生育率的提升。值得指出的是，这是国内首个在全公司推行常规性混合办公模式的企业，此模式将覆盖该集团全部员工，不分男女、不分值岗、不做薪资调整，其示范意义不容置喙。从携程的实践中可以发现，员工工作效率不仅没受到影响，满意度还大幅度提升。

问题：你如何看待“3+2”混合工作模式？

案例分享1-2

分析提示

1.4.2　互联网时代企业管理面临的新挑战

在互联网时代，我们的企业管理、运营面临许多新的挑战。

1）不可预测性

如果说在工业化时代企业的运作还有踪迹可寻的话，在互联网时代就增加了很多不可预测性。我们可以看到，哪怕是做到世界第一的柯达公司，也照样会破产；诺基亚手机做到全世界市场占有率60%，照样衰败。为什么？互联网时代一切皆有可能，生产方式在变，渠道在变，消费者也不断在变。

2）多维性

因为网络的连接是全方位的，所以产生了多维性的特点。比如，我们很难设想传统的出租车业务竟然和互联网产生了连接；我们解决“最后一公里”的交通，原来要20元左右，现在用共享单车，1元钱就能解决问题。

3）员工个体价值上升，组织价值下降

随着互联网经济的发展，一方面，沟通成本下降、沟通效率提高；另一方面，个人通过互联网进行资源整合的效率提高，方式方法多样化，整合资源的体量在快速增大，只要有合理的商业模式，可以快速聚拢庞大的资源进行产业化培育。过去必须依赖组织才能完成的商业行为，现在个体完全有可能独立完成，互联网公司多数都是个体价值的体现。海尔组织变革的目标就是“企业平台化、员工创客化、用户个性化”。这种模式遵循了个体价值上升阶段的规律，并通过平台方式把个体价值链接为组织价值。因此，互联网发展对组织管理的一大挑战是使组织和个体的价值出现了不平衡。员工个体价值上升，组织价值下降，员工对组织的博弈能力增强，开始挑战现有的组织管理方式。

从人的本性上看，员工更希望自由、自主和非正式的雇佣关系。员工挑战现有的组织管理方式，目的是希望从原来的雇佣关系变成平等合作的关系，或者交流合作的关系，或者契约关系。这是现有组织管理方式面临的最大挑战。

4）信息传播方式变化打破了企业组织边界

随着互联网的发展，员工非正式信息获取渠道的丰富性，完全超越了企业的组织边界，企业原有的组织管理模式很难再对员工形成相对统一的管理理念，甚至会引起员工的逆反。非正式组织、社群组织、互联网平台提供的服务会提高员工的谈判能力，推动员工自我意识的不断强化和个体自我认知的不断提升，组织管理的难度呈指数级上升。同时，这也加剧了组织管理的“死海效应”，能力强的员工加速流失，能力最弱的员工最稳定。

可见，互联网的发展引起的信息沟通方式的变化，使个体员工更容易得到外部资源的支持，导致组织管理边界被打破，组织管理难度提高。

5）企业职能外部化和平台化

在互联网模式下，企业的内部职能呈现出外部化特点。比如，小米公司的创始人雷军凭借多年在互联网圈内积累的人脉和影响力，通过论坛和微博等传播渠道，以意见领袖为引领，逐步建立“粉丝团”，并根据“粉丝团”进行产品设计、内测、预售和产品传播，“粉丝”功能涵盖企业职能中的研发、试制、销售、传播等环节。海尔的转型，目的也是要把企业变成用户交互平台，用户参与进来设计产品，把用户纳入生产链条，使内部职能外部化。在这种模式下，企业的组织边界被打破，呈现出模糊和开放状态。

1.4.3 如何应对互联网时代企业管理的新挑战

互联网对管理来讲是一把双刃剑，因为它带来了快速迭代，基本上没有一套完整的规则可以遵守，不过，这也为探索中国特色的管理模式提供了前所未有的机会，蓬勃发展的中国经济使得中国企业家可以在管理模式上创新，成就中国管理的黄金年代。

互联网给企业管理提出了很多新的挑战：领导力和执行力的挑战、市场和企业边界的挑战、组织结构变化的挑战、信息交流和管理的挑战，还有管理新生代员工的挑战……那么如何应对这些挑战呢？

1）创新互联网时代的企业管理模式和培养创新能力

随着科技的不断发展，互联网时代衍生出很多以科技发展为依托的管理模式。部分传统的企业管理模式虽然成功，但是其故步自封，不能与时代发展的步伐相吻合。企业要想实现发展，其管理模式需要不断创新。

此外，在互联网时代，企业还要具备面向未来的能力，而不仅仅是回头去看继承的经验。面向未来的能力就是创新的能力。在互联网时代，每一个普通人和大机构都拥有平等的地位，任何一个企业要具备运筹帷幄、面向未来的能力，都要先做强再做大。

2）利用互联网克服大企业病

在企业管理中有一个术语叫“大企业病”，大企业病并不是大企业才有，而是指一种现象。以前讲企业做大做强，部分企业做大以后往往会出现这样一些情况，即企业内部机构臃肿、互相扯皮、效率低下、士气低落等，然后企业慢慢就丧失了竞争优势。如果能够很好地运用互联网技术的话，企业可以更好地沟通和协作，克服大企业病。

3）打破企业的边界

互联网企业有三句口号：去中心化、去层级化、去中介化。在互联网时代，公司的优势不在于通过内部交易来降低成本、降低费用，而在于先于对手预测，并且满足客户日益变化的需求，所以速度收益就超过了规模收益。互联网形态下组织所追求的是一种强链接，内部是开放的、社区化的组织形态，外部则表现为相互链接的价值共同体，然后不断地在企业内部之间、企业和顾客及利益相关者之间实现多向互动。

4）转变企业管理者职责，给员工充分赋能

在互联网时代，企业竞争形态也在发生极大变化，千军万马式的大兵团作战将日益罕见，而由具备各项才能的“特种兵”出奇制胜会成为竞争的主要形式。因此，企业管理者的主要职责也开始出现变化，即从管理员工变为鼓励员工探索，打破层级、岗位和固定分工，为员工提供各种资源，为员工赋能，促其成长，实现创新。

所以，企业变“轻”，员工变“重”；企业变“小”，员工变“大”；用各种方式使员工快速成长为有高超技能的“特种兵”，从而助力企业提升竞争力，是互联网时代企业管理者的首要任务。

5）努力创建自驱动变革文化

所谓自驱动，就是不再更多地用外力来管理员工。互联网时代，针对大量有个性、有活力、有知识、有思想的年轻员工，企业文化的作用日益凸显。而在当今的企业组织中，更要注重创建自驱动企业文化，提升企业的自组织、自我纠错、自我更新能力。

华为的任正非就曾不断告诫员工：华为只有成长，没有成功。TCL的李东生借喻“鹰的重生”来警示企业要不断自我否定，从而获得新的生命。海尔的“人单合一”，则借助物联网技术和市场力量，使每一个员工的工作行为都和市场无缝链接，使员工真正确立起市场意识，不是靠管理者来驱动，而是建立起自驱动的企业文化，从而全方位实施自我管理。

知识拓展1-2

面向新时代创新发展中国特色企业管理学

互联网时代有很多新趋势，其要求管理者永远在线、随时互动等等。所以管理者要有很多新思维：用户思维、迭代更新思维、平台思维、分享思维、共赢思维等等。唯有如此，企业才能跟上时代的步伐，员工才能在工作中获得新的成长。

本章小结

★ 本章主要介绍了管理的含义、性质、职能，管理者的职责与技能等。全面理解本章内容，对掌握全书体系和内在逻辑关系将大有帮助。

★ 所谓管理，就是管理者在特定的环境下，对组织所拥有的各种资源进行计划、组织、领导和控制，以便有效地完成既定的组织目标的过程。管理的基本特征主要表现在以下几方面：管理是一种社会现象；管理具有普遍性与目的性；管理的主体是管理者；管理的核心是处理好人际关系；管理效果具有不确定性。

★ 管理的重要性主要表现在以下几方面：管理是一切组织正常发挥作用的前提；管理有助于组织目标的实现；管理水平的高低是决定一个组织竞争力的重要因素；管理是生产力中最重要的构成要素；管理水平是决定一个国家兴旺发达的重要因素之一。

★ 要使管理者的管理工作卓有成效，管理者必须具备以下三方面的技能：专业技能——指使用某一专业领域内有关的工作程序、技术和知识去完成组织专业任务的能力；人际技能——指成功地与他人打交道并与他人沟通的能力；概念技能——指把组织作为一个整体进行考察和考虑各个构成部分之间关系的认知能力。

★ 管理者的角色实际上是指对管理者在组织体系内开展各种活动时的立场、行为表现等的一种特性归纳。管理者通常扮演10种不同但却是高度相关的角色。这10种角色可以进一步组合成3个方面：人际角色、信息角色和决策角色。

★ 现代管理者的创新素质主要表现在以下几个方面：创新意识、创新精神、创新思维、创新能力。

★ 管理普遍存在于各种组织活动中，有组织存在就会有管理。尽管人们对管理所下的定义不尽相同，但是对管理具有的以下两种属性却都基本认可，即管理的两重性与管理的科学性与艺术性。

★ 管理职能是管理者实施管理的功能或程序，即管理者在实施管理中所体现出的具体作用及实施程序或过程。在本书中，管理的主要职能包括四种：计划、组织、领导和控制。

★ 互联网给企业管理带来的新变化包括：跨界技术的出现、各类创新门槛的降低、大数据的开发利用、新族群的产生、互联网带来工作方式的巨变。

★ 互联网时代企业管理面临的新挑战包括：不可预测性；多维性；员工个体价值上升，组织价值下降；信息传播方式变化打破了企业组织边界；企业职能外部化和平台化。

★ 应对互联网时代企业管理的新挑战；企业应创新互联网时代的企业管理模式和培养创新能力；利用互联网克服大企业病；打破企业的边界；转变企业管理者的职责，给员工充分赋能；努力创建自驱动变革文化。

主要概念和观念

★ 主要概念

管理　管理者　专业技能　人际技能　概念技能　管理者的角色　管理职能

★ 主要观念

管理者的技能　管理者的素质

基本训练

在线测评 1-1

判断题

1）判断题

(1) 管理是以管理者为主体进行的活动。（　　）

(2) 管理的效果具有确定性。（　　）

(3) 对高层管理者来说，最重要的是概念技能。（　　）

2）选择题

(1) 要使管理工作卓有成效，管理者必须具备以下三方面的技能：（　　）。

A.实验技能　　B.专业技能　　C.人际技能　　D.概念技能

(2) 人际角色包括以下三种：（　　）。

A.代表人　　B.监督者　　C.领导者

D.联络者　　E.发言人

(3) 信息角色包括以下三种：（　　）。

A.传播者　　B.监督者　　C.领导者

D.联络者　　E.发言人

(4) 决策角色包括以下四种：（　　）。

A.发言人　　B.企业家　　C.干扰对付者

D.资源分配者　　E.谈判者

在线测评 1-2

选择题

(5) 管理的主要职能包括（　　）。

A.计划　　B.组织　　C.领导

D.控制　　E.惩罚

3）简答题

在线测评 1-3

简答题

(1) 管理的基本特征主要表现在哪几个方面？

(2) 举例说明管理的重要性。

(3) 简述管理者的职责。

(4) 联系实际谈谈企业应该如何应对互联网时代的新挑战。

4）分析题

腾讯实行最严格的管理制度

近日，腾讯平台与内容事业群（以下简称PCG）旗下在线视频事业部（以下简称OVBU），从4月起在近百名总监层级的管理干部中推行聘任制。根据规定，所有总监聘任期限为一年，任期末将根据综合考核结果决定其是否获得续聘、调配新岗或降级。

这是腾讯PCG首次将聘任制落实至基干管理者层面。在此之前，PCG只在副总裁级别的高层干部与总经理、副总经理和助理总经理级别的中层干部中推行了聘任制，这次将聘任制推行至更广泛的层级，让管理层和基层员工一样实行聘任制，可以说是腾讯最严格的管理制度了。

据了解，2021年4月，腾讯平台与内容事业群旗下腾讯视频、微视、应用宝三大业务整合组建了OVBU，而此次首先选择OVBU在总监层级中推行聘任制，可见对这个新部门的重视。OVBU现在有了新使命，因此需要对其有更高的要求。

在此之前，腾讯的管理干部任期普遍分为3年、6年与无固定期限，而且在腾讯的企业文化之下，他们只要不犯大错一般都能“终身续聘”。在这个时候，腾讯在OVBU的总监层首先推行聘任制也是可以理解的，毕竟对于这么一个重要的部门，保持员工竞争意识、保持创新和活力是非常有必要的。

其实不只是腾讯，面对现在激烈的商业竞争和行业环境变化，越来越多的互联网大厂都在尝试新的管理形式来调动和保持管理者们的活力。例如，阿里巴巴试行“轮岗”，这种形式可以使员工开阔视野、发现自己真正的兴趣与能力所在、培养多方面的能力与经验，而对于不合格的管理者，他们会被调岗至边缘业务，或连续两年获得3.25的低绩效后被直接开除。

和轮岗制一样，“聘用制”也是很多公司经过尝试之后，保持管理层活力行之有效的制度。除了腾讯集团推行“能上能下”制度外，PCG是腾讯率先实施干部聘用制的事业群，可以看到的是，据不完全统计，从PCG成立至今超过三年，中层干部总计调整已经超过20位，比例远高于每年5%的“能下”基础线。

资料来源　佚名. 腾讯最严格管理制度来了？腾讯PCG将在总监层级干部中推行聘任制［EB/OL］.［2022-09-01］. http：//www.twwtn.com/article/202204/24313.html.

问题：你如何看待腾讯的聘任制？结合上述案例分析这种管理制度的利弊。

在线测评 1-4

分析题

实践训练

（1）以你所在班级的班委会为例，根据所学的知识及你日常的观察，分析每个班干部作为管理者在日常管理中所扮演的角色，然后进行评析。

（2）以班级为单位，组织一次全班同学参加的集体活动（如春游、做义工等）。在这次活动中，管理的四项职能是如何体现的？在整个活动中，如果用管理者角色理论来分析，你可以充当哪种角色？为什么？

以史为鉴，可以知兴替。
——《旧唐书·魏徵传》

第2章

管理理论的演变

学习目标

知识目标：理解亚当·斯密、查尔斯·巴贝奇等早期代表人物的管理思想；了解新经济形势下管理创新的内容；重点掌握泰罗及其追随者的“科学管理”理论以及梅奥的“社会人”概念和他的人际关系学说；掌握企业流程再造的基本技能；熟练掌握团队管理模式、学习型组织的特点及适用条件。

技能目标：能够分析法约尔的管理原则对当时管理实践的指导意义及在今天的适用性；能够阐明“管理理论丛林”的性质并具有分析各管理学派的贡献及局限性的能力；能够分析某一组织典型的管理模式的特点的能力。

素养目标：引导学生学习中国管理智慧，使学生坚定“四个自信”，积极践行社会主义核心价值观。

思维导图2-1

第2章

引例 海尔集团的管理模式创新

海尔认为，“人单合一”是引领物联网时代的管理模式。工业时代，中国企业都在学习西方管理模式。到物联网时代，大家都在探索新的管理模式，海尔希望开辟一条物联网的新路。所谓“人单合一”，“人”就是员工，“单”就是用户，“合一”就是员工和用户融为一体，把员工创造的价值体现在用户价值上，把员工创造的价值和分享的价值合一。

为什么海尔要颠覆传统的管理范式？因为海尔认为传统管理范式已经失灵，古典管理理论及古典管理理论衍生出的经典管理模式都已不适应时代的要求了。

海尔30多年的发展历程，经历了三次“砸”，每一次“砸”都是自我颠覆。第一次是“砸冰箱”，深刻反思出“高质量的产品是高素质的人干出来的”。第二次是“砸组织”，砸出了全球首个物联网管理模式。之前海尔一直学习国外的经典管理模式，也正是以此发展起来的。但2005年，海尔提出了“人单合一”模式，后来企业变成了4 000多个小微，变成了网络组织。第三次是“砸标签”，海尔已经连续11年蝉联全球白电第一品牌。接下来，不只是维护这一品牌，而是要进行升级。如同“砸冰箱”不是不要冰箱，而是要更好的冰箱，“砸标签”是要从家电品牌升级成生态品牌。

如何实现颠覆呢？这取决于海尔正在探索的“一卡一表一品牌”。“一卡”是“人单合一计分卡”，“一表”是“共赢增值表”，“一品牌”是“生态品牌”。三个工具构成了“人单合一”模式的可复制、可操作体系。

1.“人单合一”的目标——生态品牌

生态品牌有别于传统品牌的特征是“三无”：无缝体验、无界生态、无感支付。传统经济和互联网电商都没有实现无缝体验，因为只有交易，没有交互。无缝体验就是了解用户需求，交付的不只是产品，更是场景，并能不断迭代。

2.生态品牌价值评估的财务工具——共赢增值表

过去企业遵循迈克尔·波特在1985年提出的价值链理论，而海尔的共赢增值表与之相比，有非常大的不同。第一，共赢增值表体现的不是价值链，而是价值流。第二，传统报表只有产品收入，收入减去成本等于利润，而共赢增值表要有生态收入。第三，边际收益递减是经济学铁律，但海尔能够做到边际收益递增，因为有生态。只做洗衣机，就是边际收益递减；升级到生态，成为衣联网，与服装行业相连，就实现了边际收益递增。

3.“人单合一”的战略工具——人单合一计分卡

人单合一计分卡体现了中国传统哲学的系统论。中国传统哲学的根源来自《易经》，核心是8个字：整体关联、动态平衡。

人单合一计分卡的横轴是引领目标，从高端品牌到场景品牌到生态品牌；纵轴是链群合约，小微围绕用户需求，自发组织形成生态链上的小微群（链群）。链群之间相互协同完成目标，实现“四自”——自组织、自驱动、自增值、自进化。相交轴是增值分享。海尔没有薪酬部门，链群自己创造价值、分享价值。自组织确定要创造的价值目标，根据增值进行分享，如果三个月达不到目标就自动解散。

截至目前，全球74个国家和地区的64 560家企业已经注册成为“人单合一”无边界网络会员。麻省理工学院《斯隆管理评论》发表文章称，海尔模式优于丰田、苹果、孩之宝等。这些公司的供应链僵化，根源在于组织僵化，而海尔的组织模式是灵活的。

资料来源　张瑞敏．论物联网时代的管理模式创新［EB/OL］．［2022-09-22］．https：//www.xianjichina.com/news/details_240299.html.

现代组织管理的规范始自泰罗的科学管理，泰罗从工厂管理入手，以标准化管理代替了经验管理，把管理职能和执行职能分开，适应了工业革命和机械化生产的需求，为现代组织管理奠定了基础。经其后的法约尔、巴纳德等管理学家和斯隆等企业家的不断完善和创新，形成了现代组织管理体系。但在今天，互联网新经济、新技术给传统组织管理带来了新的变化，对其提出了新的挑战。随着互联网经济的繁荣，很多企业开始尝试在组织管理层面实施“去管理化”“去中心化”“去中介化”等，这从上述海尔的案例就可以看到。本章主要介绍管理理论的产生和发展以及现代管理理论的演进，尤其是当代管理理论的最新思潮以及管理创新。

2.1　早期管理思想

人类有组织的管理活动有着悠久的历史，包含着许多光辉的管理思想，这些管理思想在古埃及、古希腊、古巴比伦和古代中国等的文化记载中经常可见。比如，古埃及宏大的金字塔工程就是当时埃及人工程设计、生产管理和组织能力的象征之一。

在18世纪中期及下半叶，有些人为了解决工业革命所带来的一系列管理难题，从各种角度对管理活动进行了理论研究。其中，对后期的管理思想有较大影响的有亚当·斯密、罗伯特·欧文和查尔斯·巴贝奇等。

2.1.1　我国古代的管理思想

我国古代有大禹治水、四大发明、举世闻名的万里长城、都江堰工程和贯通南北的大运河、统一的文字和度量衡以及像《孙子兵法》《孙膑兵法》《红楼梦》《三国演义》等宝贵的文化遗产。在这些光辉灿烂的文化遗产中，有许多管理资料供我们择善吸取。

1）“人能合群”的组织管理学说

荀子在《荀子·王制》中说：“力不若牛，走不若马，而牛马为用，何也？曰：人能群，彼不能群也。”他认为人能合群（即构成社会组织），这是人与动物的根本不同之处。人为什么能合群呢？因为人能“分”（即指不同的社会地位、职务），“分”的标准是“义”（即伦理道德）。他指出：“义以分则和，和则一，一则多力，多力则强，强则胜物。”这就是说，人构成社会组织，能利用群体的力量，胜过自然界其他动物。

2）治国安邦的领导艺术与策略

《管子·心术下》中说：“心安，是国安也；心治，是国治也。治也者心也，安也者心也。治心在于中，治言出于口，治事加于民，故功作而民从，则百姓治矣。”这段话的大意是，要治理国家，使国家安定，必须先治民心、安定民心，这是一条很重要的管理思想。

韩非是先秦法家思想的集大成者，他提出了以法治为中心，“法、术、势”相结合的法治思想。他说：“法者，宪令著于官府，刑罚必于民心，赏存乎慎法，而罚加乎奸令者也。”这是全社会必须遵循的标准。

汉代董仲舒“德主刑辅、礼法并用”的思想，以及后来有人提出的“赏罚分明”“恩威并施”的观点，对今天的国家行政和企业管理仍有借鉴意义。

3）关于“士气激励”问题

孙膑很重视激励问题，他在《孙膑兵法》中明确指出：“不信于赏，百姓弗德。不敢去不善，百姓弗畏。”也就是说，对好人好事要奖，对坏人坏事要罚。他把“激气”（激发士气）、“利气”（使士兵有锐气）、“断气”（使士兵果断、有决心）、“延气”（有持续作战精神）、“厉气”（鼓励斗志）等列为合军聚众、克敌制胜的要务。

韩非的激励观是赏罚分明、重赏重罚。他在《韩非子·五蠹》中说：“是以赏莫如厚而信，使民利之；罚莫如重而必，使民畏之；法莫如一而固，使民知之。故主施赏不迁，行诛无赦，誉辅其赏，毁随其罚，则贤不肖俱尽其力矣！”

孟子在《孟子·公孙丑下》中提出了“天时不如地利，地利不如人和”的观点。这里表明了人心归向、调动人的积极性在管理过程中的重要作用。

知识拓展2-1

中国古代关于管理的智慧

4）关于能力和使用人才问题

战国时赵国人慎到在《慎子·民杂》中指出，人的能力有个别差异——“各有所能，所能者不同，此民之情也”。因此，要根据人的能力特点去用人，尽量兼收并蓄，而不要有所弃有所取；要不拘一格地使用人才，才会人才济济，即“不设一方以求于人，故所求者无不足也”。老子也曾提出“善于用人，对人态度谦虚”的用人哲理。

2.1.2 西方早期的管理思想

西方的管理实践和思想也有着悠久的历史，特别是18世纪60年代开始的工业革命，使社会的基本生产组织形式迅速从以家庭为单位转向以工厂为单位，因而出现了许多新的管理问题，这就需要人们去回答、去解决。在这种情况下，不少对管理理论的建立和发展具有重大影响的管理实践和思想应运而生。限于篇幅，本章只介绍最有代表性的几个。

1）亚当·斯密的管理思想

亚当·斯密（Adam Smith）是英国古典政治经济学家，在他所发表的《国民财富的性质和原因的研究》（简称《国富论》）中，有不少关于管理方面的论述。其中，对管理理论发展有较大影响的是他的劳动分工理论和“经济人”观点。

亚当·斯密对管理理论发展的一个贡献是他的劳动价值和劳动分工观点。他认为，劳动分工能节约时间，促进技术进步，是提高劳动生产率的主要因素。劳动分工对提高劳动生产率的作用主要体现在三个方面：一是分工可以使劳动者专门从事一种单纯的操作，从而提高劳动者的熟练程度；二是分工可以减少劳动者的工作转换，节约通常由一种工作转到另一种工作上所损失的时间；三是分工可以使劳动简化，有利于发现比较方便的工作方法，促进工具的改良和机器的发明。

亚当·斯密的另一个贡献是“经济人”观点。他认为，人们在经济活动中追求的是个人利益，每个人利益的实现都需要他人的协助，而社会利益是由个人利益之间的相互牵制而产生的。亚当·斯密的“经济人”观点是对资本主义生产关系的反映，对之后西方经济理论中“经济人”和“社会人”假设的提出以及对其他学派的发展都有着深远的影响。

2）罗伯特·欧文的管理思想

罗伯特·欧文（Robert Owen）是19世纪初英国著名的空想社会主义者，他最早注意到企业中人的因素对提高劳动生产率的重要性。以前工厂的老板都把工人看作机器，而他反对把人视为机器，强调人和机器的根本区别在于人是有需要的有机体。欧文的管理思想集中体现于他在苏格兰一家大纺织厂的改良措施中。他在这家大工厂中所做的实验主要是针对当时的工厂制度下工人劳动条件和生活水平都相当低的情况而进行的。这些实验包括：

（1）改善工人的工作条件，使生产设备布局合理化，缩短劳动时间。

（2）提高雇用童工的最低年龄限制。

（3）提高工资，在厂内免费为工人提供膳食，开设工厂商店，设立幼儿园和模范学校，发放抚恤金。

（4）与工人接触，了解工人的生产、生活情况。

欧文的改革设想尽管在当时看来很不现实，但他最早注意到管理中人的因素的重要性，开创了在企业中重视人的作用和地位的先河，这对以后西方管理理论中行为科学的兴起具有重要影响。

案例分享2-1　　欧文的失败

1825—1828年，欧文在美国创办“新协和村”，目的是通过宣传、感化，使人努力工作（全凭自觉）；同时，在结果分配上没有差别，大家各取所需。用欧文的话说，就是“我们的公社一切平等，衣食住行全部免费供应，还有免费学校”。实验最后以失败而告终。

问题：欧文的实验为什么失败了？

案例分享2-1

分析提示

3）雨果·闵斯特伯格的管理思想

雨果·闵斯特伯格（Hugo Munsterberg）是工业心理学的创始人。所谓工业心理学，是对工作中的个体进行科学研究以使其生产效率达到最大化的一门科学。闵斯特伯格于1913年出版了《心理学与工业效率》一书。他指出，有必要对人类行为进行科学研究，以识别出一般模式，并解释个体之间的差异性。闵斯特伯格建议用心理测试法改进对员工的选拔，并且要对人类行为进行研究，以便确定什么样的激励方法对工人最有效。应该说，今天我们所拥有的许多关于甄选技巧、雇员培训、工作设计和激励等方面的知识，都是建立在闵斯特伯格研究工作的基础上的。

4）查尔斯·巴贝奇的管理思想

查尔斯·巴贝奇（Charles Babbage）是英国著名的数学家和机械工程师。他曾用几年时间到英国、法国等国家的工厂了解和研究管理问题，提出了劳动分工、用科学方法有效地使用设备和原料等观点。他对管理的贡献主要包括以下三方面：

（1）对工作方法的研究。他认为，一个体质较弱的人如果所使用的铲子在形状、重量、大小等方面都比较适宜，那么他一定能胜过体质较强的人。因此，要提高工作效率，必须仔细研究工作方法。

（2）进一步强调了劳动分工的重要性。他认为，劳动分工有助于生产效率的提高。这是一种普遍现象，不仅适用于操作性的体力劳动，也适用于复杂的脑力劳动。

（3）对报酬制度的研究。他主张工人的收入应该由三部分构成：一是固定工资；二是利润分享；三是奖金。其中，后两部分与工人对提高生产率贡献的大小相联系。可见，这种刺激性的报酬制度，已经体现了后来以泰罗制为代表的科学管理的某些思想。

以上这些先驱者尽管从不同角度提出了一些管理思想，但是并没有形成一种系统化的理论体系。这与当时社会普遍注重生产组织、减少浪费、增加产量和追求最大利润的具体方法有关。因此，在整个管理活动中占据主导地位的仍然是传统的管理方式和手段，直到19世纪末，随着社会经济、技术和法律等的发展，出现了科学的管理手段和方法之后，才诞生了科学管理思想。

课堂互动2-1

在早期的管理思想中，开拓企业人道主义实践的思想者是（　　）。

A.泰罗

B.罗伯特·欧文

C.亚当·斯密

D.查尔斯·巴贝奇

课堂互动2-1

答案提示

2.2 现代管理理论的演进

人类有组织的活动源远流长，人类的管理活动也有着悠久的历史，但把管理学作为一门独立的学科来进行专门的研究，只有100多年的历史。1911年泰罗发表《科学管理的原理与方法》一书，标志着管理学的创立和企业管理学的诞生。一般认为，西方管理理论的发展主要经过了三个阶段：古典时代、行为科学时代、管理科学时代。下面分别对这三个方面加以介绍。

2.2.1 古典管理理论

19世纪末，随着资本主义自由竞争逐渐向垄断过渡，科学技术水平以及生产社会化程度不断提高，西方国家的工业出现了前所未有的变化：工厂制度日益普及，生产规模不断扩大，生产技术更加复杂，生产专业化程度日益提高，劳资关系也随之恶化。在这种情况下，传统的经验管理方法已经不能适应客观上的要求，于是一些有识之士开始致力于总结经验，进行各种试验研究，并把当时的科技成果应用于企业管理中。从19世纪末到20世纪30年代这一期间所形成的管理理论，被称为“古典管理理论”。古典管理理论的主要代表人物有泰罗、法约尔和韦伯。他们三人所提出的理论反映了那个时代管理理论发展的三个重要方面，即科学管理理论、一般管理理论和行政组织理论。这些理论成为现代管理学的先驱，对现代管理思想有很大影响。

1）泰罗的科学管理理论

弗雷德里克·温斯洛·泰罗（F.W.Taylor）被誉为“科学管理之父”，是科学管理理论的杰出代表人物。他的科学管理理论是以工厂管理为对象，以提高工人劳动生产率为目标，在对工人的工作和任务进行研究的基础上，制定出所谓的标准操作方法，并以此法对工人进行指导、训练来提高产量。

泰罗出身于美国费城的一个中产阶级家庭，中学毕业后报考哈佛大学法学院，但不幸因为视力受损而被迫辍学。1875年，泰罗进入费城的一家机械厂当徒工，1878年转入费城的米德维尔钢铁公司当技工，1884年升任总工程师。1898—1901年，泰罗受雇于宾夕法尼亚的伯利恒钢铁公司。1901年以后，他把大部分时间用于写作和演讲上。1906年他开始担任美国机械工程师学会主席。泰罗的代表著作有：《计件工资制》(1895)、《车间管理》(1903)、《科学管理原理》(1903)。

泰罗的生活经历使他深知当时工厂管理的混乱和落后、工人怠工的原因和方式。为了改变那种状况，泰罗首先从工时测定开始他的研究，并由此而发展到作业分析、工资制度、生产进度、车间组织、人员选择、训练等一系列有关管理的基本问题。经过毕生的努力，他为管理的革新奠定了基础，成为古典管理学派的创始人。他的这套科学管理理论体系被人称为“泰罗制”。

泰罗的科学管理理论包括很多内容，这里介绍几个最主要的方面：

（1）制定工作定额。泰罗在工厂里当普通工人时，就看到了工人们常常有意识地“磨洋工”。他认为这是由当时的工人不能多劳多得，而管理者又没有制定额定工作量的客观原因造成的。为了消除这种现象，泰罗认为应该为工人制定有科学依据的“合理的日工作量”，为此他进行了一系列的研究。其研究方法是，首先把工人的作业分解成许多个基本动作，消除那些错误的、无用的多余动作，再选择合适而熟练的工人进行操作，并测出完成这些基本动作所需要的时间；然后，把测定的每一项动作、每一道工序所需要的时间合在一起，再加上必要的休息时间和不可避免的其他延误时间，得出完成该项工作所需要的总时间，据此测定出一个工人的“合理的日工作量”。这就是“工作定额原理”，也是科学管理的真正开端。泰罗认为，通过动作研究和时间研究而确定的“合理的日工作量”，是以“科学的事实和法则”为依据的，劳资双方都必须遵守这个标准。

（2）实施标准化管理。过去工人的操作方法和使用的工具，只是根据自己或师傅的经验来确定的；工人劳动或休息的时间以及机器设备的安排和使用，也是由管理人员根据自己的判断或过去的记录确定的，没有科学依据。泰罗认为，为了达到一定的作业标准，必须使工人掌握标准化的操作方法，使用标准化的工具、机器和材料，并使作业环境标准化。这就是所谓的标准化原理。

（3）实行差别计件工资制。泰罗认为，工人“磨洋工”的一个重要原因是报酬制度不合理，多劳不一定多得。因此，他提出了一种新的报酬制度——差别计件工资制。其内容包括三方面：①通过时间和动作研究来制定有科学依据的工作定额。②根据工人完成工作定额的不同，采取不同的工资率，实行“差别计件工资制度”。比如，如果工人完成或超额完成定额，则定额内的部分连同超额部分都按比正常单价高25%计算；如果工人完不成定额，则按比正常单价低20%计算。③工资支付的对象是工人而不是职位，即根据工人的实际工作表现而不是根据工作类别来支付工资，以此来提高工人的积极性。

（4）计划职能与执行职能相分离。泰罗认为应该用科学的工作方法取代经验工作方法。所谓经验工作方法，是指根据自己以往的经验来决定采用什么操作方法或使用什么工具等。所谓科学工作方法，是指每个工人采用什么操作方法、使用什么工具等，都根据试验和研究来决定。泰罗认为，工人单凭自己的经验不能找到科学的方法，而且他们也没有时间去从事这方面的研究。所以，必须把计划职能和执行职能分开，由专门的计划部门承担计划职能，由所有的工人和部分工长承担执行职能。

（5）强调例外管理。所谓**例外管理**，就是企业的高级管理人员把一般的日常性事务授权给下级管理人员去处理，而自己只负责处理那些例外事项（即重要事情或特殊事情）。采用这种方法的好处是可以帮助高级管理人员摆脱日常的具体事务，以便集中精力对企业的重大问题进行监督决策。根据例外管理原理，由于实行了权限委让，就需要在高级管理者之下形成新的管理层，而且通过这种方法可以检验谁履行了他的职责，谁是不称职的等。

（6）对泰罗制的基本评价。泰罗制应用在生产现场管理中虽然效果显著，但其推广却并不顺利。这一方面是由于社会上传统意识的影响，另一方面是它本身存在着缺点。

首先，它冲破了多年沿袭下来的传统的落后的经验管理办法，将科学引进管理领域，并且创立了一套具体的科学管理方法来代替单凭个人经验进行作业和管理的旧方法。这是管理理论上的进步，也为管理实践开创了新局面。

其次，由于采用科学的管理方法和科学的操作程序，生产效率提高了两三倍，推动了生产的发展，适应了资本主义经济在这个时期的发展需要。

再次，由于管理职能与执行职能的分离，企业中开始有一些人专门从事管理工作。这就使管理理论的创立和发展有了实践基础。

最后，泰罗把工人看成是会说话的机器，只能按照管理人员的决定、指示、命令进行劳动，在体力和技能上受到最大限度的压榨。泰罗的“标准作业方法”“标准作业时间”“标准工作量”都是以身体最强壮、技术最熟练的工人进行最紧张的劳动时所测定的时间定额为基础的，是大多数工人无法忍受和坚持的。因此，泰罗制是资本家最大限度地压榨工人血汗的手段。他把人看作纯粹的“经济人”，认为人的活动仅仅出于个人的经济动机，忽视企业成员之间的交往及工人的感情、态度等社会因素对生产效率的影响。泰罗认为，工人集体行为会降低工作效率，只有使“每个工人个别化”才能达到最高效率。此外，他所强调的“科学管理”是“精神变革”，而且“对劳资双方都有利”，掩盖了早期资本主义制度对工人进行剥削的实质。

知识拓展2-2

管理学的第一位大师——泰勒

列宁曾对泰罗制做过全面深刻的评价，他认为，资本主义在这方面的最新发明——泰罗制——也同资本主义其他一切进步的东西一样，包括两个方面：一方面是资产阶级剥削工人的最巧妙的残酷手段；另一方面是一系列的最丰富的科学成就，即按科学来分析人在劳动中的机械运动，省去了多余的笨拙的动作，制定最精确的工作方法，实行最完善的计算和监督制等。

2）法约尔的一般管理理论

法国的亨利·法约尔（Henri Fayol）是一位训练有素的采矿工程师，1888年，他担任一家矿业公司的总经理。1918年，退休后的法约尔创办了法国管理研究中心。他的代表作是《工业管理与一般管理》。

法约尔的一般管理理论与泰罗的科学管理理论不同。尽管他们生活在同一时代，但由于自身经历的不同，他们观察管理问题的角度大不相同。泰罗及其追随者们主要关心的是作业方面的问题，注重的是车间管理和科学方法的运用；而法约尔及其追随者们则关注整个组织，研究管理者应该干什么以及怎样才能干好等更一般的管理问题。此外，法约尔还认为他的管理理论虽然以大企业为研究对象，但除了可用于工业企业外，还可应用于政府、教会、慈善机构、军事组织以及其他各种组织。因此，法约尔被公认为第一位概括和阐述一般管理理论的管理学家。他的理论贡献主要体现在他对管理职能的划分和对管理原则的归纳上。

（1）企业的基本活动。法约尔指出，任何企业都存在六种基本活动，管理只是其中的一种。这六种基本活动是：①技术活动，指生产、制造和加工；②商业活动，指采购、销售和交换；③财务活动，指资金的筹措、运用和控制；④安全活动，指设备的维护和人员的保护；⑤会计活动，指货物盘点、成本统计和核算；⑥管理活动，指计划、组织、指挥、协调和控制。在这六类基本活动中，前五类是人们所熟知的，因此要研究的主要是管理活动。

（2）管理的五种职能。法约尔第一次指出了管理的组成要素，即划分了管理的五项职能，并对这五项职能做了较为详细的论述。管理的五项职能分别是：①计划，是指预测未来并制订行动方案，它是最重要也是最难的管理职能。②组织，是为组织机构达到预定目标提供所需一切条件的活动，包括组织的建立、员工的招募和训练以及规章制度的建立等。③指挥，是使组织充分发挥作用的有效领导的艺术。④协调，是指让企业中的所有人员团结一致，以便使所有活动和努力都顺利进行。⑤控制，指核定情况的进行是不是与既定的计划、发出的指示以及确定的原则相符合，以便加以纠正并避免重犯。

（3）管理的十四条原则。法约尔在《工业管理与一般管理》一书中，根据五种管理职能之间的逻辑关系，阐述了如何进行管理的思想，总结出了十四条管理原则。这些原则的绝大部分现在已成为管理知识的组成部分，其中许多已被当作管理的基本原则来对待。

法约尔的管理原则共有十四条：分工、权力与责任、纪律、统一指挥、统一领导、个人利益服从整体利益、报酬、集权与分权、等级制度与跳板原则、秩序、公平、人员的稳定、首创精神、集体精神。

法约尔提出的管理的五种职能，为管理人员建立了一种概念体系，使他们能够明确地认识到自己的任务究竟是什么，特别是他的十四条管理原则的提出，成为西方管理理论发展史上的一个里程碑，为以后管理理论的发展勾勒出了基本的理论框架，从而使管理具有了一般的科学性。当然，这些原则并不完整，也不是一成不变的。其不能回答特殊问题，而且只是考察了组织的内在因素，忽视了组织同它周围环境的关系，因而这些原则也存在着一定的局限性。

3）韦伯的行政组织理论

马克斯·韦伯（Max Weber）是德国著名的社会学家，在社会学、宗教、经济学和政治学等方面都有著述，是古典管理理论在德国的代表人物。他对管理理论的主要贡献是提出了“理想的行政组织体系”理论，这集中反映在《社会组织与经济组织理论》一书中。

（1）权威的类型。韦伯认为，权力和权威是不同的。权力是无视人们反对、强制使人们服从的能力；而权威则意味着人们在接受命令时是出于自愿的。因此，在权威制度下，下级把上级发布的命令看作合法。

韦伯认为有三种不同类型的权威：①个人崇拜式权威。这种权威是以对个别人的神圣、英雄主义或模范品德的崇拜为依据的一种权威。先知、救世主、政治领袖等具有的权威就属于这一类。②传统式权威。这种权威是以历史沿袭下来的先例、惯例、习俗等为基础而形成的。对这种权威的服从是绝对地服从统治者，因为他具有沿袭下来的神圣不可侵犯的权力地位。③理性-合法的权威。这种权威是以“法律”或“升上掌权地位的那些人发布命令的权力”为基础的。依据这种权威而建立的组织是以行政性组织的形式出现的，韦伯认为，这是现代社会中占主导地位的组织形态，而且是最理想的组织形态。

（2）理想的行政组织体系。韦伯把行政性组织看作理想的组织形式。需要指出的是，对韦伯来说，“理想”并不是指合乎需要，而是指组织的“纯粹形式”，以区别于现实中的组织形式——往往是各种形式的混合。

他认为，理想的组织形式具有以下一些特点或原则：①实现劳动分工。组织中每个成员的权力和责任都有明文规定，并且把这些权力和责任作为正式职责而使之合法化。②按照一定的权力等级使组织中的各种职务和职位形成责权分明、层层控制的指挥体系。在这个体系中，每个下级都处于一个上级的控制和监督之下。每个管理者不仅要对自己的决定和行动负责，而且要对下级的决定和行动负责。③根据通过正式考试或教育培训而获得的技术资格来选拔员工，并完全根据职务上的需要任用。④除了按规定必须通过选举产生的公职外，所有担任公职的人都是任命的而不是选举的。⑤行政管理人员是“专职”管理人员，领取固定的薪金，有明文规定的升迁制度。⑥行政管理人员不是他所管辖的那个企业的所有者，只是其中的工作人员。⑦行政管理人员必须严格遵守组织规定的规则、纪律和办事程序。

韦伯的行政组织理论是对泰罗和法约尔的理论的一种补充，对后来的管理学家特别是组织理论家产生了很大的影响。

课堂互动2-2

答案提示

课堂互动2-2

按照韦伯对权威类型的划分，宗教组织和政府机构分别属于哪种类型的权威组织？

2.2.2　行为管理理论

泰罗、法约尔和韦伯等人的管理理论构成了西方古典管理理论的全貌。此后，一些管理学家如厄威克、古利克等人又把古典管理理论进一步加以条理化。一直到今天，古典管理理论在实际管理中仍被广泛采用。其系统、层次的观点，注重员工技能和绩效的观点，实行目标责任制、层层负责的观点，强调一定的规章制度、控制和约束的观点等，仍然具有一定的积极意义。但是，古典管理理论也有一定的消极作用。比如，过分强调集权和权威，使员工的主动性和创造性受到压抑；只注意纵向联系，忽视横向联系，造成部门与部门、个人与个人之间信息传递失真或失误；只注意服从，不注意反馈等。

20世纪20年代，美国的工会力量增强，普遍要求调整劳资和管理关系，工人们不愿意接受传统组织理论的那种权威-服从的领导与被领导的关系；而且，尽管科学管理理论在提高生产率方面取得了显著成绩，但由于它片面强调对工人的严格控制和动作的规范化，忽视了工人的社会需求和感情需求，引起了工人的不满和社会的责难。行为管理理论正是在这种背景下应运而生的。

行为管理理论始于20世纪20年代，早期被称为人际关系学说，以后发展为行为科学。一般认为，行为管理理论产生的标志是著名的霍桑实验以及梅奥的人群关系学说。

1）霍桑实验

有一段时期，西方不少管理人员和管理学家认为，工作的物质环境和工人福利的好坏，同工人的生产率有明显的因果关系。因此，要缓和矛盾，提高生产率，就得改善环境，增加福利。1924年，美国科学院曾派调查委员会到西部电气公司所属的霍桑工厂，对两个继电器装配小组的女工进行工作场所照明、工间休息、点心供应等物质条件的变化与工人生产率关系的实验，世称“霍桑实验”，目的是了解工作条件与生产率之间的直接因果关系，但实验没有取得什么进展。

哈佛大学心理学教授乔治·埃尔顿·梅奥（George Elton Mayo）了解到上述情况后，对在霍桑工厂进行的实验表示很感兴趣并愿意把这个实验进行下去。于是，1924年梅奥便带领哈佛大学的实验小组到霍桑工厂继续进行实验，直到1932年才结束。霍桑实验的主要内容与基本过程包括以下几个方面：

（1）照明实验（1924—1927年）。这是霍桑实验的第一个阶段。照明实验以泰罗的科学管理理论为指导思想，研究照明情况对生产效率的影响。专家们选择了两个工作小组：一个为实验组，变换工作场所的照明强度，使工人们在不同的照明强度下工作；另一个为对照组，工人们在照明强度不变的条件下工作。两个小组被要求一切工作按照平时那样进行，无须做任何额外的努力。实验组的照明强度不断变化，而对照组的照明强度始终不变。但最终的实验结果出人意料，两个小组的产量并没有因工作条件的变化而有较大的差异。而且，对实验组来说，当工程师们把工作场所的照明强度一再降低时，工人的生产率并没有按预期的那样下降；相反，生产率还提高了。这个实验表明，影响生产率的不是物质条件的变化，而是其他方面的因素，即心理因素和社会因素。

（2）继电器装配室实验（1927年8月至1928年4月）。这是霍桑实验的第二阶段。

从这一阶段起，梅奥参加了实验。这个实验是对6个装配电话的女工进行长时间的观察。梅奥等人为了测定工作条件、工作日长度、休息的次数与时间长度以及有关物质环境的其他因素对生产率的影响，进行了一系列的研究。随着这些研究工作的进行，他们发现，不管这些条件有多大变化，生产率仍然有所提高。更令人惊奇的是，当这些女工恢复到原来的工作条件，即每天的工作时间更长、没有间歇休息、处于不良的环境时，她们的生产率仍然继续提高。经过研究，梅奥等人认为其他因素对生产率没有多大影响，而监督和指导方式的改善能促使工人改变工作态度、提高生产率，于是决定进一步研究工人的工作态度和可能影响工人工作态度的其他因素。

（3）访谈研究（1928—1931年）。研究人员在上述实验的基础上进一步在全公司范围内进行了2万多人次的访问和调查。他们最初设想，如果工人的态度取决于他们对工作环境的喜爱或厌恶，那么改善环境就能提高他们的满意度或激发其工作积极性。因此，研究人员原先访谈的内容，大多是有关管理方面的，如询问工人对管理条例或规章制度的看法等。在执行访谈计划的过程中，研究人员发现，工人对这类设计好的问题并不感兴趣，他们更愿意宣泄对工厂各项管理制度和方法的不满。谈话使工人把这些不满都发泄了出来，因而变得心情舒畅。结果，虽然工人们的劳动和工作条件并没有提高，但是他们普遍感到自己的处境比以前好多了，工作上的后顾之忧也少了，情绪得到了较好的调节，从而使产量大幅度上升。

（4）观察研究（1931—1932年）。这是霍桑实验最后阶段的研究计划，是对工人的群体行为进行观察和记录。这个阶段的研究对象是14名电话线圈装配工。研究人员发现，该工作室大部分成员都故意自行限制产量，自己确定非正式标准。工人们一旦完成了自己认定的标准以后，即使还有时间和精力，他们也自动停工。因为他们认为，如果生产得太多，工厂可能会提高工作定额，这样就有可能使工作速度慢的人吃亏甚至失业；但是如果生产得太少，又会引起监工的不满。因此，他们就会制定一个非正式的产量标准，并运用群体的压力使每个人遵守这些标准。梅奥据此提出了“非正式群体”的概念，认为在正式的工作组织中，存在着一些自发形成的非正式群体，他们有既定的行动准则，对人们的行为起着调节和控制作用。

总之，梅奥领导的研究小组通过在霍桑工厂进行的这一系列实验，获得了大量的研究资料，为人群关系学说的形成以及后来行为科学的发展奠定了基础。

2）人群关系学说的主要内容

梅奥对其领导的霍桑实验进行了总结，于1933年出版了《工业文明中人的问题》一书。在这本书中，他系统地提出了与古典管理理论不同的观点——人群关系学说。其主要内容包括以下三方面：

（1）工人是社会人而不是经济人。以前的管理理论把人看作经济人，认为金钱是刺激人们积极性的唯一动力。霍桑实验证明人是社会人，除了物质方面的条件外，他们还有社会、心理方面的需求。

（2）生产率的提高主要取决于工人的工作态度、士气以及他与周围人的关系，而工作条件、工资报酬等因素对促进生产率的提高只起次要作用。

（3）企业中存在着“非正式组织”。以前的管理理论只注意组织机构、职权划分、规章制度等正式组织的问题，而霍桑实验发现，除正式组织外，企业成员在共同的工作过程中，还能形成“非正式组织”，并且可以与正式组织相互依存，对生产率产生了重大影响。

3）行为科学的产生

梅奥的这些观点在泰罗的科学管理之外，开辟了一个新的领域。从此，对“人群关系学说”的研究逐渐闻名于世，引起了更多的管理学者、专家对人的行为的研究，并且出现了行为科学。从这个意义上说，“人群关系学说”可以作为行为科学的开端。

行为科学正式出现于20世纪40年代末50年代初。这主要是因为1949年在美国芝加哥大学召开的一次跨学科的讨论会上，大家都认为可以利用当时在自然科学和社会科学两方面所取得的成果来研究人的行为，经过讨论，将其提炼为一门学科，同时正式把这门综合性极强的学科定名为“行为科学”（Behavior Science）。

行为科学在发展的后期，主要集中在四个领域：有关人的需要、动机和激励问题；有关企业中人的个性问题；有关企业中的非正式组织以及人与人的相互关系问题；有关企业中领导方式的问题。其中的一些重要方面将在以后的章节中详细介绍。

2.2.3 当代西方管理理论的发展（管理科学时代）

第二次世界大战以后，随着社会生产力的发展以及系统论、控制论、信息论、电子计算机技术在管理领域中日益广泛的应用，西方管理理论的发展进入了管理科学时代。这一时期西方管理理论一个最突出的特点就是学派林立，众说纷纭。对此，美国管理学家哈罗德·孔茨在《管理理论的丛林》中，用“管理理论的丛林”来描述西方现代管理理论的主要特点。

当代西方管理理论的学派很多，这里我们介绍其中比较重要的几个学派。

1）社会系统学派

社会系统学派的创始人是美国的管理学家切斯特·巴纳德（Chester Barnard）。其代表作《经理人员的职能》一书，被称为美国管理文献中的经典著作。

社会系统学派的基本观点是：组织是一个复杂的社会协作系统，应该用社会学的观点来分析和研究管理问题。在巴纳德看来，梅奥的人群关系学说研究的重点只是组织中人与人之间的关系，并没有研究个体与组织之间关系的协调问题。而组织是一个复杂的系统，要使该系统有效运转，就必须协调好组织中的个人与组织之间的关系。可见，该学派的研究重点就是如何协调组织中的个人与集体的关系。

组织作为一个社会协作系统，不论其级别高低和规模大小，都包含三个基本要素：

（1）共同目标。这是组织的基本要素。如果有共同目标，就可以统一决策，统一组织中各成员的行动；而如果没有明确的共同目标，成员的协作意愿就无从产生。

（2）协作意愿。这是组织不可缺少的要素。所谓协作意愿，是指组织成员愿意为组织的目标做出贡献的愿望。如果没有协作意愿，就无法把个人的努力集中起来，也无法让个人的努力持续下去。巴纳德还认为，个人协作意愿的强度同组织规模的大小成反比关系：组织规模越大，成员的协作意愿越小；组织规模越小，成员的协作意愿就越大。

（3）信息沟通。组织的共同目标与个人的协作意愿只有通过信息沟通才能联系和统一起来。因此，组织内的信息沟通是实现组织目标的基础。

因此，作为一个经理或管理人员，其基本职能至少有以下三项：一是设定并解释组织目标；二是协调组织成员的行动；三是建立并维持一个信息联系系统。

2）决策理论学派

这一学派的代表人物是著名的诺贝尔经济学奖获得者赫伯特·西蒙（Herbert A. Simon），他提出的行为决策观对现代管理理论做出了卓越的贡献。该学派认为决策是管理者的主要任务，因而应集中研究决策问题。其理论要点如下：

（1）管理就是决策。西蒙认为，管理的全过程就是一个完整的决策过程。或者说，管理就是决策，决策贯穿于管理的各个方面和整个过程。

（2）决策的阶段。西蒙认为，一个完整的决策过程可以相对划分为四个阶段：①搜集情报阶段，其任务是搜集和分析反映决策条件的信息；②拟订计划阶段，在情报活动的基础上设计和制订可能采用的行动方案；③选定计划阶段，从多个可能采用的方案中通过比较选择一个适宜的行动方案；④评价计划阶段，对已做出的计划和计划执行情况进行审查和评价。

（3）决策的准则。西蒙认为管理者具有“有限的理性”，因而主张采用“满意准则”，即认为管理者的理性是有局限的。由于实际中的决策情况非常复杂，而管理者的判断力又受到各种主客观条件的限制，不可能认识到在给定条件的情形下所有备选方案的各种可能结果。因此，管理人员应寻求简单的、还算满意的结果，而不是最佳方案。

（4）程序化决策与非程序化决策。西蒙把一个组织的全部活动分为两类：一类是例行活动，这是些重复出现的例行公事，因此，可以建立一定的程序，在这类活动重复出现时予以应用，不必每次都作新的决策。这类决策叫作程序化决策。另一类是非例行活动，这类活动不是经常重复出现的，也不能用对待例行公事的办法来处理。有关这类活动的决策叫作非程序化决策。

课堂互动2-3

答案提示

课堂互动2-3

根据西蒙对程序化决策与非程序化决策的划分，像工厂的进料、产品验收、产品出厂等决策，属于哪种类型的决策？而像开发新产品或开辟新市场等决策，属于哪种类型的决策？

3）系统管理学派

系统管理学派认为，组织是由相互联系且共同作用的各个要素所组成的，所以，组织本身是一个系统。系统在一定的环境中生存，与环境进行物质、能量和信息的交换。可见，组织还是一个开放的系统，它与外界环境在不断地相互作用。它不断地接收外部资源，通过转换过程把资源转换输出，资源输出后又被反馈回系统，以便使系统在资源输入—转换—输出的过程中不断进行自我调节，以获得自身的发展。

每个组织都包含一些必要的子系统。比如，按照组织结构来划分，组织的子系统可以包括传感系统、信息处理系统、决策系统、加工系统、控制系统以及信息储存系统等；按照其内容来划分，可以把组织的子系统分为目标子系统、技术子系统、工作子系统、结构子系统、人际社会子系统以及外界因素子系统等。对管理者来说，要理解一个系统是如何工作的，首先要懂得其各子系统是如何发挥作用的，以及每个子系统对整个系统的贡献。因此，管理者必须有一个系统观念，当他们决定改变某一子系统时，将会对其他子系统乃至整个系统产生一定的影响。

总之，运用系统的观点来考察管理的基本职能，可以提高组织的整体效率。管理人员应该认识到，在组织中，没有一个管理者、没有一个部门或单位能独立于他人而存在，因此要特别注意防止为了自己局部利益的最大化而对其他领域产生负面影响。

4）权变管理学派

权变即权宜应变，其含义是：在一种环境下所适宜的管理方式可能不适合另一种环境，不存在一个普遍适用的、最好的方式，而只能“视情况而定”。所以，权变管理理论又被称为“情景理论”或“环境论”。

权变管理理论的核心内容就是环境变量与管理变量之间的函数关系。所谓函数关系，就是作为因变量的管理随环境自变量的变化而变化。所以，这种函数关系可以解释为“如果—就要”的关系，即“如果”某种环境存在或发生变化，“就要”采用某种相应的管理思想、管理方法和技术，以有效地实现组织目标。比如，在经济衰退时期，由于企业面临的市场环境是供大于求，那么集权的组织结构可能更为合适；在经济繁荣时期，由于企业面临的市场环境是供不应求，分权的组织结构可能更为合适。

权变管理理论是20世纪70年代在美国兴起的管理学理论中的一个流派。该理论注重在实际的管理过程中寻求事物的基本关系，主张因人、因事、因目标需要以及因国情等的不同而采取不同的管理方法，做到对症下药。

权变管理理论是管理上的一种新理念，它所倡导的权宜应变的思想，适应了社会、经济、科技、政治等组织环境复杂多变对管理的要求。因此，与其他管理学派相比，它对管理实践具有较强的指导意义。例如，它可以帮助管理者提出适用于某些环境和技术条件的组织设计方案，也可以帮助管理者确定适宜的领导风格，甚至可以告诉我们为什么要在不同的文化背景下采取不同的管理模式。

2.3 当代管理理论的最新思潮

20世纪90年代以来，产生了许多管理的新理论、新方法，从而掀起了管理的新思潮。

这些新理论包括战略管理理论、企业再造、团队管理模式、学习型组织、虚拟管理等。

2.3.1 战略管理理论

1）战略管理理论产生的背景

20世纪70年代前后，世界进入科技、信息、经济全面飞速发展时期，同时竞争加剧，风险日增。企业所处的技术、市场、社会、政治、经济环境都发生了翻天覆地的变化。企业只靠低头抓成本与质量，就是再用力，也不能保证避免经营失败的厄运。于是，管理学界开始重视充满危机和动荡的外部环境的变化，谋求企业的长期生存与发展，注重构建竞争优势。这样，在经历了长期规划、战略规划等阶段之后，形成了较为系统的战略管理理论。

2）战略管理理论的产生与发展

安索夫的《公司战略》（1965）一书的问世，开创了战略规划的先河。1976年，安索夫的《从战略规划到战略管理》一书出版，标志着现代战略管理理论体系的形成。在这部书中，安索夫第一次提出了“战略管理”这个词。安索夫认为，战略是“企业高层管理者为保证企业的持续生存和发展，通过对企业外部环境与内部条件的分析，对企业全部经营活动所进行的根本性和长远性的规划与指导”。他认为，与以往的经营管理不同的是，战略管理面向未来，是动态地、连续地完成从决策到实现的过程，即战略管理注重的是动态的管理，是决策与实施并重的管理。劳伦斯与罗斯奇合著的《组织与环境》（1969）一书，系统论述了企业组织与外部环境的关系，提出公司要有应变计划，以求在变化及不确定的环境中生存下来；卡斯特与罗森茨韦克合著的《组织与管理——系统方法与权变方法》（1979）一书，主张在企业管理中要根据企业所处的内外环境随机应变，组织应在稳定性、持续性、适应性、革新性之间保持动态平衡。

3）波特与《竞争战略》

迈克尔·波特是美国哈佛大学商学院的教授，兼任许多大公司的咨询顾问。1980年，他的著作《竞争战略》把战略管理理论推向了顶峰，该书被美国《财富》杂志誉为全美500家最大企业的经理、咨询顾问及证券分析师必读的“圣经”。该书提出了许多关于战略管理的重要理论、分析方法与决策技术，成为战略管理理论的经典之作。

该书的重要贡献是：提出了分析技术的综合结构。它有助于一个公司对产业进行总体分析、预测产业未来的变化、认识竞争对手及自身的地位，并根据具体业务类型将这种分析转化为一种竞争战略。

（1）提出对产业结构和竞争对手进行分析的一般模型，即五种竞争力（新进入者的威胁、替代品威胁、买方砍价能力、供方砍价能力和现有竞争对手的竞争）分析模型。

（2）提出企业构建竞争优势的三种基本战略，即寻求降低成本的成本领先战略、使产品区别于竞争对手的差异化战略、集中优势占领少量市场的集中化战略。

（3）价值链的分析。波特认为企业的生产是一个创造价值的过程，企业的价值链就是企业所从事的各种活动——设计、生产、销售、发运以及支持性活动——的集合体。价值链能为顾客生产价值，同时能为企业创造利润。

2.3.2　企业再造

所谓**企业再造，就是以工作流程为中心，重新设计企业的经营、管理及运作方式**。为了能够适应新的世界竞争环境，企业必须摒弃已成惯例的运营模式和工作方法，以工作流程为中心，重新设计企业的经营、管理及运营方式。

企业再造的基本思想包括以下几个方面：

（1）以作业流程为中心。再造工程是从根本上对企业原有的业务流程进行重新考虑和重新设计，特别是要集中精力于那些能产生最大效益的流程，而不是从企业的部门或其他组织单位入手。实际上，只要对流程实施了再造，那么真正有必要存在的组织结构形式将会越来越清晰。因此，再造工程不是企业精简机构、核算单位变小，也不是时间、组织、程序的标准化，而是以流程为中心，从协调与整合的需要来重新构架组织，只有通过这种“过程变革”才能适应21世纪市场环境的要求，为企业绩效的根本性改善提供切实可靠的保障。

（2）以顾客满意为导向。从顾客满意（CS）做起，是企业再造的一大特征。从世界范围看，20世纪80年代以来，销售者-顾客关系中的决定性力量已经发生了转移，销售者已不再占上风，顾客开始起决定性作用。如果不了解这一重大变化，企业在激烈的市场竞争中必然会失败。因此，再造工程强调以顾客的需求来决定公司业务的内容，对业务流程进行彻底更新，并通过调整、信息反馈、全员参与等持续性改善使企业始终处于战略主导地位。

（3）以组织扁平化为特征。实践证明，企业实施再造工程必然要从传统的以职能为中心、以控制为导向、层次重叠的机械式组织结构形态转变为以过程为中心、以顾客为导向、层次扁平的有机式组织结构形态。这样控制幅度扩大，中间管理层次减少，管理成本大为降低，继而组织的特性也会发生变化，向自主管理的组织迈进。一方面，增强了组织的应变能力，以适应顾客需求的变化；另一方面，使员工的责任感、积极性增强，从中获得更高的满足感和成就感。

（4）以信息技术为手段。企业再造的实现和完成离不开信息技术的完善和发展。新的业务流程、新的管理思想和新的组织形式都是在信息技术应用的基础上实现的。

2.3.3　团队管理模式

“团队”是一个在20世纪90年代被频繁使用的词汇。当前，世界各国的企业为了有效整合组织的各个部分，管理层越来越多地以团队为基础设计组织，所有的组织都在努力扁平化，通过建立各类团队以提高生产经营的效果和效率，因此可以预言：以团队为基础的组织必将繁荣于21世纪。

1）什么是团队

所谓**团队**，就是由一群不同背景、不同技能、不同部门的人所组成的一个特殊类型的群体。它以成员高度的互补性、知识技能的跨职能性和信息的差异性为特征。

团队与传统的部门结构或其他形式的稳定性群体相比所具有的优点主要在于：第一，它可以使不同的职能并行进行，而不是顺序进行，从而大大缩短了完成组织任务的时间；第二，它可以迅速地组合、重组和解散；第三，它可以由团队成员自我调节、相互约束，能促进员工参与决策过程，增强组织的民主气氛，并且削减组织中的某些中层管理职能。

团队不同于一般的工作群体，它是一种特殊类型的群体。所有影响群体的因素都会影响团队，但是，并不是所有的群体都是团队。从工作绩效的角度来说，工作群体的绩效，仅仅是每个群体成员个人贡献的总和；而工作团队则不同，其团队成员努力的结果使团队的绩效远大于个体成员绩效的总和。关于工作群体与团队的差别见表2-1。

表2-1 工作群体与团队的差别

工作群体	团 队
• 强烈地、清楚地被关注的领袖	• 分享领导角色
• 个人责任	• 个人的责任和共同的责任
• 群体的目标与更广泛的组织使命相同	• 团队自己提交的具体团队目标
• 个人的工作——产品	• 集体的工作——产品
• 召开有效的会议	• 鼓励开放式的讨论
• 间接地通过对他人的影响测量它的有效性绩效（例如，该企业的财务绩效）	• 通过评估集体的工作——产品直接测量
• 讨论、决定和委托	• 讨论、决定和一道从事实际的工作

2）团队的类型

随着团队数量的增加，团队的类型也变得多种多样。这里介绍三种比较常见的团队类型。

（1）问题解决型团队。这种团队一般由来自同一部门的5~12个“钟点工”组成，他们每周用几个小时的时间聚在一起，讨论如何提高产品质量、生产效率和改进工作方法等。团队成员在解决问题的技术方面接受培训，然后就如何改进工作程序和工作方法相互交换看法和提供建议。但是，这种团队一般没有权力根据这些建议单方面采取行动，而是把那些超出其控制范围的问题报告给管理层。

（2）自我管理型团队。问题解决型团队在解决实际问题时虽然是有效的，但是在调动员工参与决策过程的积极性方面还显不足。这种欠缺促使企业努力建立新型团队，即真正独立自主的团队。这样的团队拥有过去只有管理层才有的决策权。这表现在该团队不仅注意问题的解决，而且执行解决问题的方案，并对工作结果承担全部责任。彻底的自我管理型团队甚至可以挑选自己的成员，并让成员相互进行绩效评估。这样，主管人员的重要性就下降了，甚至可以被取消。

（3）多功能型团队。这种团队由来自同一等级、不同工作领域的员工组成，他们聚到一起的目的是完成同一项任务，任务完成后又回到各自的部门。实践证明，这种组建方式是一种有效的方式，它能使组织内（甚至组织之间）不同领域的员工彼此交换信息，激发出新的想法，从而解决面临的问题，协调复杂的项目。当然，多功能型团队在其组建的早期阶段往往要消耗大量的时间，因为团队成员要学会处理复杂多样的任务，而且在成员之间尤其是在那些背景不同、经历和观点不同的成员之间（尤其是跨国性团队），建立起信任和真正合作也需要一定的时间。

案例分享2-2 **团队建设的重要性**

有一则寓言说：有三只老鼠一起去偷油喝，可是油缸非常深，油只在缸底有一小点儿，它们只能闻到油的香味，根本就喝不到油，这让三只老鼠垂涎三尺。喝不到油的痛苦令它们十分焦急，但焦急也解决不了问题，所以它们静下心来集思广益，终于想到了一个聪明的办法，就是一只老鼠咬着另一只老鼠的尾巴，吊到缸底去喝油。它们取得了共识：大家轮流喝油，有福同享，谁都不准有私自独享的想法。

第一只老鼠最先被吊下去喝油，它想："油就只有这么一点点，大家轮流喝一点也不过瘾，今天我运气好，不如先自己喝个痛快。"夹在中间的第二只老鼠也在想："下面的油没多少，万一让第一只老鼠喝光了，我岂不是只有喝西北风了？我为啥这么辛苦地吊在中间让第一只老鼠独自享受一切呢？我看还是把它放下，干脆自己跳下去喝个够！"第三只老鼠也在暗自嘀咕："油那么少，等它们两个喝饱喝足，哪里还有我的份，不如趁这个时候把它们放下，自己跳到缸底饱喝一通。"

于是第二只老鼠狠心地撒开了第一只老鼠的尾巴，第三只老鼠也迅速撒开了第二只老鼠的尾巴，它们都争先恐后地跳到缸里去了。等它们吃饱喝足后，才发现自己已经浑身湿透，加上脚滑缸深，它们再也逃不出这个美味的油缸。最后，三只老鼠都被困死在这个油缸里了。

案例分享 2-2

资料来源　王先琳. 从三只老鼠的教训看团队建设的重要性［EB/OL］.［2022-09-21］. http://info.ceo.hc360.com.

问题：这个故事给了我们什么启示？

分析提示

2.3.4 学习型组织

学习型组织是美国麻省理工学院彼得·圣吉博士1991年在《第五项修炼》一书中提出的。《第五项修炼》是一本研究管理及企业组织形态发展变化的管理理论著作。

彼得·圣吉认为，企业本身是一个系统，它像人一样可以通过不断的学习来提高生存与发展的能力。现实中有的企业寿命很短，其主要原因就是在学习能力上有缺陷，即"学习智障"，这种缺陷使企业在环境改变时不能迅速应变，因此，只有提高学习能力才能保证企业的生存和发展。

那么，什么是学习型组织呢？彼得·圣吉认为，**学习型组织就是一个具有持久创造能力去创造未来的组织。**学习型组织管理模式就是通过营造弥漫于整个组织的学习气氛，充分发挥员工的创造性思维能力，从而把组织建设成为更加符合人性、具有高度柔性、扁平化的有机组织。

1）学习型组织管理模式的特点

学习型组织在管理模式方面有很鲜明的特点，主要表现在以下几方面：

（1）精简。这里所指的精简，并不像传统的企业管理那样，只是简单地在员工总数上做减法，而是首先在加强企业教育、要求员工积极学习的基础上，一个人可以干几个人的活，甚至可以以一当十，然后再进行减员。只有经过这种学习型的精简，企业才会产生根本性的变化，产生真正的高效率和高效益。

（2）扁平化。学习型组织的结构是扁平的，即从最上面的决策层到最下面的操作层，中间的层次很少，上下级之间可以面对面地对话。这种组织结构形式不仅可以提高工作效率，更重要的是能产生巨大的能量。

（3）有弹性。弹性就是适应能力，这种适应能力主要来自全体员工的不断学习。市场是瞬息万变的，只有时刻做好准备才能适应市场变化。学习型组织管理模式要求各部门、全体员工通过不断的学习，时刻做好准备，以便做到无论市场如何突变，企业都能抓住机遇，应变取胜。

（4）善于不断学习。这是学习型组织的本质特征。所谓善于不断学习，有四层含义：一是强调“终身学习”，即组织成员保持终身学习的信念，力图在工作和生活的各个阶段坚持学习；二是强调“全员学习”，即组织各个层次的所有人员都要全身心投入学习中；三是强调“全过程学习”，即学习必须贯穿于组织系统运行的整个过程中；四是强调“团体学习”，即不但重视个人学习和个人智力的开发，更强调组织成员的合作学习和群体智力的开发。

（5）自主管理。它指的是员工要根据企业的发展战略和目标，自己发现生产中的问题，自己选择伙伴组成团队，自己进行调查与分析，自己制订计划、实施控制并实现目标。

2）建立学习型组织的方法——五项修炼

彼得·圣吉将心理学、教育学以及系统科学的理论应用于企业管理中，开发出了建立学习型组织的一整套方法，提出了所谓的五项修炼：

（1）自我超越。它是指员工应该学会扩展个人的能力，获得自己想要的结果，并且创造出一种组织环境，鼓励所有的成员自我发展，实现自己选择的目标和愿景。

（2）改善心智模式。这是指要持续不断地清理、反省以及改进我们内在世界的图像，并且检视内在图像如何影响我们的行动与决策；同时，员工之间也应该有效地表达自己的想法，并以开放的心灵容纳他人的想法。

（3）建立共同愿景。所谓愿景，即愿望与远景，这里指的是组织发展的远大目标以及组织成员的共同愿望。共同愿景对学习型组织非常重要，它可以为组织的学习聚焦和提供能量。只有当人们致力于实现共同的理想和共同关注的愿景时，才会进行自觉的、创造性的学习。

（4）团队学习。彼得·圣吉认为，在现代组织中，团队学习非常重要。这是因为现代企业的基本单位就是工作团队，因此，学习的基本单位也应由个人变为团队。当团队真正在学习时，不仅整体会产生出色的成果，而且其成员也会得到超乎寻常的成长。

（5）系统思考。其要求人们能纵观全局，形成系统思维模式，使人们思考诸多影响因素之间的内部关系，而不是把这些因素割裂开来。

知识拓展2-3

构建学习型企业组织的十种方法

总之，在知识经济条件下，现代企业管理的主要目的之一就是开发人的创造能力，为了保障这种能力的获得，必须发展企业所拥有的学习能力。对于彼得·圣吉所提出的五项修炼，虽然企业可以根据实际需要从任何一项修炼入手，但最终总会发现，只有将五项修炼融会贯通，才能建立起真正的学习型组织。

2.3.5 虚拟管理

在现代市场环境下，企业的组织构架面临着新的挑战。在当今网络时代中，一系列的技术进步，为企业组织架构的重组提供了支撑，特别是信息和通信技术的发展打破了时间和空间的限制，使得建立一种新型的组织结构形式——虚拟组织成为可能。在现代高不确定性、高需求变更、高风险的市场环境中，这种企业组织模式具有很强的生存性和适应性，可能成为今后企业组织模式的发展趋势。世界知名的一些企业，如惠普电脑、运动品牌耐克、饮料生产商可口可乐等，在生产经营活动中应用虚拟企业这种组织结构，都获得了巨大成功。

1）虚拟组织的概念与特点

虚拟组织是若干独立的企业为了响应快速的市场变化，以IT技术相连接，共享技术与市场，共同承担成本的临时的企业联合体。在这个组织中，不同企业各自负责整个项目的子任务，在各自的优势领域独立运作，并通过彼此之间的协调和合作完成整个项目任务。虚拟组织完成项目后，该组织自行解散，各企业又会寻找其他的市场机会。

虚拟组织与虚拟管理的发展是伴随和适应网络经济发展而兴起的一种组织观念和经营观念。20世纪90年代，企业经营环境面临空前激烈的变革：科学技术迅猛发展，产品不断地被推陈出新，计算机及通信技术的发展与便捷大大模糊了地理概念上的界限和距离，整个世界正逐步朝着一个无国界的“地球共同村”迈进。全球经济信息化使企业竞争的重心从掌握自然资源转变为掌握信息资源和智能知识。而把握这种资源若是靠企业彼此间割裂的“大而全”“小而全”，是不能真正实现的，只有靠相互间的合作与学习才能实现。在强有力的冲击下，传统的企业组织结构、组织形式似乎已不能适应时代的要求。虚拟组织——一种新型组织形式与管理形式便应运而生了。

虚拟组织的主要特点包括以下几方面：

（1）虚拟性。组成虚拟组织的企业只是一种虚聚，只是通过一系列合同、协议加强彼此之间的联系，但又没有到积聚成一个企业的程度。

（2）灵活性。虚拟组织本身是市场多变的产物，其灵活性源于组成联盟的企业的灵活性和其连接的虚拟性。虚拟组织可以随时利用成员企业的成熟技术、成熟市场、快速的开发能力等资源。

（3）伸缩性。虚拟组织可以根据目标和环境的变化进行组合，动态地调整组织结构。这种变化的剧烈程度和经常性都要强于任何传统的企业组织。更重要的是，它可以实现低成本的结构调整、重组和解散。

（4）临时性。虚拟组织随着市场机遇的开始而诞生，随着市场机遇的结束而解体。它的生存周期相对较短，因而具有临时性的特点。

（5）成员的独立性。组成虚拟组织的成员企业之间并不存在从属关系，它们本身都是独立的企业，联结它们的纽带是共同的目标和利益。

（6）信息密集性。由于虚拟组织是一种跨企业、跨行业、跨地区的企业组合方式，成员企业之间的信息交流频率高、密度大，并且由于其虚拟性，成员企业之间存在大量协调工作，这进一步加剧了信息的密集性。显而易见，计算机网络通信技术是其最基本的技术基础。

2）企业实施虚拟管理的优势

企业实施虚拟管理的优势主要表现为：

（1）成本优势。对企业来说，从专门化的外部管理公司那里获得某些管理方面的职能，比企业自身拥有庞大复杂的管理部门更能节省成本。此外，企业实施虚拟管理，避免了重复建设，提高了全社会的资源配置效率；减少了“大而全”“小而全”企业，提高了企业的专业化水平，减少了整个社会的浪费，有利于整个国家的经济发展。

（2）风险优势。通过虚拟管理，企业与外部管理机构建立起共同的利益关系，这样，就有组织来分担企业的风险，从而降低了企业自身的风险。此外，与资本运营策略要改变企业的所有权和独立法人地位相比，虚拟管理无疑更有利于企业对外部资源放心大胆地利用，而不会有被大企业并购的风险。

（3）资源优势。虚拟管理实质上就是指借用、整合外部资源，以提高企业竞争力的一种资源配置模式。之所以说“虚拟”，是因为管理模式突破了企业有形的组织界限，借用外部资源进行整合运作。在这种模式下，企业可获得诸如生产、设计、营销等功能，但却不一定拥有与上述功能相对应的实体部门。虚拟管理注重对资源的利用，而不是控制资源，它最大限度地利用外部资源，以达到全方位“借力造势”的目的。

（4）竞争力优势。很多企业受人、财、物等资源的限制，不可能对企业的各个方面都给予同等关注。从价值链的角度看，世界上无论是大企业还是小企业，没有一家企业会在所有的业务环节都具有竞争优势。所以，为保持和强化核心业务，使企业更具竞争力，企业可只保留最关键的核心业务环节，其他在本企业资源有限的条件下无法做到最好的环节，可将其“虚拟化”。

课堂互动 2-4

答案提示

课堂互动 2-4

根据以上介绍，举两例说明虚拟企业管理的优势是什么。

3）企业实施虚拟管理的途径

企业在实施虚拟管理的过程中，必须突破原有实体组织界限，由竞争走向合作，共同创造价值，共同提高竞争力，管理方式和经营策略等革新都将以组织结构变革为基础。

（1）业务外包。虚拟管理所实现的企业经营扩张是技术、生产、管理和销售等功能的延伸及增强，而不是追求对这些功能的载体的最终占有。只要这些载体的功能与企业整合，为其所用，促进企业的生产，提高企业的利润，企业的目的就达到了。虚拟管理改变了传统的企业扩张途径，也改变了传统的企业规模标准，企业规模的大小，不再主要以资产和组织规模的大小为衡量尺度，而是主要以销售额、利润额的多少为衡量尺度。虚拟管理使核心企业的整体运作更有效率，而所需费用则与实行虚拟管理前的开支相等甚至有所减少，往往还能省去一些巨额投资，使企业在最短时间内对市场做出的反应更为敏捷有效。中小企业也可以通过这种方式，把某些经营环节“虚拟化”，如品牌策划、市场营销、设计开发、制造、售后服务、人力资源管理与培训，甚至可以是行政办公、财务管理等。例如，现在很多的中小企业趋向于把培训工作外包给专职的培训公司或管理顾问机构，即在培训方面实行虚拟管理。企业把培训计划交给专业的培训公司，可以获得外部新的理念和方法，为企业员工提供更广泛的交流机会。中小企业把培训工作外包出去既可以保证培训质量，同时因为本企业不再设专职的培训师，也可以减轻本企业培训工作方面的负担，降低成本。

（2）聘请专家。虚拟管理是管理功能的扩张，而不是管理队伍的扩张。企业利用外聘顾问和管理专家等智囊人才，扩大了管理幅度，提高了决策水平和管理效率，企业并未因此而扩大领导班子和增加管理层次，这便是虚拟管理。例如，企业在发展中，不增设副经理职务，而是外聘管理顾问，与企业的主要领导、董事会成员共同组建经营管理中心。这是一个并未增加企业编制，也没有增加管理人员，甚至连固定的办公室都没有的虚拟管理组织，但其有效管理的幅度却扩大了。

（3）组建战略联盟。战略联盟的特征主要体现在当其欲达成共同利益目标时，可以快速组合，作为一个整体参与市场竞争；当其共同目标不存在时，各成员企业可迅速散伙，且不会带来太大的损失和风险。战略联盟可避免单个企业在市场竞争中孤军作战，并且可以降低各种经营风险。中小企业战略联盟的显著特点是联合行动，即在不否定独立经营的前提下，成员共同出资，在生产、加工、销售、采购、运输、金融、服务及后勤等方面进行联合，以促进联合企业不断提高经济效益。

2.3.6　现代管理理论的特点

纵观现代管理理论各学派，虽各有所长、各有不同，但也不难寻求其共性。其共性可概括为：

（1）强调系统化。现代管理理论越来越强调运用系统思想和系统分析方法来指导管理实践活动，解决和处理管理问题，防止片面性和受局部的影响。

（2）更加重视人的因素。管理的主要内容就是管人，以人为中心的管理是现代管理区别于传统管理的重要方面。现代管理理论越来越重视人的因素，重视对人的需要的研究与探索及“非正式组织”的作用，以保证组织成员齐心协力地完成组织目标，自觉做出贡献。

（3）注重“效率”与“效果”的结合。现代管理理论的内容不只限于“效率”的提高，不只注重“如何正确地做事”，而是把“效率”和“效果”结合起来，关注经营的实际效力，注重“做正确的事”。现代管理理论要求组织从整个组织的角度来考虑整体运营效果及对社会的贡献。

（4）重视管理方法和手段的科学化、现代化。随着社会的发展、科学技术水平的迅速提高，现代管理理论发展出了一些现代管理方法，如投资决策、线性规划、排队论、博弈论、统筹法、模拟方法、系统分析等；在管理手段的研究和使用方面也有了突破性进展，如办公设备的自动化，信息处理机的发明，电子计算机在市场研究、产品设计、生产组织、质量控制、物资管理、人力资源管理、财务管理等领域的应用，从而促进了管理水平的不断提高。

（5）强调不断创新。管理就意味着创新，就要保证在“惯性运行”的状态下，不满足于现状，利用一切可能的机会进行变革，从而使组织更加适应社会条件的变化。随着经济一体化和全球化的发展，人们对许多管理理论及其假设都提出了疑问，由此而展开的研究使管理理论创新成为可能。

总之，现代管理理论已形成一个综合性的管理理论体系，它广泛吸收了社会科学和自然科学的最新成果，对组织进行多方面的有效管理，使组织达到了既定的目标和担负起了应负的责任。

2.4 管理创新

当下受疫情影响，智能技术、经营环境乃至员工工作心态都在发生巨大变化，传统管理方式已经无法满足企业的需求。企业要想在复杂激烈的环境中生存和发展，需要不断调整自身的管理模式，在管理理念、管理内容、企业技术等层面进行创新。

管理创新是指为了更有效地运用组织的资源以实现预定目标所进行的一种创新活动和管理过程。管理创新贯穿于组织的各项管理活动中，并通过对决策、计划、组织、领导、控制等职能的创新，推动着管理向更有效地运用资源的方向前进。因此，管理创新又是产品创新、技术创新、工艺创新、营销创新等各类创新的基础。没有管理创新，其他创新很难取得预期效益。唯有管理不断创新，才能不断增强组织对环境的主动适应能力。

2.4.1 管理创新的内容

1）管理理念创新

人的创新行为是受其思想观念支配的，因此，一切的创新都源于观念的创新。管理理念创新在整个创新体系中起着非常重要的作用。具体来说，管理理念创新包括以下三个方面的内容：

第一，服务型管理理念创新。当劳动者和劳动对象在知识社会中获得改变后，就会对管理者在组织结构中的角色定位提出新的要求。管理者的职责在于确定企业发展方向，同时能够不断地为组织和员工提供完成工作所需的资源，而不是给已经能够完全独立工作的员工施加太多的控制。

第二，学习型管理理念创新。知识经济要求企业更加重视知识的积累和更新。企业要通过学习型管理，构建“学习是工作、工作是学习”的新型教育模式，为员工的终身教育、不断获取新知识营造良好的环境，并逐步将企业培育成学习型组织。

第三，团队型管理理念创新。有效的团队事实上是组织结构的最大精简。在一些集团组织中，各成员公司与集团中心之间相互依存，其整个组织结构更具弹性，并随着市场环境的变化而变化，与市场保持持续的平衡。

2）管理理论创新

进入知识经济时代后，传统的管理理论面临着严峻的挑战。从企业管理的角度看，企业的组织结构正向分散化、虚拟化和智能化方向发展，而对这种结构的管理将更加复杂。组织结构的分散化要求加强管理协调与合作，管理的概念与对象也发生了变化；与此同时，随着经济全球化、信息网络化、市场国际化的形成，企业的界限逐渐模糊。凡此种种，在知识经济条件下，都促使企业管理在理论与实践的结合上不断创新。

3）管理内容创新

企业的经营管理涉及对人、财、物、产、供、销、科技、信息、时间以及企业制度的管理等。随着企业逐步成为学习型组织、知识型企业，企业的各项管理职能都将被赋予新的内涵，出现新的变化。在知识经济时代，人的知识、智能的作用日趋显现，人本管理、能本管理、知本管理思想得以充分体现，通过人力资源开发和人力资本经营，能充分发挥知识型管理者、知识型员工在创新活动中的作用，从而实现对生产制造、质量、市场营销、财务成本、会计核算、物流配送等管理的创新发展，推动企业管理去适应新形势下瞬息万变的市场竞争需要。

4）企业技术创新

企业技术创新是为了满足消费者不断变化的需求、增强竞争优势而进行的以产品及其生产经营过程为中心的包括构思、开发、商业化等环节在内的一系列创新活动。创新的范围基本上可概括为产品创新、工艺创新、市场开拓创新、开发利用新的资源、管理创新五个方面。显然，技术创新是企业技术进步的具体化过程，通过新产品、新工艺和新服务的创新与改进，新资源的开发与利用，新生产方式的建立与运行，实现企业竞争能力的提高。事实上，企业的生存和发展就是围绕市场通过持续不断的技术创新来实现的。

案例分享2-3　　方太的科技创新

在当前的经济形势下，厨电企业普遍承压，品牌格局加速分化。随着外部环境的“不确定性”增加，厨电业必须以“科技创新”作为企业持续发展的关键支撑。

在烟灶这样先行发展起来的成熟厨电产品完成普及之后，厨电行业的人口红利就让位于科技红利。以2022年上半年领跑行业大盘的方太来说，其就是科技红利的受益者。它用大量的原创科技迭代升级成熟品类、开创普及新兴品类，引领厨房消费的新体验新趋势，这是在“不确定”的外部环境中保持增长“确定性”的秘诀所在。当然，科技创新不是一日之功，不能一蹴而就，需要有长期的战略规划。方太的科技创新一方面呈现出了渐进式、体系化的特征，另一方面既有广度又有深度，不仅照顾了现实的市场所需，而且夯实了未来的发展基础。

问题：评析方太的科技创新。

案例分享2-3

分析提示

5）企业文化创新

企业文化是企业发展的灵魂，任何企业都会倡导自己所信奉的价值理念，而且要求自己所倡导的价值理念成为员工的价值理念，得到员工的认可，并且在实践中认真实施，从而使自己所信奉的价值理念成为指导企业及员工的灵魂。也就是说，企业文化实际上是指导企业及员工的一种价值理念，这种价值理念体现在每个员工的意识上，当然最终成为指导员工行为的一种思想，因而企业文化最终是作为企业的灵魂而存在的。纵观世界成功企业的经营实践，人们往往可以看到，一个企业之所以能在激烈的市场竞争中脱颖而出，长盛不衰，归根到底是因为在其经营实践中形成和应用了优秀的、独具特色的企业文化。

6）战略管理创新

树立战略思维是企业管理创新的灵魂和核心，战略管理关乎企业的发展方向。面对世界经济一体化进程的加快、信息技术的快速发展和知识经济兴起所带来的外部环境深刻而巨大的变化，企业要想在激烈的市场竞争中立于不败之地，必须在战略管理创新方面下功夫。首先，企业战略管理创新是指企业管理战略的制定和实施要着眼于全球竞争。今后企业的竞争态势将是国内竞争国际化和国际竞争国内化，因此，任何企业的管理战略都必须放眼全球。其次，企业管理战略的制定和实施要在捕捉外部环境机遇的基础上更多地立足于企业核心竞争力的形成。核心竞争力也叫核心专长，就是拥有别人所没有的优势资源。今后企业间的竞争主要是围绕培育和形成核心竞争力来展开，培育和形成核心竞争力必须适应企业外部的环境因素，如顾客价值、竞争者和替代品的变化。面对变化了的顾客价值，企业要重新选择与核心竞争力相匹配的经营环境和业务领域，不断建立新的核心竞争力，预测、跟踪并满足不断变化的顾客需求。面对经济全球化、贸易壁垒减少带来的企业竞争对手的数量增加与规模扩大，企业必须及早确立核心竞争力的发展战略，以实现企业核心竞争力的持续发展。面对企业核心竞争力受到的替代品的威胁，企业必须不断创新竞争方式和运作方式，在形成核心竞争力方面有突破性进展，使自己永远走在前列。

知识拓展2-4

中国管理模式杰出奖和创新奖

2.4.2 管理创新的条件

为使管理创新能有效地进行，还必须创造以下一些基本条件：

1）创新主体（企业家、管理者和企业员工）应具有良好的心智模式

这是实现管理创新的关键。心智模式是指由过去的经历、习惯、知识素养、价值观等形成的基本固定的认知方式和行为习惯。创新主体应具有的心智模式：一是远见卓识；二是较高的文化素质和价值观。

2）创新主体应具有较强的能力结构

管理创新主体必须具备一定的能力才可能完成管理创新。这些能力包括核心能力、必要能力和增效能力。核心能力突出地表现为创新能力；必要能力包括将创新转化为实际操作方案的能力、从事日常管理工作的各项能力；增效能力则是控制、协调、加快进程的各项能力。

3）企业应具备较好的基础管理条件

现代企业中的基础管理主要指最基本的管理工作，涉及基础数据、技术档案、统计记录、信息收集归档、工作规则、岗位职责标准等。管理创新往往是在基础管理较好的基础上才有可能产生的，因为基础管理好可提供许多必要的、准确的信息、资料、规则，这本身有助于管理创新的顺利进行。

4）企业应营造一个良好的管理创新氛围

创新主体能有创新意识，能有效发挥其创新能力，与拥有一个良好的创新氛围有关。在良好的创新氛围下，人们思想活跃，新点子产生得多而快；而不好的氛围则可能导致人们思想僵化，思路堵塞，头脑空白。

5）管理创新应结合本企业的特点

现代企业之所以要进行管理上的创新，是为了更有效地整合本企业的资源，以完成本企业的目标和任务。因此，这样的创新就不可能脱离本企业和本国的特点。在当前的国际市场中，短期内中国大部分企业的实力比西方企业弱，如果以刚对刚，很可能会失败；以太极拳的方式以柔克刚，则可能是中国企业走向世界的最佳方略。

6）管理创新应有创新目标

管理创新的目标比一般目标更难确定，因为创新活动及创新目标具有更大的不确定性。尽管确定创新目标是一件困难的事情，但是如果没有一个恰当的目标，则会浪费企业的资源，这本身又与管理的宗旨不符。

管理育人2-1　**董明珠的“零碳”梦想**

2021年7月6日，董明珠在2021中国新消费品牌增长峰会上透露，“格力在研发一种新技术，可把光能、储能和空调结合起来，让空调成为一个发电站”。

空调变身发电站，此话一出，群众议论纷纷，就连专家也出来评论。董明珠透露这项黑科技并非一时兴起，格力电器一直在朝着节能环保努力。企业的发展是企业家理念的折射，而为格力“赋绿”，领航格力“减碳”的，正是它的掌舵人董明珠。

董明珠有一个梦：研发出基于清洁能源的颠覆式空调技术，制造出不消耗不可再生能源的“零碳”空调。

如今，她站到了距离实现梦想最近的领奖台上。4月30日，在全球制冷技术创新大奖赛颁奖仪式（中国）上，格力电器从中国工程院院士、中国制冷学会理事长江亿手中接过了全球制冷技术创新大奖赛最高奖的奖杯。这个奖授予了格力联合清华大学研发的“零碳源”空调技术，该技术使碳排放相对传统空调降低了85.7%。

在由《联合国气候变化框架公约》下的使命创新联盟（Mission Innovation）、美国落基山研究所（Rocky Mountain Institute）联合印度政府共同发起的，探索突破性创新制冷技术的国际大赛上，这项技术从来自96个国家和地区的2 100多个项目中脱颖而出。

董明珠说，格力是一个有梦想的企业，一直在孜孜不倦地追求绿色发展、节能减排。“10年来，格力在再生资源回收领域的总投资已超过20亿元，至今仍然是一个‘赔本生意’，但它带来的环境效益是无法估量的。”董明珠顶住压力，乐观表达。

董明珠带领格力做的这个赔本生意，截至2020年年底，累计处理各类废弃电器电子产品超3 400万台（套）。根据估算，可减少矿产原油资源开采约130万吨，节水约330万立方米，减少碳排放量约170万吨。

董明珠说，格力就是要积极响应国家号召，贯彻落实“绿水青山就是金山银山”理念，创新“绿色设计—绿色制造—绿色回收”的循环发展模式，保证全产业链的绿色化。希望整个家电行业共同承担起绿色发展的使命，共同交出一份高质量的绿色答卷。

资料来源　张建军. 董明珠的“零碳”梦想［EB/OL］.［2022-09-06］. http: //www.ce.cn/xwzx/gnsz/gdxw/202109/06/t20210906_36882998.shtml.

感悟：党的二十大报告指出，“推动经济社会发展绿色化、低碳化是实现高质量发展的关键环节”“积极稳妥推进碳达峰碳中和”。董明珠和格力以一个企业家的格局、一个家电巨头的未来布局，展现着一种家国情怀。这种情怀是每个企业发展中应有的担当。

本章小结

★ 本章主要介绍的是管理理论的产生和发展，重点是现代管理理论的演进。首先介绍了早期的管理思想。这一时期的主要代表人物及其管理思想分别是：亚当·斯密的劳动分工理论和“经济人”观点；罗伯特·欧文最早注意到企业中人的因素对提高劳动生产率的重要性；查尔斯·巴贝奇所提出的劳动分工、用科学方法有效地使用设备和原料等观点。在他们之后，泰罗、法约尔和韦伯分别从个人、组织和社会三个不同的角度提出了古典管理理论，使管理学真正成为一门科学。

★ 梅奥通过他的霍桑实验提出了“社会人”的观点，并发展成为人群关系学说，成为行为科学发展的开端。从此以后，出现了许多相互交叉又相对独立的现代管理学学派，形成了“管理理论的丛林”。本章主要介绍了这个“丛林”中的几个主要学派，分别是社会系统学派、决策理论学派、系统管理学派以及权变管理学派。

★ 创新是管理的一个永恒主题。管理创新是指为了更有效地运用组织资源以实现预定目标所进行的一种创新活动和管理过程。管理创新主要包括理念创新、理论创新、管理内容创新、企业技术创新、企业文化创新、战略管理创新六个方面。

★ 在知识经济的冲击下，企业将彻底改变工业经济时代处理问题的方式，而采用新的管理模式，进行管理方法的革命。新的管理模式很多，本章主要介绍了团队管理模式、学习型组织管理模式等。

主要概念和观念

★ 主要概念

例外管理　企业再造　团队　学习型组织　虚拟组织　管理创新

★ 主要观念

古典管理理论　行为科学　管理理论的丛林

基本训练

在线测评2-1

判断题

1）判断题

(1)“非正式组织”的存在是在霍桑实验中发现的。（　）

(2) 19世纪初，英国著名的空想社会主义者是查尔斯·巴贝奇。（　）

(3) 被称为“情景理论”或“环境论”的是系统管理学派。（　）

2）选择题

(1) 曾获得诺贝尔经济学奖的管理学家是（　）。

A.泰罗　B.巴纳德　C.西蒙　D.孔茨

(2) 法约尔提出的管理的五项职能包括（　）。

A.计划　B.组织　C.指挥

D.激励　E.协调　F.控制

在线测评2-2

选择题

(3) 被誉为“科学管理之父”的人是（　）。

A.梅奥　B.泰罗　C.西蒙　D.孔茨

(4) 社会系统学派认为，任何一个组织都包含三个基本要素，它们是（　）。

A.共同目标　B.有效领导　C.协作意愿　D.信息沟通

3）简答题

(1) 简述亚当·斯密的管理思想。

(2) 简述人群关系学说的主要内容。

(3) 你如何理解"管理理论的丛林"这种提法？

(4) 简述企业再造的基本思想。

(5) 学习型组织管理模式的特点有哪些？

(6) 简述管理创新的条件。

在线测评 2-3

简答题

4) 分析题

特步：创新式向上突破

近年来，随着全民体育风潮的掀起，我国的体育用品行业迎来了新的发展。而由CEO丁水波带领的国民体育用品品牌——特步，近年来也有飞速的成长。目前，特步已成为排名第三的国产运动品牌，而这一成绩的取得得益于其CEO丁水波不断带领特步积极破圈，抢占行业核心优势的发展决策。

事实上，每个企业的创新式突破，都是一个击破内圈并开拓外圈的过程。内圈代表的是企业经营的现有模式，即企业的舒适圈，也是逐渐饱和的红海竞争。外圈代表的则是全新模式，通常需要企业进行颠覆式自我革命。对特步来说，发展过程中的第一次飞跃是CEO丁水波击破了"代工厂模式"的内圈，进而开拓出了自有品牌"特步"飞速增长的外圈。特步第二次飞跃的关键时期则是现在，特步需要击破国内本土市场这一内圈，积极奋力开拓国际化市场的外圈。为了成功实现第二次飞跃，CEO丁水波带领特步"科技创新、国潮共创、品牌出海"三步走，在助力当前国潮崛起的同时，进一步让特步从民族品牌走向世界品牌。

在丁水波的三步走战略中，第一步就是科技创新。特步在2019年12月首次公开了特步专业跑鞋的代表作品——竞速160X，这款跑鞋是专为国人量身打造的专业级跑鞋。而今此类特步产品愈发丰富，特步160X和160X2.0、160X PRO和300X 2.0等也成为跑圈最受欢迎的专业跑鞋。专业产品的背后是科技实力的支撑。特步的科学实验室——X-lab是特步挑战突破中国速度的原点。特步实验室的环形科研跑道不仅模拟了真实的跑步场景和跑者的步态，还承载着3D动作捕捉系统和红外线三维运动分析系统，以及力学分析系统和智能计时系统等精密仪器，它们能够汇聚为跑者大数据，是特步打造中国顶级跑鞋的基础。这不仅促进了特步研发设计能力的进一步提升，也推动了国产跑步鞋的升级。

丁水波的三步走战略中的第二步是国潮共创。当下的年轻一代已经成为时尚主流，随着中国经济实力在全球崛起，"新国风运动"潮流盛行。丁水波敏锐把握住这一趋势，积极塑造传统品牌年轻化的形象，成功为国产运动品牌带来品效合一的良好增长势头。

丁水波的三步走战略中的最后一步则是品牌出海。2019年，丁水波带领特步正式开启多品牌国际化发展之路，并完成了对盖世威和帕拉丁两个品牌的收购。如今，在丁水波的规划下，特步推出了第五个五年规划，未来将打造从功能性到运动时尚产品，计划覆盖全年龄段的品牌矩阵，积极推行特步主品牌与新品牌双轨并行，在释放规模经济和协同效应的同时，持续提升品牌市场份额。

资料来源　佚名．丁水波击破内圈，开拓外圈，带领特步创新式向上突破［EB/OL］．［2022-09-23］．http：//hebei.ifeng.com/c/8JVcIvGlsJU．

在线测评 2-4

分析题

问题：结合此案例谈谈管理创新的条件。

实践训练

（1）以你所在的班级为例，根据你的观察，班上有没有（或有几个）非正式群体？如果有，这种非正式群体有什么特点？假如你是班主任，你会怎样对待这些非正式群体？

（2）选择你所在城市的一个大型企业和一个中（或小）型企业，通过访谈与观察的方式，分析其主要是依据哪些管理理论来指导管理活动的，大型企业和中（或小）型企业有什么不同，然后写一份调查报告。

凡事预则立，不预则废。

——《礼记·中庸》

第3章 计 划

学习目标

知识目标： 理解计划的含义和作用；了解计划工作的过程与影响因素；重点掌握目标管理的特点与目标管理的过程；熟练掌握和运用计划制订的几种方法——滚动计划法、甘特图法、网络计划技术。

技能目标： 能够运用所学的知识为某一专项活动做出合理的计划的能力；能够根据目标管理的程序为组织制定并实施一个完整的目标管理过程。

素养目标： 引导学生对自己的人生目标进行思考和规划，提高社会责任感，培养学生的家国情怀。

思维导图3-1

第3章

引例 **国美“18个月计划”失败，再发“三年战略”计划**

2021年2月，国美的一封内部信中宣称：“力争用未来18个月的时间，使企业恢复原有的市场地位。”2022年8月19日，国美又发出“致国美朋友的一封信”，坦言“对执行的困难预料不足，导致现实与目标有一定差距，坦然接受外界的质疑和批评。”主观上承认了“18个月计划”的失败。

从财报数据上来看，大刀阔斧进行阶段性变革的国美，不仅没能展现出恢复原有市场地位的态势，反而在亏损泥潭中持续挣扎。2021年，国美总计亏损44亿元，尽管比起2020年减少了20多亿元，但仍旧处在高位，这也是国美连续第五个财年亏损。

值得注意的是，过去两年，国美曾重金押注的“真快乐”和“打扮家”业务，或许会被彻底放弃。“真快乐”App由此前的国美App更名而来，主打“娱乐化零售”概念，于2021年1月21日正式上线，曾被国美内部寄予厚望。但受困于供应链和产品力上的劣势，“真快乐”上线之后高开低走的势头十分明显，前期国美投入了很多人力财力帮助真快乐引流，但留存效果并不好。“打扮家”主做互联网家装服务，曾被视作国美“家·生活”战略的重要组成部分。按照国美最初的设想，家装业务与国美的家电零售业务有天然的契合度，两者如果能够形成协同效应，能够为国美整体贡献巨大增量。但到了2021年7月，“打扮家”却传出了全线业务已经暂停的消息。

“真快乐”和“打扮家”两大创新业务的相继受挫，也直接导致了“18个月计划”的失败。不过就国美2022年所面临的外部环境而言，即便这两大业务有所起色，也很难从根本扭转国美当下的逆风局面。2022年外部环境的急剧变化，最终使得国美没能完成“快速增长”的计划，反而陷入了更为被动的局面。其中外部的影响包括：疫情的反复，对于大量的国美电器线下门店来说，不可避免地带来了客流量的减少。另一大不利因素则是房地产行业的景气程度依然维持在低位，这也对下游的家装产业造成了一定的冲击，使得国美雄心勃勃想打造的互联网家装平台，一面世就需要面临订单减少的大环境。综合以上因素来看，迫切想要谋求转型的国美，也确实遇上了一个不算理想的时间节点。

不过在“18个月计划”失败之后，国美也并没有就此躺平，而是提出了一个更加长远的“三年战略”。黄光裕在对外的公开信中承诺，“我作为大股东将促使管理团队实现未来较好业绩的承诺对赌，实现“1+1+1”的三年战略发展目标：在2023年实现较高盈利并达到以往较高水平，2024年达到历史最高水平，2025年明显超越历史最高水平。”

相比较紧促的18个月，三年的时间要更为宽松，但分解目标依然有着较高的挑战性，这也将继续考验国美的高管团队。

资料来源 牧歌. 国美“18个月计划”失败，黄光裕再发“三年战略”[EB/OL]. [2022-08-22]. https://www.xianjichina.com/news/details_294939.html.

在企业的正常发展中，制订计划是一项非常重要的工作，好的计划能够有效引导企业科学、健康地发展，不切实际的计划则可能误导企业走上歧路，从而妨碍企业的健康发展。上述案例表明，企业的领导人在制定目标的时候要充分考虑各种因素，切莫好高骛远制定出难以达成的目标，否则后面被目标限制，反而影响企业的发展。

本章我们就来介绍计划的作用、计划工作的过程与影响因素、目标管理的特点与过程及计划制订的方法等方面。

3.1 计划概述

计划是管理的基本职能之一，就管理的整个过程而言，它位于其他管理职能之首。计划职能的主要任务是在收集大量基础资料的前提下，对组织的未来环境和发展趋势做出尽可能准确的预测，并根据预测的结果和组织所拥有的可利用资源确立组织目标，然后制订出实施目标的方案、措施、方式和具体步骤，为组织目标的实现做出完整的规划。

3.1.1 计划的含义和作用

计划是关于组织未来的蓝图，是对组织在未来一段时间内的目标和实现目标途径的策划与安排。正如哈罗德·孔茨所言："计划工作是一座桥梁，它把我们所处的这岸和我们要去的对岸连接起来，以克服这一天堑。"

1）计划的含义

在汉语中，"计划"一词的词性既可以是名词，也可以是动词。从名词意义上说，计划是指用文字和指标等形式所表述的，组织以及组织内不同部门和不同成员，在未来一定时期内，关于行动方向、内容和方式安排的管理文件。计划既是决策所确定的组织在未来一定时期内的行动目标和方式在时间和空间的进一步展开，又是组织、领导、控制和创新等管理活动的基础。从动词意义上说，计划是指为了实现决策所确定的目标而预先进行的行动安排。这项行动安排工作包括在时间和空间两个维度上进一步分解任务和目标、选择任务和目标的实现方式、进度规定、行动结果的检查与控制等。我们有时用"计划工作"表示动词意义上的计划内涵。

我们将计划定义为：**计划是在科学预测的基础上为实现组织目标而对未来一定时期内的工作做出安排的活动。**它包括拟定组织的目标、为实现这些目标制定总体战略，并提出一系列派生计划，以综合和协调各项活动。

计划工作给组织提供了通向未来目标的明确道路，给组织、领导和控制等一系列管理工作提供了基础，同时计划工作也要着重于管理创新。有了计划工作这座桥，本来不会发生的事，现在就可能发生了，模糊不清的未来变得清晰。虽然我们几乎不可能准确无误地预知未来，虽然那些不可控制的因素可能干扰最佳计划的制订，并且我们几乎不可能制订最优计划，但是我们仍然要进行计划工作，否则我们就只能听任自然了。

2）计划的内容

一份完整的计划应包括以下几方面的内容，简称5W1H：

What——做什么？即给出组织不同层次的目标。

Why——为什么做？即给出实施计划的原因。

Who——谁去做？计划的实施离不开人的行为，因此计划必须明确由哪些部门、哪些人来完成规定的各项任务和目标。

Where——何地做？计划既要有实施的地点，又要优选实施的地点。

When——何时做？一个切实可行的计划，必须明确指出各项行动的时间要求，而这种时间安排必须和组织内外部状况相适应。

How——怎样做？计划的实施可以有多种途径，应尽可能选择好的方法和手段，以保证计划的有效性。

3）计划的特点

计划作为管理的基本职能之一，具有首位性、普遍性、目的性、实践性、经济性、未来性等特点。

（1）计划的首位性。计划是企业发挥其他管理职能的基础或前提条件。计划在前，行动在后。组织的管理过程首先应当明确管理目标、筹划实现目标的方式和途径，而这些恰恰是计划工作的任务。计划在管理职能中处于首要地位，这主要是由于管理过程当中的其他职能都是为了支持、保证目标的实现，因此这些职能只有在计划确定了目标之后才能进行。因为只有在明确目标之后才能确定合适的组织结构、下级的任务和权力、伴随权力应承担的责任，以及怎样控制组织和个人的行为不偏离计划等。

（2）计划的普遍性。实际的计划工作涉及组织中的每一位管理者及员工。一个组织的总目标确定之后，各级管理人员为了实现组织目标，使本层次的组织工作得以顺利进行，都需要制定相应的分目标及分计划，因此计划具有普遍性。

（3）计划的目的性。任何组织或个人制订计划都是为了有效地达到某种目标。在计划工作过程的最初阶段，制定具体的、明确的目标是其首要任务，其后的所有工作都是围绕目标进行的。具体的、明确的目标不是单凭主观愿望就能确定的，它要符合实际情况，要以许多预测和分析工作作为其基础。计划工作要使今后的行动集中于目标，要预测并确定哪些行动有利于达到目标，哪些行动不利于达到目标或与目标无关，从而指导今后的行动朝着目标的方向迈进。

（4）计划的实践性。它主要是指计划的可操作性，并且最终为了计划的实施。符合实际、易于操作、目标适宜，是衡量一个计划好坏的重要标准。另外，为了适应环境的变化，克服不确定因素的干扰，要适当增强计划的弹性。

（5）计划的经济性。它可用计划的效率来衡量。计划效率是指制订计划与执行计划时所有的产出与投入之比。如果一个计划能够达到目标，但它需要的代价太大，这个计划的效率就很低，就不是一份好的计划。在制订计划时，要切实考虑计划的效率，不但要考虑经济方面的利益和耗损，还要考虑非经济方面的利益和耗损。

（6）计划的未来性。计划是面对未来的，是一种预先的安排，即事先决定干什么、如何干、什么时候干、在何地干和谁去干，所以要确定目标和通向目标的途径及措施等。

4）计划的作用

计划工作具有承上启下的作用：一方面，计划工作是决策的逻辑延续，为决策所选择的目标的实现提供了组织实施保证；另一方面，计划工作又是组织、领导、控制和创新等管理活动的基础，是组织内不同部门、不同成员行动的依据。

（1）计划工作是管理活动的依据。计划为管理工作提供了基础，是管理者行动的依据。管理者要根据计划分派任务并确定下级的权力和责任，促使组织中全体人员的活动方向趋于一致，形成一种复合的组织行为，以保证达到计划所制定的目标。

（2）计划工作有助于组织目标的实现。任何组织任何时候都必须具有生存的价值、存在的使命。决策活动为组织确立了存在的使命和目标并且进行了实现方式的选择。计划工作是对决策工作在时间和空间两个维度上进一步地展开和细化。所谓在时间维度上进一步展开和细化，是指计划工作把决策所确立的组织目标及其行动方式分解为不同时间段（如长期、中期、短期等）的目标及其行动安排；所谓在空间维度上进一步展开和细化，是指计划工作把决策所确立的组织目标及其行动方式分解为组织内不同层次（如高层、中层、基层等）、不同部门（如生产、人事、销售、财务等部门）、不同成员的目标及其行动安排。组织正是为了通过有意识的合作，来完成群体的目标而生存的。因此，组织的各种计划及其各项计划工作有助于完成组织的目标。

（3）计划工作是合理配置资源、减少浪费、提高效率的方法。计划工作的重要任务就是使未来的组织活动均衡发展。计划可以使组织的有限资源得到更合理的配置。由于有了计划，组织中各成员的努力将合成一种组织效应，这将大大提高工作效率，从而带来经济效益和社会效益。

（4）计划工作是降低风险、掌握主动的手段。未来的情况是变化的，特别是当今世界正处于一种剧烈变化的时代当中，社会在变革，技术在革新，人们的价值观念也在不断变化。计划是预期这种变化并且设法消除变化对组织造成不良影响的一种有效的手段。未来资源价格可能会发生变化，产品和竞争对手可能会改变，国家的政策、方针可能会发生变化，顾客的意愿和消费观念也可能会发生变化，组织如果没有事先预测到这些变化，就可能导致失败。

（5）计划工作是管理者进行控制的标准。计划的重要内容是组织目标，它是制定控制标准的主要依据。有了控制标准才能衡量实际的实施效果，发现偏差，及时纠正，使组织活动不脱离管理者所期望的发展方向。

课堂互动3-1

中国有句古话：“凡事预则立，不预则废。”从计划的角度，你如何看待这句话？

课堂互动3-1
答案提示

3.1.2 计划的类型

管理实践活动的复杂性，决定了组织计划的多样性。组织的管理系统具有层次性，不同层次的计划有不同的表现形式和内容。

1）长期、中期和短期计划

按时间的长短可以将计划分为三种，即长期计划、中期计划和短期计划。一年以内可以完成的计划称为短期计划；一年以上至五年可以完成的计划称为中期计划；五年以上可以完成的计划称为长期计划。当然，这种计划时间的界限不是绝对的，会因组织的规模和目标的特性而有所不同。比如，一项航天发展项目的短期实施计划可能需要五年；而一家小的制鞋厂，由于市场变化较快，它的短期计划仅能适用两个月。所以尽管我们按上述时间界限划分出长期计划、中期计划和短期计划，在讨论各期计划时还是应从它们本身的性质来说明。

2）综合计划和项目计划

按计划对象划分，可以把计划分为综合计划和项目计划。综合计划所包括的内容是多方面的，项目计划则是为某种特定任务而制订的。

（1）综合计划。它一般是指具有多个目标和多方面内容的计划。就其涉及对象来说，它关系到整个组织或组织中的许多方面。人们习惯上把预算年度的计划称为综合计划，它主要包括销售计划、生产计划、劳动工资计划、物资供应计划、成本计划、财务计划、技术组织措施计划等。这些计划都有各自的内容，但它们又互相联系、互相影响、互相制约，从而形成了一个有机的整体。由于目前的企业已经形成了一种开放的系统，外界环境对这个系统有直接的影响，为此就要使资源在各个部门合理分配，用有限的投入获得最大的产出，产生更大的组织效应。所以应把制订综合计划放在首要位置，自上而下地编制计划。

（2）项目计划。它是针对组织的特定课题做出决策的计划。例如，某种产品开发计划、企业的扩建计划、与其他企业联合计划、职工俱乐部建设计划等都是项目计划。项目计划在某些方面类似于综合计划，它的特殊性在于其目的是企业结构的变革，即针对企业的结构问题选择解决问题的目标和方法。项目计划的计划期限很可能为1年，这时它就要包括在年度计划之内。项目计划也许需要几年才能完成，比如企业扩建计划，这时年度计划仅包括它的一部分。项目计划是与组织结构的变革相关的。结构的组成要素有许多，比如企业中的市场、设备、产品、财务和组织等，几乎包括企业的一切领域。项目计划就是使这些因素具体地朝着将来的方向发展下去。我们必须注意把项目计划同在原有结构上的实现有效经营的管理计划相区别。

3）程序性计划和非程序性计划

管理活动分为两类：一类是例行活动，是经常重复出现的工作，这类活动的决策计划是经常重复的，而且具有一定的稳定结构，可以建立一定的工作程序，有些甚至可以编成计算程序，与此相应的计划被称为程序性计划。另一类属于非例行活动，不重复出现，这些问题过去从未出现且没有固定的解决方法和程序，与此相应的计划被称为非程序性计划。

4）战略性计划和战术性计划

根据计划对组织整体活动的影响范围和影响程度的不同，计划制订者所处的管理层次的不同，可将计划分为战略性计划和战术性计划。

（1）**战略性计划**。它是指应用于整体组织的，为组织未来较长时期（通常为5年以上）设立总体目标和寻求组织在环境中的地位的计划。

战略性计划的基本特点是：①长期性和整体性；②计划所包含的时间跨度长，涉及范围广；③计划内容抽象、概括，不要求直接的可操作性；④不具有既定的目标框架作为计划的着眼点和依据；⑤方案往往是一次性的，很少能在未来得到再次或重复使用；⑥计划的前提多是不确定的，计划结果也往往带有高度的不确定性。

（2）**战术性计划**。它是指规定总体目标如何实现的细节的计划，其需要解决的是组织的具体部门或职能在未来各个较短时期内的行动方案。

战术性计划的主要特点是：①计划所涉及的时间跨度比较短，覆盖范围也较窄；②计划内容具体、明确，并通常要求具有可操作性；③计划的任务主要是规定如何在已知条件下实现根据企业总体目标分解而提出的具体行动目标；④风险程度较低。

5）指令性计划和指导性计划

按对计划执行者的约束力可以把计划分为指令性计划和指导性计划。

（1）**指令性计划**。它是由上级主管部门下达的具有行政约束力的计划。指令性计划一经下达，各级计划执行单位必须遵照执行，而且尽一切努力加以完成。

（2）**指导性计划**。它是由上级主管部门下达的具有参考作用的计划。这种计划下达之后，执行单位不一定完全遵照执行，可考虑自己单位的实际情况，决定是否按指导性计划工作。

6）业务计划、财务计划和人事计划

从计划的职能空间分类，可以把计划分为业务计划、财务计划和人事计划。

业务计划包括开发、物资采购、仓储后勤、生产作业以及销售促进等内容。长期业务计划主要涉及业务方面的调整或业务规模的发展，短期业务计划则主要涉及业务活动的具体安排。

财务计划研究如何从资本的提供和利用上促进业务活动的有效进行。

人事计划则分析如何为业务规模的维持或扩大提供人力资源的保证。

3.1.3 计划的要素

计划的要素有九个：宗旨、目标、战略、政策、策略、程序、规则、规划、预算。

1）宗旨

宗旨是为了说明组织存在的根本价值和意义，也是不同组织相互区别的根本标志。

2）目标

组织的宗旨是组织价值的高度抽象，然而组织的运行还需要一定时空范围内的具体目标。目标是组织活动所要达到的结果，它是在组织的宗旨指引下确立的，是宗旨的具体化和数量化。

3）战略

战略是为实现组织目标所确定的发展方向、行动方针、行为原则、资源分配的总体规划等。战略是指导全局和长远发展的方针，对于组织的思想和行动起引导作用。

4）政策

政策是组织在决策或解决问题时用来指导和沟通思想与行动方针的规定或行为规范。组织的不同层次可以相应地制定不同层次的政策，用于指导和规范各个职能部门的工作。用统一的政策指导，才能保证策略及整个计划体系的一致性。

5）策略

策略则是实现目标的具体谋略。策略是指管理者对未来行动的总体构想与实现目标的一整套具体谋略方案。

6）程序

程序是完成未来某项活动的方法和步骤，是将一系列行为按照某种顺序的排列安排。程序是通过对大量日常工作过程及工作方法的总结、提炼而逐渐形成的，对组织的例行活动具有重要的指导作用。

7）规则

规则是一种最简单的计划。它是在具体场合和具体情况下，是否允许采取某种特定行动的规定。

8）规划

规划是为了实施既定方针所必需的目标、政策、程序、规则、任务分配、执行步骤、使用的资源等而制订的综合性计划。规划可大可小，不同级别的组织都可以有自己的规划。规划一般是粗线条的、纲要性的。

9）预算

预算是用数字表示预期结果的报告书，也可以称为“数字化”的规划。预算是组织各类各项可支配资源的使用计划。预算是用数字表示预期结果的一种报告书，是一种数字化的计划。

3.2 计划工作的过程与影响因素

计划是管理的首要职能，是管理职能中一个最基本的职能。计划是任何一个组织成功的核心，它存在于组织各个层次的管理活动中。管理者的首要职责是制订计划，就是组织企业员工进一步明确企业的目标、理解企业的目标、实现企业的目标。

3.2.1 计划工作的过程

计划编制本身也是一个过程。为了保证编制的计划合理、确保组织目标的实现，计划编制过程中必须采用科学的方法。虽然可以用不同标准把计划分成不同类型，计划的形式也多种多样，但管理者在编制任何完整的计划时，实质上都遵循相同的逻辑和步骤。

1）环境分析

组织环境因素对组织战略计划的制订起着关键性的影响作用。任何一个组织的高级管理人员，要想制订一个能引导自己的企业走向成功的计划，都必须全面地调查和分析组织环境因素，并要获取和分析与本公司和本行业有关的组织环境因素的信息情报。计划是否科学和切合实际，在很大程度上取决于信息的调查与掌握是否全面与准确。编制计划需要调查和掌握的信息很多，既有企业外部的信息，也有企业内部的信息。外部信息中又有一般环境因素和任务环境因素之分。

2）确定目标

在分析企业外部和内部情况的基础上组织就可以确定目标了。目标为组织整体、各部门和各成员指明了方向，并且作为标准可用来衡量实际的绩效。

一般在确定目标时必须考虑目标的优先次序、目标的时间、目标的结构和衡量目标的标准四个方面内容。

（1）目标的优先次序。其意味着，在一定的时间内某一个目标的实现相对来说比实现其他目标更为重要。例如：对一个连支付工资都有困难的公司来说，实现保持最低限度的现金平衡的目标可能是至关重要的。

目标的优先次序确定以后，还必须将决策所确立的目标进行分解，以便落实到各个部门、各个活动环节（目标的结构），并将长期目标分解为各个阶段的目标（目标的时间）。

（2）目标的时间。其意味着一个组织的活动是受各种实施时间长短不同的目标所支配的，即目标有短期、中期和长期之分。一般长期目标是企业的最终目标，而中期目标是为了实现最终目标而必须达到的目标，短期目标关心的是组织眼前的问题和目标。

目标应由组织内的各个部门负责实现。向组织内的各个部门分派目标的过程，就会关系到我们要说明的目标的第三个方面——目标的结构。

（3）目标的结构。决策所确立的组织目标分解到各个部门，然后落实到各个活动环节。主要部门的目标依次控制下属各部门的目标，以此类推，从而形成了组织目标的结构。

（4）衡量目标的标准。在说明目标时，使用的语言一定要能让努力实现目标的人理解和接受，即有效的计划要求目标要容易衡量。

3）拟订各种可行性计划方案

目标确定后，就需要拟订尽可能多的计划方案。可供选择的行动计划方案数量越多，被选计划的相对满意程度就越高，行动就越有效。因此，在可行的行动计划拟订阶段，要发扬民主，广泛发动群众，充分利用组织内外的专家，通过他们献计献策，产生尽可能多的行动计划方案。企业应拟订多种实现计划目标的方案，以便寻求实现目标的最佳计划方案。拟订各种可行的计划方案：一方面，要依赖过去的经验，已经成功的或失败的经验对于拟订可行的计划方案都有借鉴作用；另一方面，也是更重要的方面，就是依赖于创新，因为企业内、外部情况的迅速发展变化，使昨天的方案不一定适应今天的要求，所以计划方案还必须创新。

4）评估选择方案

根据企业的内外部条件和对计划目标的研究，充分分析各个方案的优缺点，并做出认真评价和比较，选择出最接近许可条件和计划目标要求的、风险最小的方案。评估时，要考虑以下几点：

（1）认真考察每一个计划的制约因素和隐患。

（2）要用总体的效益观点来衡量计划。

（3）既要考虑到每一个计划的许多有形的可以用数量表示的因素，又要考虑到许多无形的不能用数量表示的因素。

（4）要动态地考察计划的效果，不仅要考虑计划执行所带来的利益，还要考虑计划执行所带来的损失，特别注意那些潜在的、间接的损失。评价方法分为定性和定量两类。

（5）按一定的原则选择出一个或几个较优的计划。说较优是因为存在人类理性的局限性、未来的不确定性和个人价值观的差异等因素。

（6）若考虑因素较多时，还要依靠决策人员的经验、实验和研究分析进行比较。

5）拟定政策和拟订支持计划

计划工作的第五步是拟定政策和拟订支持计划。

（1）拟定政策。政策是贯彻和达到目标的保证，如企业确定了某个产品打入国际市场的目标，也选择了优质优价、创名牌、承包奖励等一系列措施来为目标服务。

拟定政策要考虑到政策的稳定性和灵活性以及政策的全面性、协调性和一致性。

（2）拟订支持计划。政策拟定后，计划仍不能说是完整的，还必须拟订支持计划，即各业务部门和下层单位拟订具体的部门计划，以支持总计划得以实现，如企业的生产计划、销售计划和财务计划等。

6）实施和改进计划

计划工作的最后步骤是实施和改进计划。编制计划并非计划职能的目的和全部，当计划编制完还需实施计划。通过实施，对计划进行情况的检查和反馈，如与目标不一致，还需改进计划。

案例分享3-1　　一个食品公司的计划

一家食品公司通过市场调查和分析，发现儿童营养食品具有非常广阔的市场前景，而该食品公司又有能力研究开发和生产此类产品，所以该公司认为这是一个市场机会。该食品公司评估了这次机会之后，就确立了生产儿童营养食品的目标。该食品公司确定生产儿童营养食品后，具体预测分析了当前的消费水平，公司制造能力，产品市场价格，原材料的种类、来源、价格，市场潜力，市场竞争者情况等。食品公司具体拟订了多个可供选择的方案，接着组织专家评估各种备选方案，最后从诸多可行方案中选择一个较优方案作为决策方案，确定了具体生产何种儿童营养食品，每年生产多少，需要投入多少人力、物力和财力，各部门具体应该做哪些工作等。决策方案下达后，各业务部门和下层单位又拟订了具体的部门计划，以支持总计划得以实现，如生产计划、销售计划和财务计划等。然后进行方案的实施，并进行情况的检查和反馈。

资料来源　根据网络资料整理。

问题：评析这家食品公司的计划程序。

案例分享3-1

分析提示

3.2.2　影响计划工作的因素

计划要根据组织自身以及环境特点来制订，组织及其所处环境特点不同，计划工作的重点也不相同。影响计划工作的因素有：

1）组织的层次

在通常情况下，高层管理者主要制订具有全局性、方向性、长期性的计划，计划工作的重点是战略计划，基层管理者主要制订局部的、具体的、短期的计划，其计划工作的重点在可操作性上。中层管理者制订的计划内容介于高层与基层管理者制订的计划之间。图3-1表明了组织层次与计划类型的关系。

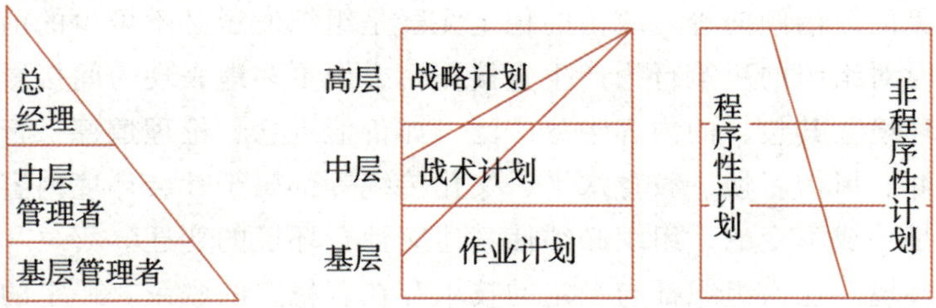

图3-1 组织层次与计划类型的关系

2）组织的生命周期

任何组织都要经历一个从形成、成长、成熟到衰退的生命周期。在组织生命周期的各个阶段，计划工作的重点也不一样（如图3-2所示）。组织处于形成期时，各类不确定因素很多，目标是尝试性的，要求组织具有很高的灵活性，要求计划也能随时按需要进行调整。所以，计划工作的重点应放在其方向性、指导性上，计划的期限宜短。在成长阶段，随着目标更确定，不确定因素减少（如资源更容易获取、顾客忠诚度的提高），计划的重点可放在具体的操作性上，但为了保持灵活性，仍应侧重于短期计划。当组织进入成熟期，这时组织面临的不确定性和波动性最低，计划工作的重点可放在长期性、具体的可操作性计划上。当组织进入衰退期时，此时组织面临的变化和波动又将增多，如目标要重新考虑，资源要重新分配，计划工作的重点又重新放在短期的、更具指导性的计划上。

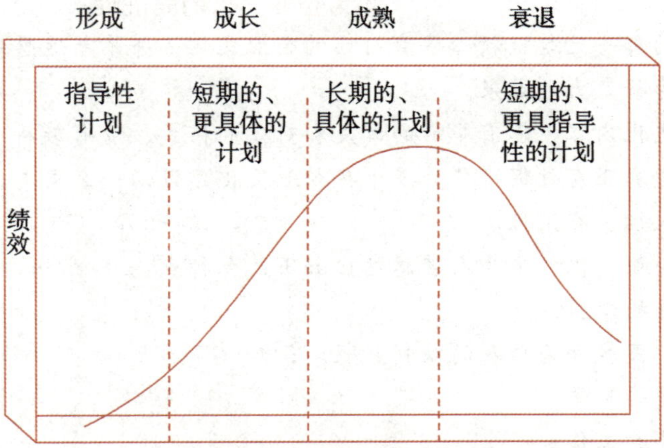

图3-2 组织生命周期与计划的关系

3）环境的不确定性

一般环境的改变是单个组织无法控制的，组织只有通过一定的决策来适应已变化的一般环境，但有些一般环境因素是可以预测的，而有些一般环境因素不确定性很高，如技术环境因素，管理当局应予以考虑。

（1）经济环境。它是影响组织行为诸多因素中最关键、最基本的因素，相对于其他方面而言，宏观经济环境的变化对组织所产生的影响更直接、更为重要，而其中最主要的是宏观经济周期波动和政府的宏观经济政策。

（2）政治环境。它是指总的政治形势，涉及社会制度、政治结构、党派关系、政府政策倾向和人民的政治倾向等。政治的稳定无疑是组织发展必不可少的前提条件。政治环境的变化有时对组织的决策行为产生直接作用，但更多地表现为间接影响。

（3）社会环境。其包含的内容十分广泛，如价值观念、伦理道德、行为风格、艺术品位、宗教信仰、风俗习惯、教育水平、文化传统等都属于社会环境内容。组织所处的社会环境并不是一成不变的，组织必须使其适应社会环境的变迁。

（4）技术环境。任何组织都与一定的技术存在着稳定的联系，一定的技术是一定组织为社会服务或贡献的手段。一个组织拥有的技术先进与否，对组织的生存和发展影响极大。

4）组织文化

组织文化有强弱之分。强文化一般与仪式、表征、故事、英雄人物和口号等形式的经常使用相关联，这些因素可以增强员工对公司价值观和战略的认同。在强文化中，组织的核心价值观得到强烈的认可和广泛的认同。接受这种核心价值观的组织成员越多，他们对这种价值观的信仰越坚定，组织文化就越强。相应地，组织文化越强，就会对员工的行为产生越大的影响，因为高度的价值观在组织内部创造了一种很强的行为控制氛围。这一点也说明组织文化产生的作用是一个正反馈的关系。公司建立了一种强有力的组织文化，公司员工对自己应该干什么、怎样干都十分清楚，公司文化对员工产生深远影响。

管理育人3-1 　　**华为企业文化的先进性**

华为从诞生的那一天起就精心培育自己的企业文化，并不断地总结提升，使华为的企业文化成为华为凝聚力的源泉。

华为的企业文化内容，没有华丽的辞藻和对仗的格式，没有教科书式的规整与无懈可击的文字，而是真正有效促进华为三十年企业文化建设的一套文本，真正体现了对企业经营管理的深入性、有用性。

关于华为的企业文化，华为人曾总结出如下几大特点：

（1）宏伟抱负的牵引；

（2）为祖国、民族和为个人的双利益驱动；

（3）实事求是的科学；

（4）艰苦奋斗的工作；

（5）胜则举杯相庆，败则拼死相救；

（6）相互尊重、平等沟通、权威管理。

“华为基本法”的很多内容反映了这些特点。比如，第一条“追求”：华为要“成为世界级领先企业”。

1996年9月，华为召开了员工座谈会，任正非在“当代青年怎样爱国”的讲话中，充分阐述了华为人的爱国观：真正的爱国就是把国家建设好。华为从国外公司的占有率中至少夺过了10%～15%的国内市场份额，每争夺一点海外市场，每打赢一仗，就会给父老乡亲多一碗饭，也可能多捐一点钱给希望工程，让更多的孩子多读一点书。

"只提爱祖国、爱人民是空洞的。我爱祖国、爱人民，但我也爱公司、爱自己的家人。我对自己子女的爱，总还是胜过对一般员工的爱。这才是实事求是。实事求是才有凝聚力。公司一方面必须使员工的目标远大化，使员工感知到他的奋斗与祖国的前途、民族的命运是联系在一起的；另一方面，公司坚决反对空洞的理想。要培养员工从小事开始关心他人，要尊敬父母，帮助姐妹，对亲人负责。在此基础上关心他人，如支持希望工程。平时关心同事，以及周围有困难的人。提高自身修养，只有具有良好的个人修养，才会关心祖国的前途。为国家，也为自己与亲人，这是两部'发动机'，我们要让它们都发动起来。实事求是，合乎现阶段人们的思想水平，客观上实现了为国家。"

资料来源 谭长春. 华为企业文化理念的先进性到底在何处？[EB/OL]. [2022-09-20]. https://www.shangyexinzhi.com/article/4540137.html.

感悟：企业文化是一个企业生存发展的精神所在，企业文化应以人为本、尊重员工、实事求是，才能充分激发员工的积极性和创造性，才能形成团队精神，才能培养优秀的员工和打造优秀的企业。

3.3 目标管理

根据组织的宗旨与使命确定了组织的总目标之后，如何使之进一步转换成各个部门、单位以及个人的分目标呢？这涉及由谁确定、如何确定等问题。传统的方法是由上级给下级指定目标，并交代如何去做。这种方法虽然也可以使目标层层分解落实到个人，但由于缺乏下属的参与，也带来许多弊端，如执行者的主动性和积极性不高、目标扭曲等，解决这个问题的有效方法就是目标管理。

3.3.1 目标管理概述

目标管理（management by objectives，MBO）是20世纪50年代中期出现于美国，以泰罗的科学管理和行为科学理论（特别是其中的参与管理）为基础形成的一套管理制度。1954年，德鲁克在他所著的《管理的实践》一书中，首先提出了"目标管理和自我控制"的主张。凭借这种制度，可以使组织的成员亲自参与工作目标的制定，实现"自我控制"，并努力完成工作目标。而对于员工的工作成果，由于有明确的目标作为考核标准，从而使组织对员工的评价和奖励做到更客观、更合理，因而可以大大激发员工为完成组织目标而做出努力。由于这种管理制度在美国应用得非常广泛，而且特别适用于对主管人员的管理，所以被称为"管理中的管理"。我国企业于20世纪80年代初开始引进目标管理法，并取得了较好的成效。

1）目标管理的含义与特点

目标是组织在一定时期内所追求的最终成果，是组织的宗旨和使命的具体化以及组织尽力争取达到的其所希望的未来状况。具体地说，目标是根据组织宗旨而提出的组织在一定时期内要达到的预期成果。

目标管理是上级和下级一起制定共同目标，用预期结果来明确个人的主要责任领域，并用这些方法协调各部门的活动和评价每个成员贡献的过程。

2）目标管理的基本特性

（1）目标的明确性。美国马里兰大学的早期研究发现，明确的目标要比只要求人们尽力去做有更高的业绩，而且高水平的业绩是和高标准的目标相连的。

（2）目标的参与性。目标管理中用参与的方式决定目标，因此，目标管理的目标转化过程，既是“自上而下”的，又是“自下而上”的。

（3）目标的层次性。组织目标可以分为三个层次：第一，环境层的目标；第二，组织层的目标；第三，个人层的目标。

（4）目标的时间性。目标管理强调时间性，每一个目标的制定都有明确的时间期限要求。

（5）目标的奖惩性。目标管理根据绩效，总结成功经验、找出失败教训，并按实际绩效考核状况兑现奖惩办法。

（6）目标的反馈性。目标管理寻求不断地将实现目标的进展情况反馈给个人，以便他们能够调整自己的行动。

案例分享3-2　　刘经理的困惑

北斗公司刘经理在一次职业培训中学习到很多目标管理的内容。他对于这种理论逻辑上的简单清晰及其预期的收益印象非常深刻。因此，他决定在公司内部实施这种管理方法。首先他需要为公司的各部门制定工作目标。刘经理认为：由于各部门的目标决定了整个公司的业绩，因此应该由他本人确定目标。确定了目标之后，他就把目标下发给各个部门的负责人，要求他们如期完成，并口头说明在计划完成后要按照目标的要求进行考核和奖惩。但是他没有想到的是，中层经理在收到任务书的第二天，就集体上书表示无法接受这些目标，致使目标管理方案无法顺利实施。刘经理感到很困惑。

问题：根据目标管理的基本思想和目标管理实施的过程，分析刘经理的做法存在哪些问题。

案例分享3-2

分析提示

3）目标管理的基本思想

（1）组织的任务必须转化为目标，管理人员必须通过这些目标对下级进行领导并以此来保证组织总目标的实现。

（2）目标管理是一种程序，是一个组织中的上下各级管理人员一起来制定共同的目标，确定彼此的成果和责任，并以此成果和责任作为指导业务和衡量各项贡献的标准。

（3）每个组织管理人员或工人的分目标就是组织总目标对其的要求，同时也是这个组织管理人员或工人对组织总目标的贡献。

（4）管理人员和工人是靠目标来管理的，以所要达到的目标为依据，进行自我指挥、自我控制，而不是由他的上级来指挥和控制。

（5）组织管理人员对下级进行考核和奖惩也是依据这些分目标来进行的。

4）目标管理的意义

目标管理是一种依据目标体系，由各个组织成员根据其工作意愿自我设置目标，并在实施过程中进行自我控制的管理方法。它与以工作为中心的管理方法的不同之处在于，目标管理重实质而不重形式，不拘泥于步骤、手段、方法等细节。同时它与以人为中心的管理方法也有所不同，目标管理是从工作与人的密切关系中掌握人的问题，尤其注重人的工作意愿。

（1）有利于组织全面提高管理水平。现实可行的目标依赖于计划工作的保证；同样，计划也必须以最终目标为依据才有意义。这就迫使管理者为实现最终目标而制订计划，同时也促使他们考虑为实现目标所采用的手段，考虑与这些目标相适应的组织结构和人员，而一套精心设计的分目标体系则提供了最好的控制标准。

（2）有利于改善组织结构。为了将目标落实到岗位，必须明确组织结构的状况，从而有利于发现组织结构设计中存在的缺陷，以及授权不足与职责不清等缺陷。

（3）有利于激发人们的主动精神和责任感。通过实施目标管理，每个员工都参与了为自己拟定目标的工作，不再是被动的接受者，而是有着明确目标、能够掌握自己命运的、主动的追求者。

（4）有助于开展有效的控制工作。控制就是对进行的业务活动加以衡量，发现计划实施过程中发生的偏差，并采取措施加以纠正，从而保证既定目标的实现。能否正确适当地衡量业务活动取决于所使用的标准，而一套明确的、可考核的目标将是最好的控制标准。

3.3.2 目标管理的过程和特点

1）目标管理的过程

由于各个组织活动的性质不同，所以目标管理的步骤可能不完全一样，但一般来说，可以分为以下四步：

（1）建立一套完整的目标体系。实行目标管理，首先要建立一套完整的目标体系。这项工作总是从组织的最高主管部门开始的，然后由上而下地逐级确定目标。上下级的目标之间通常是一种“目的-手段”的关系；某一级的目标，需要用一定的手段来实现，这些手段就成为下一级的次目标，按级顺推下去，直到作业层的作业目标，从而构成一种锁链式的目标体系。

（2）制定目标。这如同所有其他计划工作一样，非常需要事先拟定和宣传前提条件。这是一些指导方针，如果指导方针不明确，就不可能期望下级主管人员制定出合理的目标来。此外，制定目标时应当采取协商的方式，应当鼓励下级主管人员根据基本方针拟定自己的目标，然后由上级批准。因此，确定目标时主要应考虑上级的要求、主观条件和客观环境三个方面的因素。在确定目标时必须遵循一定的原则：首先，要把关键性目标与目标的全面性结合起来；其次，要把目标的灵活性与统一性结合起来；最后，要把目标的可行性与挑战性结合起来。

（3）组织实施。目标既定，主管人员就应放手把权力交给下级成员，而自己去抓重点的综合性管理。实现目标主要靠执行者的自我控制。如果在明确了目标之后，作为上级主管人员还像从前那样事必躬亲，便违背了目标管理的主旨，不能获得目标管理的效果。当然，这并不是说，上级在确定目标后就可以撒手不管了。上级的管理应主要表现在指导、协助、提出问题、提供情报以及创造良好的工作环境方面。

（4）检查和评价。对各级目标的完成情况，要事先规定期限，定期进行检查，检查的方法可灵活地采用自检、互检或责成专门的部门进行检查。检查的依据就是事先确定的目标。对于最终结果，应当根据目标进行评价，并根据评价结果进行奖罚。经过评价，使得目标管理进入下一轮循环过程。

2）目标管理的特点

目标管理的特点可以从以下几方面来理解：

（1）目标管理是参与管理的一种形式。目标的实现者同时也是目标的制定者，即由上级与下级一起共同确定目标。首先确定出总目标，然后对总目标进行分解，逐级展开，通过上下协商，制定出企业各部门、各车间直至每个员工的目标；用总目标指导分目标，用分目标保证总目标，形成一个“目标-手段”链。

（2）强调“自我控制”。目标管理的主旨在于，用“自我控制的管理”代替“压制性的管理”，它使管理人员能够控制他们自己的成绩。这种自我控制可以成为更强劲的动力，推动他们尽自己最大的力量把工作做好，而不仅仅是“过得去”就行了。

（3）促使下放权力。集权和分权的矛盾是组织的基本矛盾之一，唯恐失去控制是阻碍大胆授权的主要原因之一。推行目标管理有助于化解这一对矛盾，促使权力下放，有助于在保持有效控制的前提下，把局面搞得更有生气一些。

（4）注重个人目标与组织目标的紧密结合。目标管理力求组织目标与个人目标更密切地结合在一起，以增强员工在工作中的满足感。这对于调动员工的积极性，增强组织的凝聚力起到了很好的作用。

3）目标管理的局限性

尽管目标管理方法有很多优点，但它也有若干弱点和缺点。有的缺点是方法本身存在的，另外一些则是在运用中引起的。

（1）目标难以确定。许多工作难以量化、具体化，在技术上难以分解，再加上环境变化越来越快，组织活动日益复杂，使得组织活动的不确定性越来越大，这都使得难以针对组织的许多活动制定数量化目标。不客观的目标很难保证奖惩的公正性。

（2）增加管理成本。目标的制定要上下沟通、统一思想，这会很费时间。每个单位、个人都关注自身目标的完成，又可能忽略相互协作和组织目标的实现，滋长本位主义、临时观点和急功近利的倾向。

（3）偏重操作而忽视原理。由于目标管理具有目标明确的优点，因此常常使人误认为目标管理简单易行，从而疏忽了对它的深入了解和认识。

（4）目标一般是短期的。几乎在所有具体实施目标管理的组织中，所确定的目标一般都是短期的，很少超过一年，常常是一个季度或更短些。短期目标的弊病是显而易见的，因此，为防止短期目标所导致的短期行为，上级主管人员必须从长期目标的角度提出总目标和制定目标的指导方针。

（5）缺乏灵活性。目标管理要取得成效，就必须保持其明确性和肯定性，如果目标经常改变，就难以说明它是经过深思熟虑和周密计划的结果，这样的目标是没有意义的。但是，计划是面向未来的，而未来存在许多不确定因素，这又使得必须根据已经变化了的计划工作前提对目标进行修正。然而修订一个目标体系与制定一个目标体系所花费的精力相差无几，结果可能迫使主管人员不得不中途停止目标管理的过程。

了解目标管理的局限性，对于有效地实施目标管理是很重要的。目标管理在我国的管理发展中还是一种新的趋势，各类组织的主管人员还需不断探索，使之不断完善。

知识拓展 3-1
篮球架子原理

案例分享 3-3　　保险销售员的故事

很多企业在制定目标的时候喜欢拍脑袋，喜欢按照过去的经验做事，去年销售收入增长了50%，今年要求增长100%，理由仅仅是“去年都增长了50%了，今年增长100%还有什么难度？”实际上，这样的说辞一点都不具备说服力。空洞的说辞背后显示了管理者的管理技能的缺乏。

在一堂培训课上，有个同学举手问老师：“老师，我的目标是想在一年内赚100万元！请问我应该如何计划我的目标呢？”

老师便问他：“你相不相信你能达成？”他说：“我相信！”老师又问：“那你知不知道要通过哪个行业来达成？”他说：“我现在从事保险行业。”老师接着又问他：“你认为保险业能不能帮你达成这个目标？”他说：“只要我努力，就一定能达成。”

“我们来看看，你要为自己的目标做出多大的努力，根据我们的提成比例，100万元的佣金大概1年要做300万元的业绩。那么，1个月要做25万元的业绩。每天要完成8 300元的业绩。”老师说。“每一天8 300元业绩，大概要拜访多少客户？”

“大概要50个人。”同学回答。老师接着分析，“那么1天要50人，1个月要1 500人；1年呢？就需要拜访18 000个客户。”

这时老师又问他：“请问你现在有没有18 000个A类客户？”他说没有。“如果没有的话，就要靠陌生拜访。你平均一个人要谈上多长时间呢？”他说：“至少20分钟。”

老师说：“每个人要谈20分钟，一天要谈50个人，也就是说你每天要花16个小时以上与客户交流，还不算路上的时间。请问你能不能做到？”

他说：“不能。老师，我懂了。这个目标不是凭空想象的，是需要凭着一个能达成的计划而定的。”

问题：这个故事给你的启示是什么？管理者应当如何帮助下属制订计划？

案例分享 3-3
分析提示

3.3.3 OKR工作法

最近几年，在企业管理当中，OKR这个名词出现的频率越来越高。随着外资企业的应用，OKR也在国内的一些企业逐步推广开来。有的企业运用得非常好，更多的企业在了解了OKR后，不知道该不该推行，也不知道如何去推行，仍然处于观望的阶段。

1）OKR的含义

OKR的全称是objectives and key results，即目标与关键成果法。O（objectives）表示目标，KR（key results）表示关键成果。目标就是你想做什么事情（比如，上线一款旅游的APP），关键成果就是如何确认你做到了这件事情（比如，一天1万次的下载量或者一天1万元的收入）。按照年度、季度制定OKR都可以，但是一定要关联公司的使命愿景。可见，**OKR工作法是一种战略目标任务体系，是一套明确目标并跟踪其完成情况的管理工具和方法，它由一个需要极致聚焦的明确目标和量化该目标的数个关键成果这两大主要部分组成。**OKR是企业进行目标管理的一个简单有效的系统，能够将目标管理自上而下贯穿到基层。

OKR工作法起源于英特尔公司，后来谷歌、Zynga、领英、General Assembly（硅谷知名的创业教育公司）等公司使用后，都实现了高速的增长。谷歌在所有它所投资的企业，都要专门进行OKR系统的培训和实施。国内的豌豆荚、知乎都开始使用OKR的管理模式。

2）OKR的主要作用

团队的每个伙伴都知道其他人在做什么，避免浪费，通力合作；作为管理方法和沟通工具，时常提醒大家的努力都在一定时间内专注在一致的方向上；帮助大家在有限的时间内，快速分辨重点和优先；促进员工“自由发挥”的同时，引导员工不要“跑偏”；只讲求任务和完成的百分比，不涉及具体的数字指标，压力感不强，避免有人弄虚作假。

从OKR的含义和作用，可以明确地了解到，OKR不是绩效管理的工具，而是一套定义和跟踪目标及其完成情况的管理工具和方法。它的作用是确保人们朝正确的方向走，做“我要做的事情”，时刻了解过程和目标的距离，使组织更加聚焦。

OKR通过搭建高效的交流平台，让团队去追求更加有野心的目标，并集中所有人的力量，为聚焦目标而奋斗。

3）如何制定一个好的OKR?

①在制定OKR之前，先明确企业的使命。

②先制定公司层面的OKR，然后再制定部门的OKR、个人的OKR。

③在制定OKR时团队成员要在一起共同讨论关键结果，确保团队中的每位成员清晰地理解。

④明确目标后，确定3～4个可衡量目标是否实现的关键结果。

⑤确保团队聚焦到最核心的业务上。砍掉与关键结果无关的业务。

⑥设定好关键结果后，给每个关键结果一个初始信心指数（初始值一般为50%），并在OKR执行过程中持续跟踪这一数字。

4）实施OKR过程中应注意的问题

一个好的OKR目标必须是可衡量的，是具有挑战性而又不会让人绝望的，对于完成它，我们需要有50%左右的信心。

①制定的目标要具有野心和挑战性，并且有一定的难度。

②目标是“可量化”的。不应该说“我希望把网站内容做好”，而应该说“我要把网站浏览量提高15%”。

③关键结果要明确且有利于目标达成，可以用数字进行打分量化、推进目标定级。

④每年、每季度对每一个关键结果打分，完成了得分是1，部分完成得分是0～1分之间，没有进展的得分是0。

⑤OKR的最理想得分是0.6～0.7分之间，如果很多目标的得分都达到1分，说明目标定得太低，不具有挑战性；如果得分低于0.4分，则说明工作方法可能存在问题。但低分不应该受到惩罚，而应作为改进下个季度OKR的基础。

⑥制定的目标不要过多，就公司和团队而言，目标4～6个比较合适，每个目标的

关键结果不要超过4个；就个人而言，全年目标（包括工作和生活）不要超过10个，每个目标的关键结果不要超过6个。

⑦在每季度对目标进行总结时，可以根据实际情况增加和调整部分目标或关键结果，对于不打算完成或无法完成的部分不要删除，但可以做出调整说明。

⑧公司所有员工的OKR成绩和结果应该在内部保持公开透明，这有益于公司内所有人了解其他人正在做的工作和下一步计划，更有利于项目实行的任务分配和全体员工的步调一致。对个人而言，在社交平台上公开自己的OKR，也有利于督促自己按进度完成目标。

3.4 计划制订的方法

提高计划工作效率的最好方法就是采用科学的计划方法。滚动计划法、甘特图法、网络计划技术是目前常用的几种方法。

3.4.1 滚动计划法

在计划的编制过程中，往往由于主客观因素不断发生变化而产生一系列问题：一是原计划执行一定时期后，往往脱离实际；二是一次编制出一定时期的计划，若不能思前想后、上下配合，就难以使前后期计划密切衔接。这样必然使计划不能发挥指导生产经营活动的作用，给企业生产经营带来困难。因此，在执行经营计划的过程中由于环境和条件的变化等原因，需要对计划进行调整和修改，滚动计划法是一种较好的制订与修改计划的方法。

滚动计划法就是根据计划的执行情况和环境变化的情况定期修订未来的计划，并逐期向前推进，使短期计划和较长期计划有机结合起来的方法。

1）滚动计划法的编制方法

滚动计划法是用“近细远粗”的基本方法制订计划的。通常将整个计划期分为几个时间段，其中第一个时间段的计划为执行计划，后几个时间段的计划为预计计划。执行计划较具体，要求按计划实施，预计计划比较粗略。每经过一个时间段，根据执行计划的实施情况以及组织内外条件的变化，对原来的预计计划做出调整与修改，原预计计划中的第一个时间段的计划变成了执行计划。

应用滚动计划编制企业五年计划，其程序如图3-3所示。

从图3-3中可以看出，五年计划的滚动程序，首先是企业编制出2018—2022年的五年计划，到2018年年末，企业根据当年计划的完成情况及客观条件变化等因素对原定的上期五年计划进行必要的调整，在此基础上再编制出2019—2023年新的五年计划。同理，到2019年年末再根据2019年计划的执行情况、计划修正因素等再编制出2020—2024年的五年计划。在编制时，近期计划部分较详细，远期计划部分较粗略，如此不断地向前滚动，不断地编制出各期计划。

滚动计划法就是根据上述方法逐期滚动，每次修订都使整个计划向前滚动一个阶段，以原有的计划为基础又形成一个新的计划，这种方法适用于任何类型的计划。

图3-3 应用滚动计划法编制五年计划的程序

2）滚动计划法的优点

在计划的编制过程中，往往由于主客观因素不断发生变化而产生一系列问题：一是原计划执行一定时期后，往往脱离实际；二是一次编制出一定时期的计划，若不能思前想后、上下配合，就难以使前后期计划密切衔接。这样必然使计划不能发挥指导生产经营活动的作用，给企业生产经营带来困难。

采用滚动计划法便容易克服上述缺点。滚动计划法具有以下优点：

（1）使计划更加切实，克服计划期内的不确定性因素的影响。

（2）使较长期计划和短期计划相互衔接，使各期计划基本保持一致。

（3）大大增加了计划的弹性，提高了组织的应变能力。

（4）使计划的严肃性和应变性都得到保证。因执行计划的时间与编制计划所确定的时间接近，内外条件不会发生很大变化，可以基本保证计划完成，体现了计划的严肃性；预计计划允许修改，体现了计划的应变性。

3.4.2 甘特图法

甘特图法是以发明者的名字命名的，又名线条图、展开图、横线工作法，实际上是一种常用的日程工作计划进度图表。这种图表以纵轴展示计划项目，横轴展示时间刻度，在纵轴与横轴的交叉点上用直线或箭头表示两者关系。

知识拓展3-2

如何把项目计划书变成甘特图?

甘特图法适用于具体实施计划的管理，操作简便，绘制也简单。绘制的关键字段包括序号、工作项目、时间刻度、责任人和备注等。

甘特图法的最大特点是清楚地展示了工作的日程计划，尤其是较好地展示了计划的递进性，十分有利于日程计划的管理。

3.4.3 网络计划技术

网络计划技术是根据分析技术的基本原理转化而来的，有时也称之为计划评审技术（program evaluation and review technique，PERT）。网络计划技术是于20世纪50年代后期在美国产生和发展起来的。这种方法包括各种以网络为基础制订计划的方法，如关键路径法、组合网络法等。

网络计划技术是把一项工作或项目分成各种作业，然后根据作业顺序进行排列，通过网络的形式对整个工作或项目进行统筹规划和控制，以便用最少的人力、物力和财力资源，用最快速度完成任务。

利用网络图表达计划进度的安排及其中各项工作（工序）之间的相互关系，可以形象地反映出整个工程或任务的全貌；可以在此基础上进行网络分析，计算网络时间，确定关键工序和关键线路；可以利用时差不断地改善网络计划，求得工期、资源与成本的优化方案。在计划执行过程中，通过信息反馈进行有效的监督和控制，以保证达到预定的计划目标。

网络图是网络计划技术的基础。任何一项任务都可分解成许多工作，根据这些工作在时间上的衔接关系，用箭线表示它们的先后顺序，画出一个由各项工作相互联系并注明所需时间的箭线图，这个箭线图就称作网络图（如图3-4所示）。

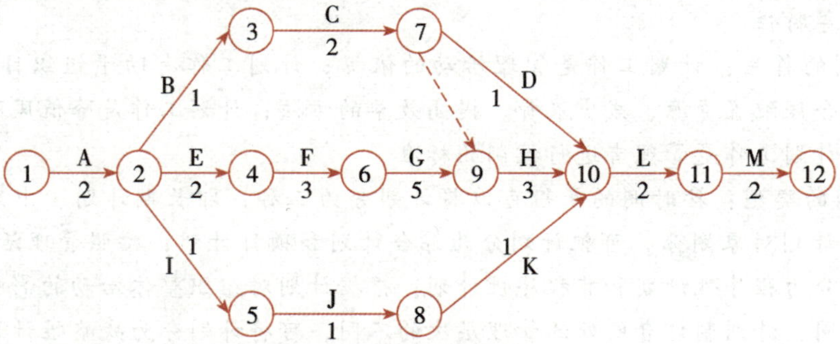

图3-4 网络图

1）网络图的构成要素

（1）箭线。“→”代表工序，是一项工作的过程，有人力、物力等资源，经过一段时间才能完成。图中箭线下的数字便是完成该项工作所需的时间。此外，还有一些工序既不占用时间，也不消耗资源，是虚设的，叫虚工序，在图中用虚线箭头表示。网络图中应用虚工序的目的也是避免工序之间关系的含糊不清，以正确表明工序之间先后衔接的逻辑关系。

（2）节点。“○”代表事项，是两个工序间的连接点。事项既不消耗资源，也不占用时间，只表示前道工序结束、后道工序开始的瞬间。一个网络图中只有一个始点事项，一个终点事项。

（3）路线。它是在网络图中由始点事项出发，沿箭线方向前进，连续不断地到达终点事项为止的一条通道。比较各路线的路长，可以找出一条或几条最长的路线，这种路线被称为关键路线。关键路线上的工序被称为关键工序。关键路线的路长决定了整个计划任务所需的时间。关键路线上各工序完工时间提前或推迟都直接影响着整个任务的完工时间。确定关键路线，据此合理地安排各种资源，对各工序活动进行进度控制，是利用网络计划技术的主要目的。

2）网络图的绘制原则

（1）有向性：各项工序都用箭线表示。

（2）无回路：网络图中不能出现循环回路。网络图中严禁出现从一个节点出发，沿箭线方向又回到原出发节点的循环回路。

(3) 两点一线：两个节点之间只能有一条箭线，不能出现双向箭头和无箭头的连线。

(4) 从左到右：节点编号应从小到大、从左到右，不能重复，以避免出现循环回路现象。

本章小结

★ 本章主要介绍了计划的含义和作用、计划的类型、计划的层次体系、计划工作的过程与影响因素、目标管理的含义与特点、目标管理的过程以及计划制订的方法等。

★ 计划是在科学预测的基础上为实现组织目标对未来一定时期内的工作做出安排的活动。计划作为管理的基本职能之一，具有首位性、普遍性、目的性、实践性、经济性、未来性等特性。

★ 计划的作用：计划工作是管理活动的依据；计划工作有助于组织目标的实现；计划工作是合理配置资源、减少浪费、提高效率的方法；计划工作是降低风险、掌握主动的手段；计划工作是管理者进行控制的标准。

★ 计划的类型：按时间的长短可以将计划分为三种，即长期计划、中期计划和短期计划；按计划对象划分，可把计划分为综合计划和项目计划；按照管理活动的类型，可以把计划分为程序性计划和非程序性计划；根据计划对组织整体活动的影响范围和影响程度的不同，计划制订者所处的管理层次的不同，可将计划分为战略性计划和战术性计划；按对计划执行者的约束力可以把计划分为指令性计划和指导性计划；从计划的职能空间分类，可以把计划分为业务计划、财务计划和人事计划。

★ 计划的要素有九个：宗旨、目标、战略、政策、策略、程序、规则、规划、预算。

★ 计划工作的过程包括环境分析、确定目标、拟订各种可行性计划方案、评估选择方案、拟定政策和拟订支持计划、实施和改进计划。影响计划工作的因素有组织的层次、组织的生命周期、环境的不确定性、组织文化。

★ 目标管理是上级和下级一起制定共同目标，用预期结果来明确个人的主要责任领域，并用这些方法协调各部门的活动和评价每个成员贡献的过程。目标的基本特性：目标的明确性、目标的参与性、目标的层次性、目标的时间性、目标的奖惩性、目标的反馈性。目标管理的意义：有利于组织全面提高管理水平；有利于改善组织结构；有利于激发人们的主动精神和责任感；有助于开展有效的控制工作。

★ 目标管理的过程：建立一套完整的目标体系以及制定目标、组织实施、检查和评价。目标管理的特点可以从以下几方面来理解：目标管理是参与管理的一种形式、强调“自我控制”、促使权力下放、注重个人目标与组织目标的紧密结合。

★ 计划制订的方法主要有滚动计划法、甘特图法、网络计划技术等。

主要概念和观念

★ 主要概念

计划　战略性计划　战术性计划　指令性计划　指导性计划　目标管理　OKR工

作法 滚动计划法 网络计划技术

★ 主要观念

计划的要素 计划的过程

基本训练

1）判断题

在线测评 3-1

判断题

(1)“计划”一词的词性既可以是名词，也可以是动词。 ( )

(2) 组织处于形成期时，计划工作的重点可放在长期性、具体的可操作性计划上。 ( )

(3) 甘特图以横轴展示计划项目，纵轴展示时间刻度。 ( )

2）选择题

在线测评 3-2

选择题

(1)（ ）在管理职能中处于首要地位。

A.计划 B.组织 C.控制 D.领导

(2) 计划的（ ）可用计划的效率来衡量。

A.首要性 B.普遍性 C.经济性

D.目的性 E.未来性 F.实践性

(3) 按对计划执行者的约束力可以把计划分为（ ）。

A.综合计划和项目计划 B.程序性计划和非程序性计划

C.战略计划和战术计划 D.指令性计划和指导性计划

(4) 网络计划技术是于20世纪50年代后期在（ ）产生和发展起来的。

A.德国 B.美国 C.中国 D.日本

3）简答题

在线测评 3-3

简答题

(1) 计划工作有什么作用?

(2) 影响计划工作的因素有哪些?

(3) 目标管理的意义是什么?

(4) 简述目标管理的特点及局限性。

(5) 实施OKR过程中应注意的问题有哪些?

4）分析题

字节跳动是如何实施OKR的?

字节跳动（今日头条、抖音、飞书的母公司）无疑是近两年发展超快的黑马。如今这家超过11万员工的公司，是怎么对员工进行管理的呢？这里主要介绍它的OKR管理方法。

1.扁平化管理，OKR全员公开可见

字节跳动有个非常有特色的管理理念，叫作“基于上下文，而不是基于控制”(Context, not Control)，即事情该怎么做，这是希望员工能在完整的信息基础上做判断，鼓励员工主动思考，而非强调流程、上下级与命令。

公开透明是OKR的重要原则之一。在字节跳动，大家的OKR是公开的，即使是入职第一天的员工，也可以直接看到张一鸣的OKR。现在，公司所有人的OKR，都在飞书OKR里做了对齐。只要你点击别人的头像，就能看到他的OKR。

2.重视工具，用工具有效推进OKR落地

OKR本身是为了应对变化而生，对于变化的及时记录和传递非常重要。如果以信息孤岛的方式进行OKR的实施，就不能及时让参与者周知变化、做出响应，这个OKR就白定了。

作为一家追求极致效率的公司，字节跳动是如何推动信息高效传递的呢？据说字节跳动从成立伊始，就在不停寻找好用的协作工具，几经“折腾”之后，仍没有找到满足协作效率要求的工具，于是自己上阵研发了飞书。目前，整个字节11万多名员工都是通过飞书套件来进行协作、通过飞书OKR来完成目标管理。

3.及时跟进，将OKR与日常工作深度结合

很多企业都尝试过使用OKR，但是发现没有用。其中一个主要原因是大家写OKR只是走个形式。

OKR在执行中的关键就是要和日常工作结合起来，要定期追踪。在字节跳动，OKR与例会是紧密结合的。

一场OKR例会的要点：

①会议讨论内容：部门周会以部门leader的OKR作为讨论主体，来判断整个部门的工作进度.

②目标完成情况：包括目标的达成情况、遇到的问题/风险、需要的支持等。

③关键结果进度：包括关键结果达成的情况/问题/风险。

④下一步行动：及时列出to-do并设定具体负责人及截止日期。

可见，OKR的成功落地，与很多因素相关。企业需要根据行业特点、发展阶段、员工特质等不断地实践、改进以符合自身的发展。

在线测评 3-4

分析题

资料来源　佚名．字节跳动，到底是怎么管理11万员工绩效的？[EB/OL]．[2022-09-16]．https：//www.aisoutu.com/a/2484288.

问题：你如何评价字节跳动的OKR？为什么中国企业越来越多地选择OKR？

实践训练

（1）根据目标管理的程序，以你所在的班级为例，制定一个完整的目标管理过程，主题（任务）不限。

（2）以你所在的学校为例，通过访谈、调查、观察等方式，了解并分析你们学校的总计划中包含的具体要素有哪些？每个要素的具体含义或指标是什么？就此写一份书面报告。

兼听则明，偏信则暗。

——《资治通鉴》

第4章 决策

学习目标

知识目标： 了解决策的含义与特点、有效决策应注意的问题；理解古典决策理论和行为决策理论的主要内容；掌握影响决策的因素；熟练掌握各种决策方法。

技能目标： 能够运用某一具体的决策方法选择可行方案；能够根据任务的性质选择不同的决策类型；能运用所学的相关知识，按照决策的一般程序进行决策。

素养目标： 引导学生树立正确的世界观、人生观和价值观，提高诚实守信意识。

思维导图4-1

第4章

引例　安踏：战略决策成就国产第一运动品牌

创立于1991年的安踏是一家综合性、多品牌的运动服饰集团，2015年营收首次突破百亿大关，2018年市值突破千亿。2021年7月发布主品牌五年战略及赢领计划，正式开始主品牌的重塑。

安踏的表现让它赢得了“国产第一运动品牌”的美誉。那么安踏的战略决策是如何引导它一路高歌猛进的呢？

1.创新开辟“单聚焦、多品牌”商业模式

安踏提出的“单聚焦”战略是对安踏企业文化、企业使命以及企业自身定位的聚焦。

在选择了运动用品这个广阔的赛道后，安踏确定了企业的自我定位，即一家“聚焦运动服饰的多品牌公司”。安踏始终将运动作为企业战略的立身之本和核心竞争力，并将定位融入企业建设的方方面面，并以此为基础进行品牌管理、业务拓展和宣传活动，从而培养自己特色鲜明的品牌精神，提升品牌的凝聚力。

而安踏从单品牌到品牌矩阵的布局，无疑将其发展推上了新的台阶。安踏以自有的大众品牌安踏为基础，向时尚高端方向进行延展。2009年，收购了时尚运动品牌斐乐，并进行品牌重塑，打造全新的时尚感和价值感。除了斐乐，安踏也在不断对该赛道进行补充，力求形成品牌集群。

在积累了管理经验和品牌运营经验以后，安踏将视线放到了户外运动这个高潜力、高增长的市场之中，集合了多个运动品牌，构建了专业运动市场品牌群。多品牌矩阵带来的是集团品类的延伸，实现了对不同年龄层、消费水平的消费者进行全覆盖，布局多个领域，为公司带来了新的增长点。

2.打通品牌到线上线下终端的“全渠道”营销理念

安踏在营销品牌的过程中，始终坚持着“全渠道”的营销理念。最开始从线下门店做起，针对二三四线城市进行布局，实现了线下门店、商铺、百货商场等全线覆盖，成功把控住了大众市场。

除了对线下渠道进行创新，安踏也积极开拓电商渠道，借助疫情后线上市场的机遇，力推“直播+电商”的营销模式，覆盖主流电商渠道，保障不同的品牌可以在综合电商平台共享资源，促进了全渠道的运营和整合。2020年集团电商业务同比增长超过50%，收益突破了90亿元。

为了对抗疫情，2020年开始，安踏集团一改坚持了20年之久的批发分销模式，采用DTC直面消费者的新业务模式，并快速推进其线下门店向该模式转型，在11个地区终止与地区分销商的合作，开展混合营运模式。安踏通过DTC模式，打通终端门店关键的“人、货、场”，通过大数据平台的构建以及与物流中心的联动，对会员制进行深化，为消费者提供个性化的服务，实现线上线下业务的无缝融合。

安踏在发展的过程中，始终坚持“单聚焦、多品牌、全渠道”的战略决策，在此基础上做到了企业定位的明确、品牌矩阵和品类延展的布局，以及全渠道对线上线下的打通。安踏抓住了品牌国际化的浪潮，不仅提前布局抢占高端市场，从而向国际市场发力，还抓住了时事变化提供的机会，为品牌的发展提供动力。

资料来源　石章强．安踏体育：离千亿营收万亿市值还有多远？[EB/OL]．[2022-09-14]．http：//www.boraid.cn/article/html/364/364561.asp.

对安踏的高速发展来说，其明确的决策部署功不可没，但是在未来的国际化发展道路上，安踏想保持这样的态势并不容易。这是因为，高端市场长年被国际大牌所占据，而国内国潮红利的受益者并非安踏一家。可以说，安踏现在面临着狼前虎后的局面。安踏的未来如何，我们拭目以待。

诺贝尔经济学奖获得者西蒙有一句名言："管理就是决策"。现代管理之父德鲁克也说过："管理始终是一个决策的过程。""不管管理者做什么，他都是通过决策进行的。"决策是管理的核心，整个管理过程都是围绕着决策的制定和组织实施而展开的。本章将阐述有关决策的内容。

4.1 决策概述

决策是管理的基础和核心。可以认为，整个管理过程都是围绕着决策的制定和组织实施而展开的。诺贝尔经济学奖得主西蒙甚至强调管理就是决策，决策贯穿了整个管理过程。可见，决策在管理中处于十分重要的地位。

4.1.1 决策的含义与特点

1）决策的含义

"决策"的意思就是做出决定或选择。目前管理学界对决策概念的界定不下上百种，但仍未形成统一的看法，把诸多决策的概念的界定归纳起来，基本有以下三种理解：

一是把决策看作一个包括提出问题、确立目标、设计和选择方案的过程。这是广义的理解。

二是把决策看作从几种备选的行动方案中做出最终抉择，是决策者的拍板定案。这是狭义的理解。

三是认为决策是对不确定条件下发生的偶发事件所做的处理决定。这类事件既无先例，又没有可遵循的规律，做出选择要冒一定的风险。也就是说，只有冒一定风险的选择才是决策，这是对决策概念最狭义的理解。

我们认为，**决策**就是人们为确定未来行动目标，拟订评价实现目标的各种可行方案并从中选出合理方案的分析判断过程。

2）决策的特点

决策是人类社会确定方针、策略的活动。它涉及人的生活的各个领域，人和集体的各种行动都受决策的支配，它是有意识地指导人们的行动走向未来预定的目标。决策具有以下主要特点：

（1）目标性。任何组织决策都必须首先确定组织决策活动目标。目标是组织在未来特定时限内完成任务程度的指向和标志。组织决策是为了实现组织在某一时间内的特定目标的活动，没有目标就无从决策，目标已经实现，也就无须开展决策活动。

(2) 可实践性。决策的目的是指导组织未来的实践活动。决策是为了正确行动，不准备实践，就用不着决策。组织的任何活动都需要利用一定的资源，必须依靠必要的人力、物力和技术条件。理论上非常完善的方案，如果不能付诸实施，那也只能是空中楼阁。因此，决策方案的拟订和选择，不仅要考察采取某种行动的必要性，而且要注意实践条件的限制。例如，一家矿产公司经过科学研究，发现外星球上蕴藏了丰富的金矿，但该公司就其实力而言，目前难以实现该项目。因此，在现阶段，这样的决策既无必要也无意义。

(3) 可抉择性。决策的基本含义是抉择。如果只有一种方案，无选择余地，也就无所谓决策。没有比较就没有鉴别，更谈不上所谓"最佳"。国外有一条管理人员熟悉的格言："如果看来只有一种行事方法，那么这种方法很可能是错的。"在制订可行方案时，应满足整体详尽性和相互排斥性要求。所谓整体详尽性，是指将各种可能实现的方案尽量都考虑到，以免漏掉那些可能是最好的方案。所谓相互排斥性，是指方案之间不可雷同替代。可抉择性就要求管理人员善于调查、集思广益以及利用科学的方法尽量产生尽可能多的方案，这样才可能找到"最佳"方案。

(4) 满意性。选择活动方案的原则是满意原则，而非最优原则。最优原则往往只是理论上的幻想，因为它一方面要求决策者能正确地辨识全部信息的有用性，了解其价值，并能根据此制订出没有疏漏的行动方案；另一方面也要求决策者能够准确地计算每个方案在未来的执行结果。

然而，在管理过程中，这些条件是难以具备的。首先，决策是面向未来的，而未来不可避免地包含着不确定性。其次，人们也很难识别出所有可能实现目标的备选方案。另外，由于信息、时间和确定性的局限也使管理者难以做到最佳。"没有最好，只有更好。"管理者通常会采纳一个令人满意的，即在目前环境中是足够好的行动方案。

知识拓展4-1

布利丹效应

(5) 过程性。决策是一个过程，而非瞬间行动。决策是为达到一定的目标，从两个或多个可行方案中选择一个合理方案的分析判断和抉择的过程。因此，决策实际上是一个"决策→实施→再决策→再实施"的连续不断的循环过程。

4.1.2 决策理论

这里介绍两种有代表性的决策理论：古典决策理论和行为决策理论。

1) 古典决策理论

古典决策理论又称规范决策理论，是基于"经济人"假设提出来的，代表人物有英国经济学家边沁、美国科学管理学家泰罗等。**古典决策理论认为人是坚持寻求最大价值的经济人，具有最大限度的理性，能为实现组织和个人目标而做出最优的选择。**其在决策上的表现是：决策前能全盘考虑一切行动，以及这些行动所产生的影响；决策者根据自身的价值标准，选择最大价值的行动为对策。

古典决策理论的主要内容：

(1) 决策者必须全面掌握有关决策环境的信息情报。

（2）决策者要充分了解有关备选方案的情况。

（3）决策者应建立一个合理的层级结构，以确保命令的有效执行。

（4）决策者进行决策的目的始终在于使本组织获取最大的经济利益。

古典决策理论假设，决策者是完全理性的，决策者在充分了解有关信息情报的情况下，是完全可以做出实现组织目标的最佳决策的。古典决策理论忽视了非经济因素在决策中的作用，从而逐渐被更为全面的行为决策理论所代替。

2）行为决策理论

行为决策理论认为，影响决策者进行决策的不仅有经济因素，还有其个人的行为表现，如态度、情感、经验和动机等。

诺贝尔奖获得者西蒙考虑到人的心理因素在经济行为中的作用，提出“有限理性”理论。他曾指出，经营者表现出有限理性而非纯理性。换句话说，当他们试图理性地行动时，他们受到获得信息和加工信息的能力方面的限制。另外，时间限制和政治考虑也会约束人按理性行动。

2002年诺贝尔经济学奖获得者卡尼曼提出了前景理论，以此解释人类在不确定条件下的判断和决策行为。他曾做过这样两个实验：一是有两个选择，A是肯定赢1 000元钱，B是有50%可能性赢2 000元钱，50%可能性什么也得不到。你会选择哪一个呢？大部分人都选择A，这说明人是风险规避的。二是也有两个选择，A是你肯定损失1 000元钱，B是50%可能性你损失2 000元钱，50%可能性你什么都不损失。结果，大部分人选择B，这说明他们是风险偏好的。由此不难得出结论：人在面临获得时，往往小心翼翼，不愿冒风险（风险规避）；而在面对损失时，人人都成了冒险家（风险偏好）。这就是卡尼曼“前景理论”的一大定律。“前景理论”的另一重要定律是：人们对损失和获得的敏感程度是不同的，损失的痛苦要远远大于获得的快乐。比如，人们丢10元钱的痛苦要大于捡到10元钱的快乐。

此外，卡尼曼还认为，人们在对不确定事物进行判断和估计的时候通常会设定一个初始值，然后根据反馈信息对这个初始值进行修正。这就是所谓的“锚定效应”。**锚定效应**是指人们在对某事做出判断时易受第一印象或第一信息支配，就像沉入海底的锚一样把人们的思想固定在某处或某个点上。实验心理学表明，人们的这种修正往往是不完全的，他们的观念似乎“抛锚”于初始值。

案例分享4-1　　为什么这个店总是比那个店多卖钱？

这是一个广为人知的故事。

一条巷子里有两家卖粥的小店。左边一家，右边一家，两家店的生意都很好，每天都是顾客盈门。可是，晚上盘点的时候，左边这家店总是比右边那家店每天多赚两三百块钱，而且每天都是这样，让人心生不解。

细心的人终于发现了其中的秘密。如果你走进右边那家粥店，服务员微笑着把你迎进去，给你盛好一碗粥，热情地问你：“您好！加不加鸡蛋？”一般情况下，喜欢吃鸡蛋的人，就会说加一个吧！于是服务员就会拿来一个鸡蛋；不喜欢吃鸡蛋的人，就会说不加。可是，如果你走进左边那家粥店，服务员同样也是微笑着把你迎进去，给你盛好一碗粥，然后热情地问你："您好！加一个鸡蛋还是加两个鸡蛋？"一般情况下，喜欢吃鸡蛋的人，就会说加两个；不喜欢吃鸡蛋的人，就会说加一个。就这样，一天下来，左边的这家粥店比右边的那家粥店每天要多卖出很多个鸡蛋，这就是它每天多卖出两三百块钱的原因。

案例分享4-1

分析提示

资料来源 根据相关资料整理。

问题：左边这家粥店为什么比右边那家粥店多卖钱？

行为决策理论的主要内容：

（1）人的理性介于完全理性和非理性之间，即人是有限理性的。

（2）决策者在识别和发现问题时容易受知觉上的偏差的影响；而在对未来的状况做出判断时，直觉的运用往往多于逻辑分析方法的运用。

（3）由于受决策时间和可利用资源的限制，决策者即使充分了解和掌握有关环境的信息情报，也只能做到尽量了解各种备选方案的情况，而不可能做到全部了解，决策者选择的理性是相对的。

（4）在风险型决策中，与经济利益的考虑相比，决策者对风险的态度起着更为重要的作用。

（5）决策者在决策中往往只求满意的结果，而不愿意费力寻求最佳方案。

4.1.3 决策的影响因素

影响决策的因素主要包括以下几个方面：

1）环境

环境的影响是双重的。一方面，环境的特点影响着组织的活动选择；另一方面，对环境的习惯反应模式也影响着组织的活动选择。即使在相同的环境背景下，不同的组织也可能做出不同的反应。而这种调整组织与环境之间关系的模式一旦形成，就会趋向固定，限制着人们对行动方案的选择。

经营决策成功，还可以使企业避免倒闭的危险，转败为胜。如果企业长期只靠一种产品去打天下，势必潜藏着停产倒闭的危险，因为市场是多变的，人们的需要也是多变的，这就要求企业家经常为了适应市场的需要而决策新产品的开发。这种决策一旦成功，会使处于"山穷水尽"状况的企业顿感"柳暗花明"。

2）过去的经验

过去的决策对目前决策的制约程度要受到其与现任决策者的关系的影响。如果过去的决策是由现在的决策者制定的，而决策者通常要对自己的选择及其后果负管理上的责任，因此现在的决策者会不愿对组织活动进行重点调整，而倾向于仍把大部分资源投入到过去方案的执行中，以证明自己的决策正确。相反，如果现在的主要决策者与组织过去的重要决策没有很深的渊源关系，则会易于接受重大改变。

3）决策者对风险的态度

任何决策都有一定程度的风险。人们对于风险的态度在很大程度上影响着决策。对于风险的态度因人而异，有的人天生酷爱冒险，凡事喜欢赌一把；有的人则凡事小心翼翼，万事只求保平安。同一个人也会因为面对的问题的不同、在组织中位置的高低、所面临风险的大小以及其他一些因素而表现出不同的风险态度。

4）决策者的知识和能力

在市场经济条件下，优秀的决策者应该是复合型人才，具有复合型的知识结构，既有精深的专业知识又有丰富的实践经验和把握机会的能力。

知识拓展4-2
企业家与管理者的决策有什么不同

5）组织文化

组织文化制约着组织及其成员的行为以及行为方式。在决策层次上，组织文化通过影响人们态度的改变而发生作用。

4.1.4 决策的分类

由于决策贯穿于一切管理活动之中，是管理的基本职能，因而，决策具有丰富的内容和多种多样的形式。据此，可以把决策划分为多种类型。

1）从决策的主体看，决策可分为群体决策与个人决策

群体决策是组织整体或组织的某个部分对未来一定时期的活动所做的选择或调整。群体决策是在环境研究的基础上制定的。

个人决策是指个人在参与组织活动中的各种决策。

组织的大部分决策是群体决策，尤其是对组织活动和人员有深远影响的决策。管理者有40%以上的时间是在开会，在进行群体决策。

群体决策的优点：①更完整的信息和更全面的知识；②增加观点的多样性；③提高决策的可接受性；④增加合法性。

群体决策的缺点：①浪费时间；②存在从众压力；③可能被少数人控制；④责任不清。

管理育人4-1 **“集体决策”不是违纪违法挡箭牌**

2018年9月10日，《中国纪检监察报》披露了湖南省常德市鼎城区自来水公司负责人粟许波、李新国等人带头违纪，还以集体决策为名，违规为班子成员谋取私利，甚至变相不执行上级惠民政策、侵害群众利益的案例。让人感到最荒唐的是，该公司班子成员公款配手机、公款充值加油卡，以及变相不执行上级规定，向客户收取管网安装费和勘察设计费263万余元，竟然都是在该公司领导层“集体决策”后的产物。集体决策是整合团队力量，聚集个人智慧，集思广益，以形成科学、精准、全面的决策结果为目标，避免发生片面、短期、残缺的决策行为的工作方法。如果说集体决策的底色是民主、科学、合理，那么它的底线就是合规、合纪、合法。

常德市鼎城区自来水公司的“集体决策”徒有其名而无其实，甚至明修栈道、暗度陈仓，搅浑了“一池水”，严重破坏了单位政治生态。从此案的表现形式来看，是借集体决策名义集体违规的典型案件。针对此类“借集体决策名义集体违规”的行为，新修订的《中国共产党纪律处分条例》在组织纪律方面新增有关处分规定，有利于防治以“集体研究”搞“利益均沾”、集体腐败、塌方式腐败而难以问责追责的乱象。

资料来源 佚名.“集体决策”不是违纪违法挡箭牌［EB/OL］.［2022-09-12］. https：//www.thepaper.cn/newsDetail_forward_2432095.

感悟：集体决策要坚守纪法底线，破“潜规则”；立底线思维，破天马行空；立清风正气，破歪风邪气；立担当有为，破“好人主义”；立光明正大，破以权谋私。既要发扬民主，调动各方面积极性，又要对“拒不执行或者擅自改变党组织做出的重大决定的”“违反议事规则，个人或者少数人决定重大问题的”“故意规避集体决策，决定重大事项、重要干部任免、重要项目安排和大额资金使用的”“借集体决策名义集体违规的”等坚决亮剑，防止将集体决策作为个人谋取私利、违纪违法的挡箭牌，坚决制止有令不行、有禁不止行为和搞个人主义、小团体主义。

2）按照决策的内容划分，决策可分为战略决策、战术决策和执行决策

（1）**战略决策**关系到组织的生存与发展，是关于组织全局性、长期性的目标和方针等方面重大问题的决策。

就企业而言，这类决策包括企业的经营目标、发展方向、主要产品的更新换代、企业发展规模、厂址选择等。

（2）**战术决策**又称管理决策，是在组织内贯彻的决策，属于战略决策执行过程中的具体决策。管理决策的目的是实现战略决策的目标，其主要内容为组织内部人、财、物的分配、协调和控制等。

（3）**执行决策**又称业务决策，是日常工作中为提高生产率、工作效率而做出的决策，涉及范围较窄，只对组织产生局部影响。例如，企业中的生产任务的分配，物资采购，产品的包装装潢、运输、库存、广告选择等都属于这类决策。

3）根据决策者在组织中的地位，决策可分为高层决策、中层决策和基层决策

（1）高层决策是指企业高层领导所做的决策。它所要解决的问题通常是全局性的以及与外界环境有密切联系的重大问题。一般高层决策具有战略性、长期性的特点。

（2）中层决策是指企业中级管理人员所做的决策。这类决策所涉及的问题大多是安排一定时期的任务或解决生产中存在的某些矛盾等，如原料不足、某项费用超支、出勤率不高等。

（3）基层决策是指企业基层管理人员（如班组长）所做出的决定。这类决策主要是解决作业任务中的操作问题。

决策与管理层次的关系如图4-1所示，不同决策者的责任、风险及不同决策影响的时间如图4-2所示，高层决策、中层决策和基层决策的比较见表4-1。

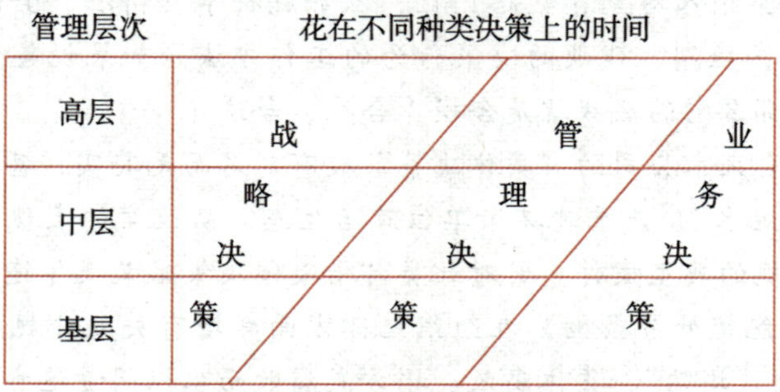

图4-1 决策与管理层次的关系

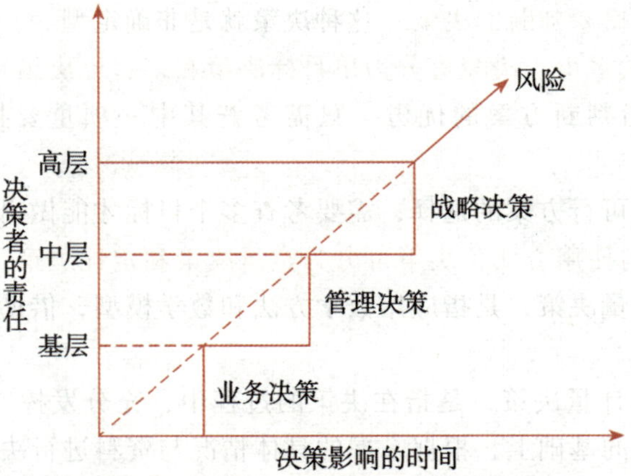

图4-2 不同决策者的责任、风险及不同决策影响的时间

表4-1 高层决策、中层决策和基层决策的比较

决策种类	高层决策	中层决策	基层决策
性质差别	非定型化多、定型化少	定型化多、非定型化少	基本定型化
层次差别	战略性多	业务性多	执行性多
决策的复杂程度	复杂	比较复杂	比较简单
决策定量化程度	大部分无定量化	大部分定量化	小部分无定量化
肯定程度	不完全肯定	肯定	很肯定

4）按决策问题是否重复出现，决策可分为程序化决策和非程序化决策

程序化决策是指能按规定的决策程序和方法解决管理中重复出现的问题的例行决策。这类问题常常出现，已经有处理的经验、程序和方法，可规范为有关的规章制度。当问题再出现时，只需根据既定的原则、程序和方法（有的是采用固定的数学模型）来解决就可以了，因而决策程序可标准化，无须高层管理人员事必躬亲。

非程序化决策是指不经常重复出现、不经常出现或偶尔发生的问题的决策。这类问题多数属于与外部关系的处理问题，往往又十分重要，因为还没有取得处理的经验，所以一般都需要高层管理人员亲自参与，完全靠决策者的判断和信念来解决。

5）按决策问题所处的条件不同，决策可分为确定型决策、风险型决策和不确定型决策

确定型决策是指各种可行方案需要的条件都是已知的，并且一个方案只有一种确定的结果的决策。这种决策比较易做，只要比较各个方案的结果孰优孰劣，即可做出决策。

风险型决策是指各种可行方案下的需要的条件大都是已知的，但是每一方案的执行都将出现两种以上的不同结果，并且各种结果将来出现的概率都是可以预测到的决策。因为这种决策无法控制影响决策成果的某种自然状态，是在一定概率条件下做出的，所以要冒一定的风险。

不确定型决策是指各种可行方案出现的结果是未知的，且自然状态出现的概率也不

清楚，或者只靠主观概率判断的决策。这种决策就是非确定型。

6）按决策目标的多少，决策可分为单目标决策和多目标决策

单目标决策是指判断方案的优劣，只需考查其中一项重要指标即可得出结论的决策。

多目标决策是指可行方案的选择，需要考查多个目标才能做出结论的决策。

7）按决策目标与使用方法，决策可分为定量决策和定性决策

定量决策又称计量决策，是指应用数学方法和数学模型，借助电子计算机进行决策的一种方法。

定性决策又称非计量决策，是指在决策的过程中，充分发挥专家集体的聪明才智，在系统调查研究分析的基础上，根据掌握的具体情况与资料进行决策的方法。

案例分享4-2　　捆绑地产留有隐患，老板电器惨遭“反噬”

日前，老板电器对外发布了2022半年度报告。报告中显示，上半年老板电器实现营收45亿元，增速缓慢，且毛利较去年下降了7%。

诚然，疫情之下线下渠道表现乏力可以理解，上游产业原材料成本提高也是意料之中，哪怕是竞品大卖被挤压了市场，也还有继续努力补救的时间和机会，可这些是老板电器业绩走低的根本原因吗？

据老板电器官网介绍，公司早在2009年就已经开始承接住房工程业务，并特别注明其合作伙伴为融创、万科、保利、碧桂园等业界巨头。如果说早年与房地产的合作还算是正常的业务开拓的话，那十多年后的老板电器可真的是靠着房地产吃饭了。老板电器基于自身地位、知名度等多重优势，与碧桂园、万科、融创、保利等多家大型地产开发商签署战略合作协议，2020年已经将工程渠道收入占比拔高到22.6%，在精装修渠道市占率高达35%，雄踞行业首席。

随着房地产市场步入下行通道，不少开发商遭遇流动性资金问题，楼盘大面积停工，债务压力巨大。地产商违约的关键信息几乎让各方立马知晓了谁是老板电器深度捆绑的合作方。财报显示，恒大及关联公司有约6.3亿工程款未支付给老板电器，其余8 000万为其他房企拖欠。

换言之，曾经的“与房共舞”，可能变成当下的恶果反噬，老板电器不仅要面临收入减少的风险，还要面临应收账款减值后蚕食净利润的风险。恒大集团爆雷余震不断，受业绩影响，老板电器开年后股价一路下挫，已经跌去近三分之一。在这一情况下，这家厨电龙头应该怎么纠正自己犯下的错误，重回属于自己的市场位置，确实是个棘手的问题。

案例分享4-2

资料来源　改编自于斌．捆绑地产留有隐患，老板电器惨遭“反噬”［EB/OL］.［2022-09-07］. http：//www.boraid.cn/article/html/365/365736.asp.

问题：根据上述案例，你认为老板电器出了什么问题？根据所学的知识提出你的建议。

分析提示

4.2 决策的过程

管理的核心作用体现在决策上，做好决策是管理的根本要求。而决策是否合理、科学、及时、有效，在很大程度上取决于对内部条件和外部环境的预测是否准确。决策的正确与否关系到组织和事业的兴衰存亡，因此，每一个管理者都必须认真研究决策科学，掌握决策理论、决策的科学方法和技巧，在千头万绪中找出关键之所在，权衡利弊，及时做出正确可行的决策。

4.2.1 决策的程序

决策程序大致可分为发现问题、确定目标、搜集资料、拟订备选方案、优选方案、实施决策方案、评价决策效果七个过程。这种划分是相对的，既可简化步骤，也可具体细分。

1）发现问题

任何决策都是从发现和提出问题开始的。所谓问题，是指应该或可能达到的状况同现实状况之间存在的差距，也表现为需求、机会、挑战、竞争、愿望等。

明确问题包括两个方面：一是要弄清问题的性质、范围、程度以及它的价值和影响。不能停留在表面现象和笼统的感觉上，要分析问题的各种表现和同未来需要的不适应状况。要区分问题的不同类型，诸如全局性的或局部性的；战略性的或战术性的；长远性的或暂时性的；已经显现的或潜在的；能够解决的或暂时无条件解决的等。要搞清问题之间的相关性、层次性，认识其状态趋势和特点。没有对问题本质的、整体的认识，没有把握客观事物的运动规律，就没有决策的正确方向和前提。为能抓准问题，必须深入进行调查研究，搞清事实，明确问题。二是要找出问题产生的原因，分析其主观原因和客观原因、主要原因与次要原因、直接原因与间接原因等。对问题产生的原因作纵向和横向分析。纵向解剖是指从问题的表面开始进行分析，层层深入，究其根底。横向分析是指将同一层次的原因及其相互关系弄清楚，从而找出主要原因。

2）确定目标

发现问题后，接着就要确定目标。所谓目标，是指在一定条件下，根据需要和可能，在预测的基础上所要达到的终极要求，或决策所要获得的结果。

确立目标要注意以下几个问题：

（1）要有层次结构，建立目标体系。目标是由总目标、子目标、二级子目标等从总到分、从上到下组成的一个有层次的目标体系，是一个动态的复杂系统。

（2）目标是可以计量其成果、规定其时间、明确其责任的。

（3）要规定目标的约束条件。如把产值、利润增长一倍作为目标，同时要规定在产品的品种、结构、质量、规格符合一定的前提条件下来完成。执行的结果如不符合这些条件，那么即使产值、利润的计划已经完成，也不算达到了目标。约束条件主要有资源条件、质量规格、时间要求及法律、制度、政策等限制性规定。

（4）建立衡量决策的近期、中期、远期效果的三级价值标准，建立科学价值、经济价值及社会价值指标，并进行综合权衡，以构成价值系统，以此作为评价标准。

（5）目标的确定，要经过专家与领导的集体论证。

3）搜集资料

搜集与决策有关的经济、技术、社会等各方面的资料信息，是进行科学决策的重要依据。资料信息量的大小、正确与否，直接影响到决策的质量。要想在决策上不失误，必须有丰富可靠的资料来源、迅速的资料传递、准确的资料研究，这是决策科学化的重要物质技术基础。没有一批定量的数据，就不可能为决策做出定量分析。因而，要尽可能大量搜集数据和资料。资料来源，一方面是统计调查资料；另一方面是预测资料。搜集资料要达到以下要求：

（1）资料必须具有完整性。凡与目标要求有关的直接或间接资料，都要尽可能地搜集齐全。

（2）资料必须具有可靠性。要有依据，要符合时间、地点、对象的连续性要求，数字要准确无误。

（3）对资料要作系统分析。着重从事实的全部、从事实的联系去掌握事实，从事物的发展中全面估计各种对比关系，以保证掌握资料的科学性。

（4）对一些不确切的问题或疑难问题，要召集专家及有关人员进行集体会诊，以做出定性分析和概率估计。

4）拟订备选方案

拟订供选择用的各种可能方案，是决策的基础。如果只有一个方案，就没有比较和选择的余地，也就无所谓决策。拟订备选方案阶段的主要任务是，对信息系统提供的数据、资料，进行充分的系统分析，并在这个基础上制订出备选方案，要求做到：

（1）必须制订多种可供选择的方案，方案之间具有原则性区别，便于权衡比较。

（2）每一种方案以确切的定量数据反映其成果。

（3）要说明各方案的特点、弱点及实践条件。

（4）各种方案的表达方式必须做到条理化和直观化。

5）优选方案

在方案选择之前，先要对各种备选方案进行评估。要尽可能采用现代科学的评估方法和决策技术，如“可行性分析”“决策树”“矩阵决策”“模糊决策”等技术，对预选方案进行综合评价。这项工作主要由智囊机构的高级研究人员、政策研究人员及从社会上聘请的专家小组来承担。其主要内容是，通过定性、定量、定时的分析，评估各预选方案的近期、中期、远期效能价值，分析各预选方案的后果及其影响。在评估的基础上，权衡各个方案的利弊得失，并将各方案按优先顺序排列，提出取舍意见，提交决策机构定夺。

选择方案的方法很多，归纳起来，有经验判断、归纳法、数学方法、实验法等。

（1）经验判断。这是最古老的一种方法。20世纪40年代前的管理决策基本上都是依靠经验判断。今天把数学方法、物理模型、网络模型方法引进决策中后，经验判断的方法仍然是不可缺少和忽视的，尤其是一些涉及社会、心理因素等复杂问题和非计量性因素多的决策，仍需要领导者的经验判断。

（2）归纳法。归纳法是在方案众多的情况下，先把方案归成几大类，先看哪类最好，就选中哪类，然后再从中选出最好的方案，如选择厂址的决策，往往采取这种方法。这个方法的优点是可以较快缩小选择范围，缺点是可能漏掉最优方案，因为最优方案也可能处在不是最好的那类中。不过在不允许进行全面对比的情况下，这个办法仍常被采用，因为按此法选出的方案一般还是比较令人满意的。

（3）数学方法。运用数学方法选择方案，在20世纪50年代以后发展很快。因为在控制变量属于连续型的情况下，经验判断方法很难直接找到最优或满意方案，要借助于数学方法。所谓连续型变量，是指这个变量的两个变异值之间，可以存在无穷多个中间数值，如产值、成本、利润等就是连续型变量。运用数学方法，可以使决策达到精确化。但到目前为止，尚有许多复杂的决策，用数学方法还解决不了，要综合运用选择方案的多种方法加以解决。

（4）实验法。社会问题的决策，虽然不可能创造出像实验室那样人为的典型条件，如科技界那样去实验，但对重大问题的决策，尤其是对新情况、新问题及无形因素起重大作用又不便用数学方法分析时，先选择少数几个典型单位进行试点，然后总结经验以作为最后决策的依据，也不失为一种有效的方法。有些复杂的决策，虽然反复计算、讨论、比较，仍然没有多大把握，这时，实验就被提上日程，但也不是事事都要经过实验。在方案选择过程中，往往是在选择范围已经缩小到只剩下两个关键方案而定不下来时，或方案已初步选出但仍感到还不放心时，不妨去做实验为妥。

以上各种选择方案的方法各有利弊，采用何种办法还要从实际出发，灵活运用，还可创造更加科学的方法，以能更简明、准确地找到最优方案或满意方案。

课堂互动4-1

答案提示

课堂互动4-1

在实际工作中应该选择“最优标准”还是“满意标准”？为什么？

6）实施决策方案

方案选定后，要付诸实施，在普遍实施前可以进行“试点”。试点要注意选择在整个系统中具有典型性的地方，不能人为地创造某些特殊条件，这样纵然试点成功，也很难实践。经过可靠性验证后，可以进入普遍实施阶段。

7）评价决策效果

即使是一个优化方案，在执行过程中，由于主客观情况的变化，发生这样那样与目标偏离的情况也是常有的。因此，决策过程的最后一步就是评价决策效果，看其是否已经解决了问题。这个阶段的任务，就是要准确、及时地把方案实施过程中出现的问题、执行情况的信息，输送到决策机构，以进行追踪检查。

4.2.2 如何制定有效的决策

决策既是一门科学，又是一门艺术。我们虽然无法排除不确定因素和各种风险的干扰，但完全可以通过学习增强识别它们的能力。为了提高决策的有效性，在实际决策时，要特别注意以下问题：

1）找出目前所面临的真正问题

在做任何决策之前，请先问问自己：问题的根本是什么？真正的问题在哪里？因为目前所面临的未必是真正的问题，可能只是表面的现象或症状而已，请把问题搞清楚，才能进行下一个决策步骤。

2）考虑所有的可行方案与可能的结果

好的决策者总是睁大眼睛寻找各种可能的方案。在寻找可行方案时，不要只做“要”或“不要”的抉择，要做“1”“2”“3”“4”“5”等更多方案的抉择。

比较所有的可行方案，想想最有可能出现的结果是什么，看看技术上有无困难、能否被接受、财务上是否可行的考虑等。

3）掌握一切应该知道的信息

在决策之前，要尽可能搜集各种有关资讯，决策的制定是根据事实，而非个人一时的情绪好恶。有哪些事实是我们做决策前应该知道的呢？请以5W1H的程序来追问：What是什么、Who有谁在关心这件事、Where在哪里发生的、When什么时间发生的、Why是什么原因造成的、How是如何进行的。

4）根据最重要的事来判断

哪些事最重要，每个人的答案可能都不同，可以参照以下来判断：不要只为了一时的需求，而应该从长远来考虑；不是根据别人的要求，而是自己想要的。

5）无论做什么决策都是有风险的

面对决策风险，要考虑几件事情：这是现有资源可以承担的吗？可以有多少获利？是否可以承担风险的损害？

6）将重要的决策分解成一连串的小决策

这对重大决策特别适用。在行动与了解之间取得平衡，以一连串的小决策来观察如何做出正确的决策。

先列出所有的选择方案，将其中觉得合适的，而且可以在过程中得到资讯的，做一小步骤的尝试，从中获取一些资讯；觉得可行的话，再继续进行另一小步骤，再获得一些相关资讯，重复进行这样的过程，直到觉得已经得到明确的方向了，就可以做出真正的决策。

7）区分轻重缓急，掌握正确时机

不要死守“如果现在不做，以后就没机会了”的想法，压力很容易让人仓促做出决定，不妨给自己多一点时间观察情势。也不要等到刀架在脖子上了，无可奈何非选择不可，或是被逼到没什么选择余地才做决定，这时的决策品质总是很差。

8）设定目标与期限，避免陷入泥沼

当眼前这个决策看起来似乎没错，或是觉得已经费了这么多心力了，如果现在放弃就太可惜了，这种坚持有时候没有任何意义，因为收获没有大过付出的代价，就变成了“空等待”，让人陷入决策的泥沼中。

碰到这种情况，可以设定目标与期限，例如：10分钟内公交车不来就走路去、一年后仍对这个工作没有兴趣就离职、股票跌过3 000点就赶快卖出等，不要害怕这种暂时的失败与改变，而应保持选择的自由。

9）理性的逻辑分析与直觉式的预感并用

决策要注意现有资源以及可能的风险。如果期望决策的成效最好，一般习惯使用理性决策。如果完全没有线索，也要有凭直觉决策的勇气。两种决策方式都是良好决策方式，要看使用的关键时机。

10）一旦决定就立刻贯彻执行

即使是好的决策者，有时也因情势而采取拖延战术，但是他们心里明白这不是长久之计，拖延与规避都无法持续产生效用，不论如何，最后还是要行动。

4.3 决策的基本方法

决策的正确与失误关系到组织和事业的兴衰存亡，因此，每一个管理者都必须认真研究决策科学，掌握决策理论、决策的科学方法和技巧，在千头万绪中找出关键之所在，权衡利弊，及时做出正确的、可行的决策。

决策的科学性主要体现在决策过程的理性化和决策方法的科学化上，管理者应为进行正确决策而学会一整套专门的决策方法。一般来说，决策方法可归为两大类：定性决策法和定量决策法。

4.3.1 定性决策法

定性决策法中比较常用的方法主要有头脑风暴法、名义小组法、德尔菲法、电子会议法四种。

1）头脑风暴法

头脑风暴法（brain storming），是由美国创造学家奥斯本于1939年首次提出，于1953年正式发表的一种激发创造性思维的方法。此法经各国创造学研究者的实践和发展，至今已经成了有效的群体决策的方法。**头脑风暴法**是指依靠一定数量专家的创造性逻辑思维对决策对象未来的发展趋势及其状况做出集体判断的方法。它是为了克服阻碍产生创造性方案的一种相对简单的方法。

（1）头脑风暴法的特点。针对解决的问题，相关专家或人员聚在一起，在轻松的氛围中，敞开思路，畅所欲言，寻求多种决策思路，倡导创新思维。时间一般在1～2小时，参加者以5～10人为宜。

（2）头脑风暴法的原则。包括：①各自发表自己的意见，对别人的建议不作任何评价，将相互讨论限制在最低限度内。②建议不必深思熟虑，越多越好。在这个阶段，参与者不要考虑自己建议的质量，想到什么就说出来。③鼓励独立思考，奇思妙想，广开思路，想法越新颖、越奇异越好。④可以补充完善已有的建议，使它更具有说服力。

2）名义小组法

名义小组法，是指在决策过程中对群体成员的讨论或人际沟通加以限制。其具体方法是，在问题提出之后，采取以下几个步骤：

（1）成员集合成一个群体，但在进行任何讨论之前，每个成员独立地写下自己对问题的看法。

（2）经过一段沉默后，每个成员将自己的想法提交给群体。然后一个接一个地向大家说明自己的想法，直到每个人的想法都表达完并记录下来为止（通常记在一张活动挂图或黑板上）。

（3）群体最后开始讨论，以便把每个想法弄清楚，并做出评价。

（4）每一个群体成员独立地把各种想法排出次序，最后的决策是综合排序最高的想法。

3）德尔菲法

德尔菲法是20世纪60年代初，美国兰德公司的专家们为避免集体讨论存在的屈从于权威或盲目服从多数的缺陷，而提出的一种有效的群体决策的方法。其一般程序如下：

（1）确定调查目的，拟定调查提纲。拟定出要求专家回答问题的详细提纲，并同时向专家提供有关背景材料，如目的、期限、调查表填写方法及其他要求。

（2）选择一批熟悉本问题的专家，一般为20人左右，包括理论和实践等各方面专家。

（3）以通信方式向各位选定专家发出调查表，征询意见。

（4）对返回的意见进行归纳综合、定量统计分析后再寄给有关专家。

（5）看过结果后，再次请专家们提出他们的方案。

（6）重复（4）、（5）两步直到取得大体上一致的意见。

4）电子会议法

电子会议法是将名义小组法与计算机技术相结合的一种最新的群体决策方法。

目前电子会议法所需要的技术已经比较成熟，概念和操作也比较简单。它要求众多的人（可多达50人）围坐在一张马蹄形的桌子旁。这张桌子上除了一系列的计算机终端外别无他物。主办者将问题显示给决策参与者，决策参与者把自己的回答输入到计算机，通过屏幕显示。个人评论和票数统计都投影在会议室内的屏幕上。

4.3.2 定量决策法

定量决策法的核心是把同决策有关的变量与变量、变量与目标之间的关系，建立数学模型，通过计算求得答案，以此供决策者参考。定量决策法包括确定型决策方法、风险型决策方法和不确定型决策方法三大类。

1）确定型决策方法

确定型决策方法的特点是决策问题所处的环境是确定的，每一个方案只有一个结果，决策者只需从备选方案中选择经济效果最好的方案。

（1）线性规划法。它是一种在满足一定约束条件下，通过合理利用、配置资源，使预定的目的达到最优的一种应用数学方法。

它用于解决两类问题：①资源一定的条件下，力求完成更多的任务，取得更好的经济效益；②任务一定的条件下，力求资源节约。

（2）**盈亏平衡点方法（量本利分析法）**。它是通过分析产品成本、销售量和销售利润这三个变量之间的关系，掌握盈亏变化的临界点（即保本点），掌握盈亏变化的规律，指导企业选择能够以最小的生产成本生产最多产品并可使企业获得最大利润的经营方案的方法。盈亏平衡点就是总费用和销售收入相等的点，盈亏平衡点方法就是确定盈亏平衡点所对应的产量或销售量。

从图4-3可以看到，利润=收益-成本（π=Y-C）。所谓盈亏平衡，就是成本=收益，这个时候利润π=0。我们再增加一个变量——产量（Q），因为利润、收益、成本都与产量有关，它们之间存在着函数关系，具体如下：

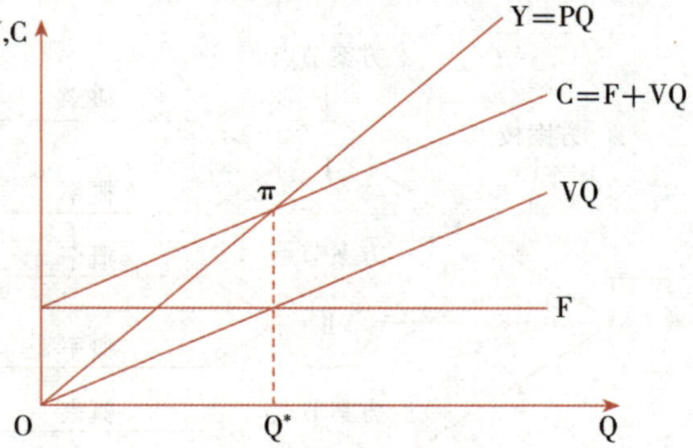

图4-3 盈亏平衡分析图

收益=价格×产量

Y=PQ

总成本=固定成本+可变成本=固定成本+单位可变成本×产量

C=F+VQ

它们的关系如图4-3所示。我们可以看到，总收益线Y与总成本线C的交点π对应的产量Q^*就是盈亏平衡时的产量（总收益Y与总成本C相交即相等），π点就是盈亏平衡点。产量低于这一点会亏损（左边），高于这一点则盈利（右边）。盈亏平衡点存在以下关系式：总收益=总成本，即Y=C，盈亏平衡点产量Q^*=F/（P-V），如果存在盈利π，则π=Y-C，即π=PQ-（F+VQ），则利润π对应的产量Q=（F+π）/（P-V）。

例：某企业生产一种产品需投入固定成本20万元，单位产品可变成本为60元，产品销售价格为80元/件。

问题：①试用盈亏平衡点方法分析确定盈亏平衡点产量；②如果企业的利润目标是10万元，企业至少应维持多大的生产规模？

解：①盈亏平衡点产量

Q^*=F/（P-V）=200 000÷（80-60）=10 000（件）

②盈利10万元的产量

Q=（F+π）/（P-V）=（200 000+100 000）÷（80-60）=15 000（件）

即盈亏平衡点产量为10 000件。如果利润目标是10万元，则产量应为15 000件。

2）风险型决策方法

风险型决策也叫随机型决策。其特点是：有一个明确的决策目标，如最大利润、最低成本；存在着可供决策者选择的两个或两个以上的方案；每个可行方案在不同自然状态下的损益值可以估算出来；决策者虽不能肯定未来哪种自然状态出现，但能估计出每种自然状态发生的概率。

风险型决策的方法一般有决策树法、决策表法和敏感性分析。本书主要介绍决策树法。

决策树法是风险型决策的常用方法，适用于未来可能有几种不同情况（自然状态），并且各种情况出现的概率可以根据资料来推断的情况。它用树形图来描述各方案对未来收益的计算、比较及选择，考虑各方案所需的投资。

决策树的一般模型如图4-4所示。

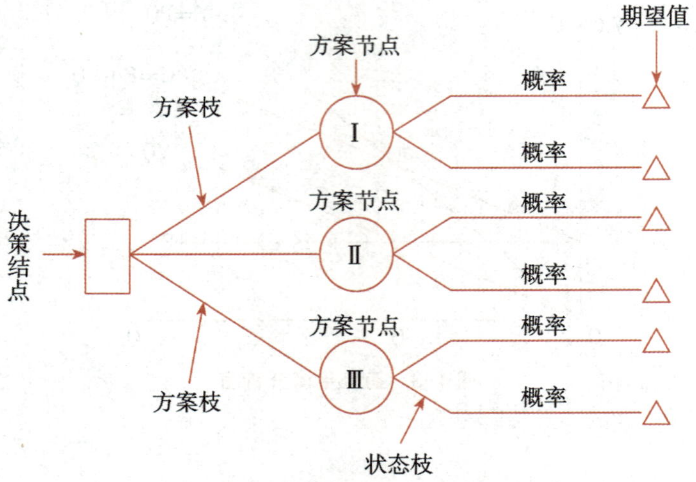

图4-4 决策树的一般模型

决策树法的步骤是：

第一步是从左向右的建树过程，首先从左端方框根部出发，按行动方案引出几条方案枝，在每条方案枝上注明方案的内容，如大、中、小批量生产等；然后每条方案枝到达一个方案节点，每个方案节点圆圈中标明一个数字，如Ⅰ、Ⅱ、Ⅲ等；再由各方案节点按可能出现的自然状态的数目，引出各个状态枝，并在每个状态枝上标明状态的内容及其概率；最后引出状态末端，并在末端上注明不同状态下的期望值。

第二步是从右向左进行。先计算各方案的期望值，把计算的结果注明在各个方案节点上，然后在各方案之间比较其期望值，从中选出最佳方案，并把此最佳方案的期望值写在决策节点方框上，以表明选择的结果，同时在淘汰的方案枝上画上双截线，以表示这些方案不用。

决策树法既可适用于解决单级决策，也常用于解决多级决策。

3）不确定型决策方法

不确定型决策方法是指在对决策问题的未来不能确定的情况下，通过对决策问题的变化的各种因素分析，估计有几种可能发生的自然状态，计算其损益值，按一定的原则进行选择的方法。这种决策方法主要有大中取大法、小中取大法、最大最小后悔值法。

例：某公司准备生产一种新产品，市场预测表明可能有三种情况：销路好、销路一般、销路差。制造该产品有三种方案：A.改进生产线；B.新建生产线；C.协作生产。各方案在不同情况下的收益估计值见表4-2。

表4-2　各方案在不同情况下的收益估计值　单位：万元

行动方案	销路好	销路一般	销路差
A.改进生产线	180	120	-40
B.新建生产线	240	100	-80
C.协作生产	100	70	16

（1）大中取大法（乐观原则）：找出每个方案在各种自然状态下的最大损益值，取其中最大者，所对应的方案即为合理方案。

上例中，A方案最大收益值为180万元，B方案最大收益值为240万元，C方案最大收益值为100万元。可见，对应最大值240万元的B方案应为最优方案。因为这个方案是最有利条件下的最好方案，因此风险也很大，应谨慎采用。

（2）小中取大法（悲观原则）：找出每个方案在各种自然状态下最小损益值，取其中大者，所对应的方案即合理方案。

上例中，A方案最小收益值-40万元，B方案最小收益值为-80万元，C方案最小收益值为16万元。经比较可知，应选择C方案。因为这个方案是最不利条件下的最好方案，因此是不冒险而稳当的决策方法。

（3）最大最小后悔值法：计算各方案在各种自然状态下的后悔值，列出后悔值表，然后找出每个方案在各种自然状态下后悔值的最大值，取其中最小值，其所对应的方案为合理方案（见表4-3）。后悔值：某方案的收益值与最大收益值之间的差额，是指由于未采取最大收益的方案而可能产生后悔的收益上损失的数值，即该自然状态下最大损益值减去相应损益值。

表4-3　决策方案　单位：万元

行动方案	收益值			后悔值			最大后悔值
	销路好	销路一般	销路差	销路好	销路一般	销路差	
A.改进生产线	180	（120）	-40	60	0	56	60
B.新建生产线	（240）	100	-80	0	20	96	96
C.协作生产	100	70	（16）	140	50	0	140
最大后悔值中的最小值							60
决策方案							A.改进生产线

本章小结

★本章主要介绍了决策的含义与特点、决策的影响因素、决策的类型以及决策的方法等。

★决策就是人们为确定未来行动目标，拟订评价实现目标的各种可行方案并从中选出合理方案的分析判断过程。决策具有以下主要特点：目标性、可实践性、可抉择性、满意性、过程性等。

★ 古典决策理论认为人是坚持寻求最大价值的经济人，具有最大限度的理性，能为实现组织和个人目标而做出最优的选择。行为决策理论认为，影响决策者进行决策的不仅有经济因素，还有其个人的行为表现，如态度、情感、经验和动机等。

★ 影响决策的因素主要包括以下几个方面：环境、过去的经验、决策者对风险的态度、决策者的知识和能力、组织文化等。

★ 决策的分类：从决策的主体看，可分为群体决策与个人决策；按照决策的内容划分，决策可分为战略决策、战术决策和执行决策；根据决策者在组织中的地位，分为高层决策、中层决策和基层决策；按决策问题是否重复出现，分为程序化决策和非程序化决策；按决策问题所处的条件不同，分为确定型决策、风险型决策和不确定型决策；按决策目标的多少，分为单目标决策和多目标决策；按决策目标与使用方法分，可分为定量决策和定性决策。

★ 决策程序可分为发现问题、确定目标、搜集资料、拟订备选方案、优选方案、实施决策方案、评价决策效果七个过程。

★ 制定有效的决策，要特别注意以下问题：找出目前所面临的真正问题是什么；考虑所有的可行方案与可能的结果；掌握一切应该知道的信息；根据最重要的事来判断；无论什么决策都是有风险的；将重要的决策分解成一连串的小决策；区分轻重缓急，掌握正确时机；设定目标与期限，避免陷入泥沼；理性的逻辑分析与直觉式的预感并用；一旦决定就立刻贯彻执行。

★ 定性决策法中比较常用的方法主要有头脑风暴法、名义小组法、德尔菲法、电子会议法四种。定量决策法包括确定型决策方法、风险型决策方法和不确定型决策方法三大类。

主要概念和观念

★ 主要概念

决策　古典决策理论　行为决策理论　锚定效应　战略决策　战术决策　执行决策　程序化决策　非程序化决策　确定型决策　风险型决策　不确定型决策　头脑风暴法　盈亏平衡点方法

★ 主要观念

决策程序　决策类型　定性决策法　定量决策法

基本训练

1）判断题

在线测评 4-1

判断题

（1）选择活动方案的原则是满意原则，而非最优原则。（　　）

（2）古典决策理论是由西蒙提出来的。（　　）

（3）20世纪40年代前的管理决策基本上都是依靠数学方法。（　　）

（4）德尔菲法属于定性决策法。（　　）

（5）决策树法只适用于解决单级决策，不能用于解决多级决策。（　　）

(6) 大中取大法是一种悲观原则的方法。 ( )

2) 选择题

(1) 古典决策理论的代表人物是 ( )。

A.泰罗 B.卡尼曼 C.西蒙 D.孔茨

(2) ( ) 获得诺贝尔经济学奖是因为他“把心理学的研究思想，应用到了经济学中”。

A.泰罗 B.卡尼曼 C.西蒙 D.孔茨

(3) 能按规定的决策程序和方法解决管理中重复出现的问题的决策是 ( )。

A.程序化决策 B.非程序化决策 C.风险型决策 D.确定型决策

(4) 为了克服阻碍产生创造性方案而遵从压力的一种相对简单的方法是 ( )。

A.电子会议法 B.德尔菲法 C.名义小组法 D.头脑风暴法

(5) 线性规划法属于 ( )。

A.确定型决策方法 B.风险型决策方法 C.不确定型决策方法

在线测评 4-2
选择题

3) 简答题

(1) 行为决策理论的主要内容是什么？

(2) 影响决策的因素主要包括哪几个方面？

(3) 简述决策的程序。

(4) 如何制定有效的决策？

(5) 简述头脑风暴法的原则。

(6) 简述德尔菲法的程序。

在线测评 4-3
简答题

4) 分析题

海底捞为什么跌下神坛？

2022年3月23日，海底捞发布2021年全年业绩公告，2021年海底捞实现收入411.1亿元，同比2020年增长43.7%；亏损41.6亿元。

在其上市的三年时间里，海底捞每年都保持着盈利状态，三年合计约43亿元。即使是在防控最为严格的年份，餐饮市场如此低迷的情况下，也能保持一个盈利状态。那么，为什么在疫情相对好转的2021年却有41.6亿元的亏损呢？

观其以往的经营模式，不难发现其业绩增长的主要原因是在于门店的规模化扩张。但如果这种扩张是盲目且猛烈的，那么不仅不会带来盈利，反而还会将其拉进泥潭，越陷越深，最终无法自拔。

资料显示，在上市仅三年的时间内（截至2021年上半年），其全球门店数达到了1 597家，几乎是上市前的8倍。盲目扩张源于2020年6月，董事长张勇基于当时疫情的防控能力以及过往乐观的翻台率做出了错误的判断，预测疫情将会在当年9月份进入尾声，于是在市场尚未完全恢复时便决定“抄底”开店。

有关数据显示，截至2021年末，整个市场也并没有完全恢复到2019年疫情前的水平。再加上各类成本的不断攀升、缺乏足够的优秀店经理、店长培养体系出现漏洞再加上部分店铺的选址失误等诸多因素，使得绝大多数新店都不具备快速度过上升期的实力，这就导致无法快速获取利润，达到资金回流的目的。结果就是，店是越开越多，但盈利能力却是越来越弱。

此外，由于其“极致”的服务，使得其员工薪酬始终维持在该行业内的上游水平。截止到2021年上半年，仅员工成本的开销就增加到71.62亿元，同比增长75.8%。

但仅靠关店并不能解决根本问题。

一方面，就目前来看，火锅行业的高端化、细分化已成趋势，各个火锅品牌在此赛道的疯狂突进，竞争对手不断分食属于海底捞的用户，不仅使老客户忠诚度产生动摇，并且对所有消费者来说也有了更多的选择。例如老对手巴奴、呷哺呷哺、小龙坎等，明星店铺辣庄、火凤祥、贤合庄等。

另一方面，其自身也屡屡发生问题。整个2021年，海底捞因关店止损、毛肚缩水、食材涨价再加上给顾客打标签等问题频频登上热搜。

海底捞这次出现的重大战略失误，使其产生了如此巨大的亏损，是令人遗憾的。但同时，它也是幸运的，因为它是海底捞，有着足够的体量去渡过难关，也因为管理者悬崖勒马，从而使海底捞没有陷入更大的困境中。

在线测评 4-4

分析题

资料来源　改编自于斌. 亏损超38亿，海底捞跌下神坛［EB/OL］.［2022-06-10］https://copyfuture.com/blogs-details/20220302125220 6226.

问题：海底捞跌下神坛的主要原因是什么？该案例给你什么启示？

实践训练

（1）假定你有2 000元钱可投资股市或存于银行，银行年利率是10%，而股市收益取决于经济状况，若情况好，每年可赚500元；一般情况下，每年可赚300元；情况不好时可能损失100元。问题：按照大中取大法、小中取大法、最大最小后悔值法原则各选取哪个方案？

（2）请一位同学描述其最近做出的一个重大决策的思考过程，将此决策过程与本章中描述的决策过程相比较，一起分析他的决策是否是按照决策的一般程序进行的。在日常决策中最容易忽视哪些步骤？犯怎样的错误？然后写一份书面报告。

治众如治寡，分数是也。
——《孙子兵法》

第5章
组　织

学习目标

知识目标： 理解组织的含义；明确组织设计的目的和程序，了解组织文化建设的意义；熟练掌握那些常见的组织结构形式及其各自的优缺点；了解组织变革的原因与阻力。

技能目标： 能够制订变革行动计划；能够识别不同情况下应该采用哪种类型的组织结构。

素养目标： 培养学生胜任管理工作的良好业务素质及身心素质，坚持守正创新。

思维导图5-1

第5章

引例　　阿里巴巴中国数字商业板块的新组织架构

近日，阿里巴巴集团中国数字商业板块分管总裁戴珊发布内部信，宣布原淘宝天猫业务的新组织架构。新架构将“全面聚焦用户体验、客户价值，消除惯性思维、鼓励机制创新”。

在坚持淘宝、天猫双品牌运营的基础上，新设立产业运营及发展中心、平台策略中心、用户运营及发展中心。

据介绍，此轮调整后，大淘宝将形成统一的平台机制。这一次调整，并不只是淘宝和天猫的行业运营能力的简单物理合并，而是消费者和商家服务能力的一次升级。确保消费者的购物体验更简单顺畅，中小商家的发展和成长更具确定性。

新设立的产业运营及发展中心，将从行业运营走向产业经营，深入服务商家，为中小商家在内的全域商家提供全生命周期的消费者运营和商品运营能力。而每个垂直行业下还都将建立客户体验评价团队，以客户满意度作为行业经营水平的标尺。

新设立的平台策略中心，将升级平台机制，推动智能化技术的广泛应用，并建立全方位数字化的商家运营产品体系，提高商家对中、长期消费趋势的洞察力和对消费反馈的快速反应能力。

新成立用户运营及发展中心，则是从用户产品层面，持续优化消费者体验链路，为消费者带来更简单、顺滑、好逛的体验。

资料来源　TechWeb. 阿里明确中国数字商业板块组织架构全面聚焦客户体验［EB/OL］.［2022-09-06］. https：//baijiahao.baidu.com/s？id=1721198947659315509&wfr=spider&for=pc.

对任何组织来说，能及时地根据环境的变化来调整组织是非常重要的。本章主要探讨有关组织结构、组织变革和组织文化的一些问题。

5.1 组织概述

在现实生活中，我们每一个人都不得不与各种各样的组织打交道。比如，我们中的大多数人在一出生的时候碰到的第一个组织就是医院。此后，我们要和幼儿园、学校、工作单位、银行、政府机关等形形色色的组织进行密切的接触。组织可以是营利性的机构，如海尔集团、联想集团等各种企业性组织，也可以是非营利性的机构，如我国的全日制大学、政府部门、非营利性的各种基金和事业单位等。

5.1.1 组织的含义

组织这个词，英文为organization，来源于器官（organ），因为器官是构成系统的具有特定功能的细胞结构。在我国古代，“组织”一词指的是将丝麻编结起来而制成的布帛，也含有“编织”之意。随着生产活动的复杂化和语言文化的进步，组织一词便被人们借用来说明社会现象。因此，从最一般的意义上讲，所谓组织就如我们上面所提到的各种各样的社会组织或事业单位。

1）组织的概念

管理学意义的组织，就是人们为了达到共同目标，通过责权分配和层次结构所构成的一个完整的有机体。这个定义包含以下几层含义：

（1）人是组织的主体。任何组织都是由各种各样的人通过分工协作而组成的。

（2）组织是有目标的。任何组织都是为了实现某种目的而建立起来的，它都会在自己的活动中表现出一定的方向或者共同的目标。

（3）组织要有不同的权力层次和责任制度，因为权力和责任是达成组织目标的必要保证。

（4）组织是一个有生命力的有机体，它会成长、发展、衰落甚至消亡。

2）组织的有效性

一般来说，组织由三个成分组成，即目标、劳力分配和权威层次，但在这三者之上，有效性才是重要的组织活动指标。所谓有效性，就是共同努力去完成一个已知目标，完成的程度就指明了有效程度的大小。有效性标准主要包括以下几个方面：

（1）产量，反映了组织为环境需要而生产出一定数量与质量产品的能力。它包括利润、销量、市场占有率、毕业生人数、治愈病人数、文件处理量、接待客人数等。

（2）效率，主要指输入输出比。

（3）满意度，组织对员工的满意程度包括雇员态度、调入调出情况、出勤率、怠工等。

（4）可变性，组织能够也确实可以对外界变化做出反应，如改变政策和结构。

（5）发展，能根据环境的需求而增进自身的发展，如培训等。

5.1.2 正式组织与非正式组织

在第2章我们就已经介绍过，梅奥在霍桑实验中第一次正式地提出了非正式组织的概念。这里我们进一步比较分析一下正式组织和非正式组织。

1）正式组织

正式组织是为了完成组织所规定的特定目的与特定工作而产生的正式的官方组织结构。这种正式结构一般都是经过明确的决策产生的，而且具有法规的性质。正式组织中的工作人员按照职务关系形成一系列的职务等级，如厂长、车间主任、工段长、班组长、职工等。他们中的一些人是领导者，另一些人是被领导者。他们每个人按其职务都有一定的义务和权利。总之，在正式组织中，人们应当从事由组织目标所规定的行动，并使自己的行动指向于这个组织目标。

正式的组织并不意味着一成不变，相反，它的结构必须具有灵活性，才能保证每一个人在工作中都十分有效地为组织目标做出贡献。有关组织结构的问题我们将在下一节中详细介绍。

2）非正式组织

非正式组织是那些既没有正式结构，也不是由组织确定的联盟，它是为了满足人们交往的需要而在工作环境中自然形成的。譬如，在一个企业里，在同一车间的同事之间，或者在兴趣相同的人们之间，或者因职务关系接触较多的人们之间，有各种各样的来往，从而会形成各种各样的群体。非正式组织的成员，可能是同一单位的，也可能是跨单位的；可能是同级的，也可能是不同级的。他们凑到一起，谈的问题可能和工作有关，也可能和工作毫无关系。他们可能是在传递某些信息，也可能是在一起打球、玩牌等。

在任何正式的组织中都可能存在着非正式组织。一般说来，非正式组织形成的原因主要有以下几个方面：一是由于某种利益或观点上的一致性；二是具有共同的价值观和兴趣爱好；三是有类似的经历或背景。

因此，由以上原因形成的非正式组织具有如下的特点：以感情为纽带，具有明显的情绪色彩；有较强的内聚力和行为一致性；自发产生的领袖人物对其他成员拥有精神上的支配权力；有一套见效快的不成文的奖惩制度与手段；成员间有比较灵敏的信息传递渠道；有较强的自卫性和排外性等。

课堂互动 5-1

答案提示

课堂互动5-1

在任何的正式组织中都可能存在着非正式组织，那么，非正式组织是否在任何情况下都对正式组织都起着妨碍和破坏作用？

5.2 组织结构与组织设计

管理人员在确定了组织的基本目标以后，就必须考虑进行有效的组织设计以保证组织目标的实现。因为有效的组织设计能够为组织活动提供明确的指令，有助于组织内部人员之间的合作，使组织活动更具秩序性和预见性，并保证组织活动的连续性。因此，有效的组织设计对提高组织活动绩效、获得最大的经济效益起着重要的作用。

5.2.1 影响组织结构的因素

组织结构是指一个组织内各构成要素以及它们之间的相互关系，它描述了组织的框架体系。组织结构主要涉及组织部门构成、基本的岗位设置、权责关系、业务流程、管理流程及组织内部协调与控制等。组织结构是实现组织宗旨的平台，直接影响着组织行为的效果和效率，从而影响着组织宗旨的实现。通常，一个组织的结构会反映在其组织结构图上。组织结构图是对一个组织的一整套基本活动和过程的可视化的描述。

由于各种力量作用的结果，很多组织出现了比较频繁的组织结构变化。比如，很多大城市的医院以及大多数的学校为了适应新的要求，在过去的二三十年里，其组织结构已经发生了很大的变化。很多工业组织也正在把改变组织结构看成是必须面对的现实。影响组织结构的因素主要有以下几个方面：

1）环境

环境包括一般环境和特定环境。一般环境是指对组织管理目标产生间接影响的那些经济、社会文化以及技术等环境条件。特定环境是指对组织管理目标产生直接影响的那些因素，如政府、顾客、竞争对手、供应商等。

环境是不断变化的，环境的复杂性和变动性决定了环境的不确定性。在不确定的环境条件下，管理者缺乏完整的外部环境信息，无法预测未来的变化，因而难以做出正确的判断和决策。当环境由简单的稳定性向复杂的变动性转移时，管理决策过程中的不确定性因素也随之增加。可见，只有与外部环境相适应的组织结构才能成为有效的组织结构。

2）战略

高层管理人员的战略选择会影响到组织结构的设计。所谓战略，是指决定和影响组织活动性质及根本方向的总目标，以及实现这一总目标的途径和方法。研究发现，许多经营成功的公司，其组织结构都是随着战略发展的变化而变化的。一般来说，一个企业如果要保持在单一行业内发展，则偏好采用集权的组织结构。而那些实施多元化经营的公司，一般采用分权的事业部结构。为了不断适应公司新的发展战略的要求，公司就要适时地变化组织结构，以保持组织的自适应性。

3）技术

任何组织都需要通过技术将投入转换为产品，因而组织结构就要随着技术的变化而变化。对技术进行区分的一个常用标准就是它的常规性程度。所谓常规性技术是指技术活动是自动化、标准化的操作，而非常规性技术是指技术活动内容要根据不同的要求而有不同的变化。一般来说，组织内部门技术越常规化，组织规范化、集权化程度就越高，采用机械式组织结构的效率也就越高；组织内部门技术越是非常规化，组织规范化、集权化程度就越低，这时，采用柔性有机式组织结构的效率也就越高。

4）组织规模

组织规模是影响组织结构的重要因素之一。研究表明，组织规模的扩大，会提高组织的复杂性程度，并连带提高专业化和规范化的程度。通常情况下，当组织业务不断扩张、组织员工增加、管理层次增多、组织专业化程度不断提高时，组织的复杂化程度也会不断提高。

5）人的行为

有证据表明，人可以顺应不同的组织结构，可以在不同的组织结构中高效率地工作并获得较高的满足感，特别是当人们认识到某一具体结构适合于完成组织目标时就更是如此。然而，由于个人之间的差异，因而不同的人在不同的组织结构和氛围中的工作效率各不相同。

课堂互动5-2

答案提示

课堂互动5-2

随着管理幅度的增加，所需的管理人员的数量相应减少，这样管理的费用也减少。那么对于任何一个组织来说，是不是管理幅度越大越好呢？

5.2.2 组织设计的程序

组织设计就是设计清晰的组织结构，规划和设计组织中各部门的职责和职权，确定组织中各种职权的活动范围并编制职务说明书。组织结构的设计一般包括以下几个步骤：

1）工作划分与工作专门化

组织结构设计的第一步是将实现组织目标必须进行的活动划分为内在的有机联系的

部分，以形成相应的工作岗位。划分活动的基本要点是工作专门化。**工作专门化**是指组织中把工作任务划分成若干步骤来完成的细化程度，即组织先把工作分成若干步骤，每一步骤安排一个人去完成。因此，每个人只完成所从事的工作的一部分，而不是全部。

2）工作归类与部门化

一个组织的各项工作可以按各种原则进行归并，常见的有职能部门化、产品部门化、地区部门化、顾客部门化等。

（1）职能部门化。这种方法就是按工作的相同或相似性进行分类。比如企业把从事相同工作的人进行归并，形成生产部门、销售部门、财务部门、人事部门等。由于职能部门化与工作专业化有密切的联系，因此，按职能划分部门是被许多组织广泛采用的一种方法。

（2）产品部门化。由于不同的产品在生产、技术、市场、销售等方面可能很不相同，就出现了根据不同的产品种类来划分部门的需要。在这种情况下，各产品部门的负责人对某一产品或产品系列，在各方面都拥有一定的职权。

（3）地区部门化。对地区分散的组织来说，按地区划分部门是一种普遍采用的方法。这种方法是在当组织地理位置分布于不同地区，各地区的政治、经济、文化等因素影响到组织的经营管理时，把某个地区或区域内的业务工作集中起来，并据此设立相应的管理部门。

（4）顾客部门化。它是根据目标顾客的不同利益需求来划分组织的业务活动。在激烈的市场竞争中，顾客的需求导向越来越明显，表现在不同的顾客在产品品种、质量、价格、服务等方面有不同的需求。

3）确定组织层次

确定组织层次就是要确定组织中每一个部门的职位等级数。组织层次的多少与某一特定的管理人员可直接管辖的下属人数即管理幅度的大小有直接关系。在一个部门中的员工人数一定的情况下，一个管理人员能直接管理的下属人数越多，那么该部门内的组织层次就越少，所需要的管理人员也越少；反之，一个管理人员能直接管理的下属人数越少，所需要的管理人员就越多，相应的组织层次也越多。管理层次与管理幅度的这种互动关系决定了两种基本的组织结构形态：一种是扁平式的组织结构形态；另一种是锥形组织结构形态。图5-1显示了这两种组织层次与管理幅度的差别性。

扁平式组织结构的优点是：由于管理的层次比较少，信息的沟通和传递的速度比较快，因而信息的失真度也比较低，同时，上级主管对下属的控制也不会太呆板，这有利于发挥下属人员的积极性和创造性。其缺点是：过大的管理幅度增加了主管对下属的监督和协调控制难度。

锥形组织结构的优点是：由于管理的层次比较多，管理幅度比较小，每一管理层次的主管都能对下属进行及时的指导和控制；层级之间的关系比较紧密，这有利于工作任务的衔接。其缺点是：过多的管理层次往往会影响信息的传递速度，因而信息的失真度可能会比较大，而这又会增加高层主管与基层之间的沟通和协调成本，增加管理工作的复杂性。

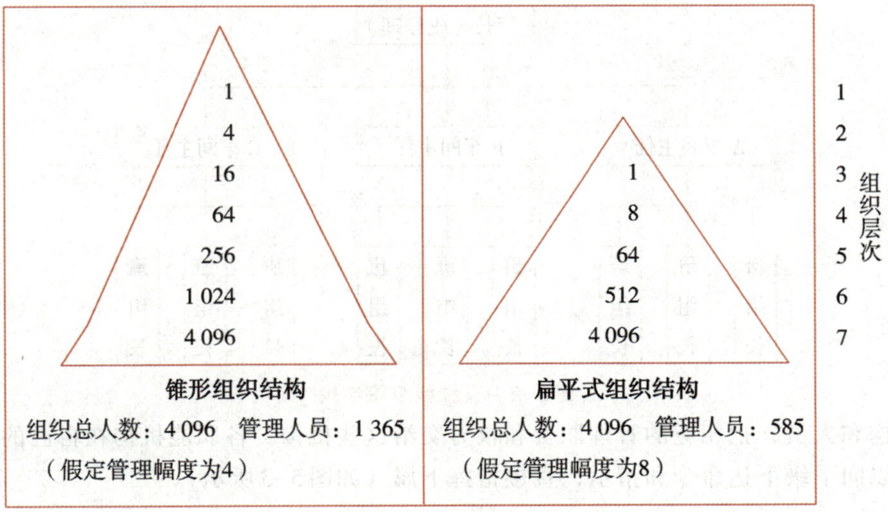

图5-1　管理幅度与组织层次比较图

4）实行授权，建立职权关系

授权是指组织内部授予的指导下属活动及行为的决定权，这些决定一旦下达，下属必须服从。授权是组织设计的重要内容，它与组织结构内的职位紧密相连，而与个人特质无关。

任何组织内的各个部门及每个管理层次中，必须设置一系列的职位，并且在每个职位上配置合适的人选，每个人都要具有与职位相称的职务，负有一定的责任、义务，同时具有完成工作、履行职责的权利。

5.2.3　组织结构的形式

组织结构是组织设计的结果，一般可用组织结构图来表示。组织结构在整个管理系统中起着框架的作用，并保证组织中的人流、物流、信息流的正常流通。组织结构的完善程度，可以决定组织能否顺利地达到目标以及能否促进个人在实现目标中做出贡献。

下面我们分别介绍有代表性的一些组织结构形式。

1）直线型组织结构

直线型组织结构又称垂直式或军队式结构，是最早、最简单的一种组织结构形式（如图5-2所示）。它的特点是：组织中各种职务按照垂直系统直线排列，各级主管人员对所属单位的一切负责，组织中每一个人只能向一个直接上级报告。其优点是结构简单，职权明确，权力集中，决策迅速，组织稳定。但它缺少弹性，组织内部缺乏民主和合作精神，而且往往由于个人的知识能力有限而使主管人员感到负担太重甚至难于应付。因此，这种组织结构形式一般只适用于规模小、业务过程简单的企业或现场的作业管理。

2）职能型组织结构

职能型组织结构又称为多线型组织结构，与直线型组织结构不同，它的特点是采用按职能分工实行专业化的管理办法来代替直线型的全能管理者，即在上层主管下面设立

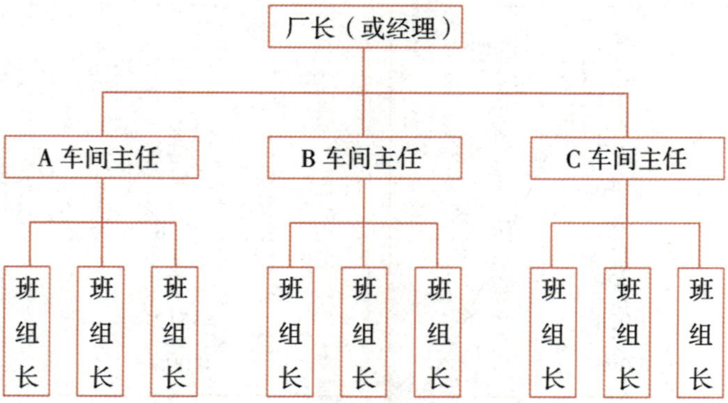

图 5-2 直线型组织结构

职能机构和人员，把相应的管理职责和权力交给这些机构，各职能机构在自己的业务范围内可以向下级下达命令和指示，直接指挥下属（如图 5-3 所示）。

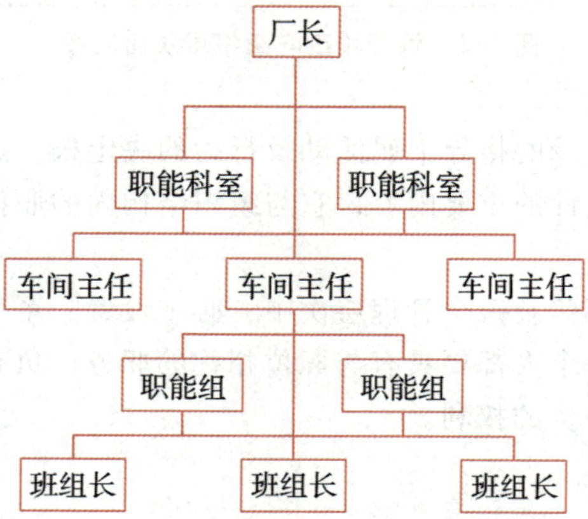

图 5-3 职能型组织结构

这种组织结构形式的优点是：能够适应现代生产技术比较复杂和管理分工比较细致的特点，能够充分发挥职能机构的专业管理作用；由于吸收了专家参加管理，减轻了上层主管人员的负担。其缺点是：这种结构形式妨碍了组织必要的集中领导和统一指挥，形成了多头领导，使得基层人员有时觉得无所适从，因此不利于明确划分直线人员和职能科室的职责权限，容易造成管理的混乱。

3）直线职能型组织结构

直线职能型组织结构是各类组织中最常采用的一种组织结构形式，其结构如图 5-4 所示。这种组织形式是建立在直线型和职能型基础上的。其特点是：以直线型为基础，在各级主管之下设置相应的职能部门从事专业管理。在这种组织模式中，直线部门担负着实现组织目标的直接责任，并拥有对下属的指挥权；职能部门只是上级直线管理人员的参谋与助手，他们主要负责提供建议和信息，对下级机构进行业务指导，但不能对下级直线管理人员发号施令，除非上级直线管理人员授予他们某种职能权力。

这种结构的优点是：它既保持了直线型集中统一指挥的优点，又吸取了职能型发挥专业管理职能作用的长处。因而这种组织结构能够做到集中领导，便于调配人力、物力和财力；职责清楚，有利于提高办事效率；秩序井然，使整个组织有较高的稳定性。

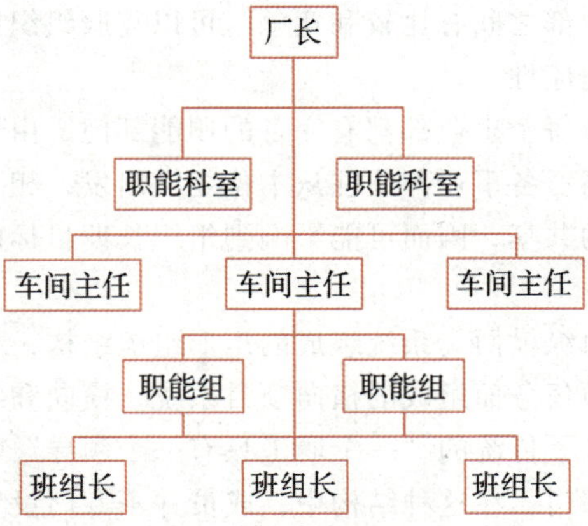

图5-4 直线职能型组织结构

这种结构的缺点是：不同的直线部门和职能部门之间的目标不易统一，相互之间容易产生不协调或矛盾，从而增加了高层管理人员的协调工作量；由于职能组织促使职能管理人员只重视与其有关的专业领域，因而不利于从组织内部培养熟悉全面情况的管理人才；由于分工细、规章多、信息传递路线长，使整个系统的适应性降低。

4）事业部制组织结构

事业部制组织结构首创于20世纪20年代的美国通用汽车公司，它是在总公司领导下设立多个事业部，各事业部有各自独立的产品和市场，实行独立核算（如图5-5所示）。

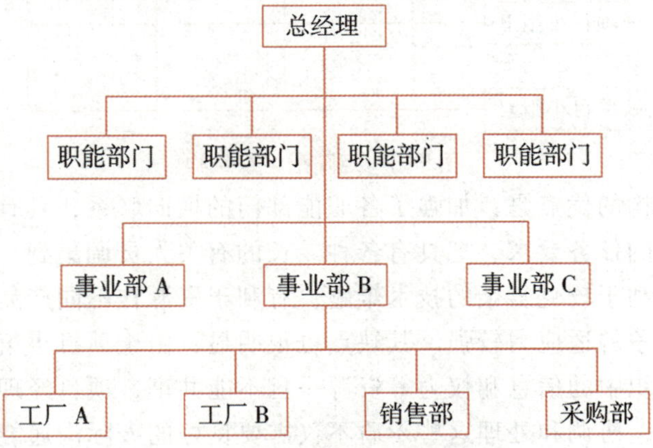

图5-5 事业部制组织结构

这种组织结构形式最突出的特点是“集中决策，分散经营”，即总公司集中决策，事业部独立经营，这是在组织领导方式上由集权制向分权制转化的一种改革。具体地说，在这种组织结构中，事业部一般按产品或地区划分，具有独立的产品和市场，拥有足够的权力，能自主经营，并实行独立核算、自负盈亏。企业的最高管理层是企业的最高决策机构，它的主要职责是研究和制定公司的总目标、总方针、总计划以及各项政策。各事业部在不违背总目标、总方针和公司政策的前提下，可自行处理其经营业务。

事业部制这种组织结构形式的主要优点是：它使高层主管部门摆脱了日常繁杂的行政事务，可以专注于公司的战略决策事务，提高了管理的灵活性和适应性，有利于培养和训练管理人才；各事业部之间有比较和竞争，可以克服组织的僵化和官僚化，提高其对市场竞争环境的灵活适应性。

事业部制的缺点是：每个事业部都有完备的职能部门，由于机构重复，会造成管理人员增加和管理成本提高；各事业部往往从本位主义出发，相互之间的支持与协调比较困难，限制了组织资源的共享，因而可能影响到组织长期目标的实现。

5）矩阵型组织结构

矩阵型组织结构是由纵横两套系统组成的矩形组织结构，一套是纵向的职能管理系统，另一套是为完成某项任务而组成的横向项目系统，横向和纵向的职权具有平衡对等性。矩阵型组织结构打破了传统的“一个职工只有一个领导”的原则，使一个职工同时属于两个或两个以上的部门。在这种结构中，成员并不专门设置，而是从职能组织中抽调或借用，因而其成员具有双重性：一方面，他们仍然需要对其原来所属的职能部门负责，职能部门的主管仍是他们的上级；另一方面，他们又必须对项目经理负责，项目经理对他们拥有项目职权。其结构如图5-6所示。

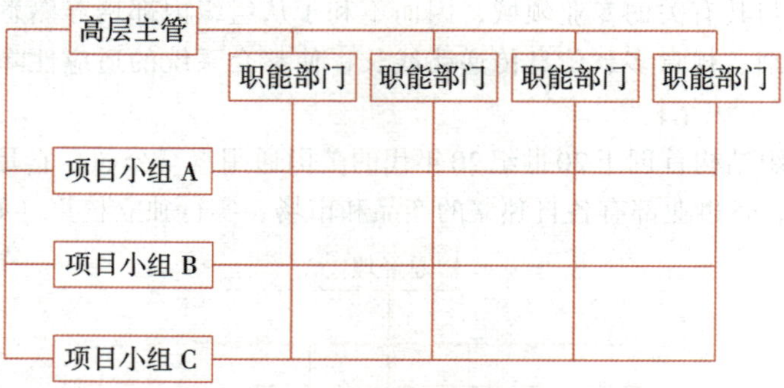

图5-6 矩阵型组织结构

矩阵型组织结构的优点是：加强了各职能部门的横向联系，具有较强的适应性和机动性；它是按一定的任务要求，把具有各种专长的有关人员调集到一起，有利于发挥技术人员的潜力，有利于攻克复杂的技术难题；有利于资源在不同产品之间灵活分配，因而对市场上激烈竞争的适应力较强。其缺点也很明显：由于项目小组是临时性的，所以稳定性比较差；组织中的信息和权力等资源一旦不能共享，项目经理与职能经理之间就有可能会产生矛盾，协调和处理这些矛盾不仅需要良好的人际沟通能力，也需要付出更多的组织成本。

知识拓展5-1

中国企业组织结构

案例分享5-1　　矩阵式的组织设计：华为研发部门的组织变革

华为研发部门在早期的时候，采取的是直线管理式的组织，一个项目经理带着几个工程师，研发的技术和项目管理都由项目经理来承担。那个时候对于简单的、小型的研发项目，一个成熟的项目经理是可以把握的，对于项目经理的技术水平、综合管理能力要求比较高，也就是说项目的成败就在于项目经理的能力和经验。

由于华为研发的项目越做越复杂，项目组的人员和规模越做越大，项目经理的精力分散，一旦无暇顾及一些项目的技术细节的时候，在一些敏感和高危领域就容易形成管理的漏洞，技术难点无法突破，造成成本失控，进度无法保证。

1995年的时候，华为的中研部成立了。华为研发组织采取了矩阵式的管理，这个时候的研发组织形态表现出矩阵的特征，从纵向来看华为的研发依然分为中研、中试、生产三大部门，横向上看每个项目都有产品经理对项目中的三大环节负责。这个时候，华为在组织管理的方式上做了一些调整，针对项目管理的活动开始了管理提升，在项目目标、计划上开始出现了标准化的趋势。开发的流程进一步重组和优化，华为公司通过弱矩阵式项目研发的模式转变，使产品开发的质量有了很大的提高。

2000年以后，华为研发的组织架构的变化更加明显，原有的部门设置被打破，华为建立起了企业管理平台、技术平台、运作支持平台三大部门，实行全面项目管理，建立起了许多跨部门的矩阵式的组织。华为公司有了良好的项目管理环境，实现了公司范围内的跨部门的协作，极大提高了华为公司产品在全球市场的竞争力。

案例分享5-1

资料来源　佚名. 华为、福特、通用汽车和海尔们，都曾怎样选架构？[EB/OL]. [2022-09-01]. http：//www.zwgl.com.cn/cn/64024276.html.

问题：上述案例说明了什么问题？

分析提示

6）新型组织结构形式

传统上，组织采用的正式组织结构通常是垂直的、职能化的组织结构。在这种组织结构中，垂直的决策层次划分形成了鲜明的等级制度，企业内部的所有信息趋于在等级结构中纵向交流，任何一个等级层次上的决策者都可能成为信息进一步交流的障碍；而职能化的部门设置又可能导致不同部门之间各自为政，阻碍相互之间的合作与交流。

自20世纪80年代中期以来，经济的全球化发展极大地改变了企业的外部经营环境。面对快速变化的市场条件和不断增加的竞争压力，企业的管理人员以及管理界的学者积极探索能够适应不断变化的外部经营环境的新的组织结构形式。由此出现了一系列具有创新性质的组织结构形式，如三叶草型组织、网络型组织等。

（1）三叶草型组织。这是一种以基本管理人员和员工为核心、以外部合同工人和兼职工人为补充的组织结构形式，即用三叶草的三片叶子比喻现代企业所应具备的组织结构形式。

在这种组织结构中，第一片叶子代表从事核心业务经营的核心员工，他们受过良好的专业化培训，拥有企业建立竞争优势所需要的核心技能、信息和智慧。第二片叶子是由与企业建立了长期合同关系的组织或个人组成的边缘性结构，他们为企业提供维持日常生产经营活动所需的管理和技术服务。可以说，第二片叶子基本上由流动性大且日趋职业化的各类咨询人员或咨询公司构成。第三片叶子代表具有很大弹性的劳动力，如兼职工、临时工和非全日制劳动力。他们不断更换企业，以便把成本和承担的义务降到最低限度。

（2）网络型组织。它就是一种以项目为中心，通过与其他组织建立研发、生产制造、营销等业务合同网，有效发挥核心业务专长的协作型组织结构形式。这种组织形式使传统的企业间的供求关系得到了扩展，打破了企业与其外部关联者的障碍，使得双方互惠地赢得市场，共享技术，共担风险。

网络型组织有三种基本形式：内部网络、稳定的网络和动态网络。比如，通用汽车公司的部件生产公司代表了一种内部网络组织。公司总部起到“掮客”的作用，协调八个部件生产分部的活动。每个分部在自由市场上出售自己的产品。宝马汽车厂是一个稳定的网络组织。宝马汽车的每个部件都大有可能外购，整车的55%～75%的成本花在从外部采购的部件上。而动态网络组织，也被称为虚拟组织，如莱维斯玩具公司，它的多数产品都在公司外发明、设计和加工。它像一个“掮客”那样运作，协调各个专门产品公司的活动。

网络型组织的优点是：这种组织具有更大的柔性和灵活性，可以更好地结合市场需求来整合各项资源，而且容易操作；这种组织结构简单、精练，由于组织中的大多数活动都实行了外包，而这些活动更多地是靠电子商务来协调处理的，因而组织结构可以进一步扁平化，效率也更高。其缺点是：这种组织结构的可控性太差。网络型组织的有效运作是靠与独立的供应商广泛而密切的合作来实现的，一旦组织所依存的外部资源出现问题，组织将处于很被动的境地。另外，由于项目是临时的，员工随时都有被解雇的可能，因而，员工的组织忠诚度也比较低。

（3）阿米巴组织形态。**阿米巴，即阿米巴经营，是一种经营方法，也是一种组织形态，就是把组织划分成一个个小的团体，通过独立核算制加以运作，在公司内部不断培养具备经营者意识的领导，实现全体员工共同参与经营。**

“阿米巴”（Amoeba）又称变形虫，在拉丁语中是单个原生体的意思，属原生动物变形虫科，虫体赤裸而柔软，其身体可以向各个方向伸出伪足，使形体变化不定，故而得名“变形虫”。变形虫最大的特性是能够随外界环境的变化而变化，不断地进行自我调整来适应所面临的生存环境。日本企业家稻盛和夫把这个灵感运用到自己的企业管理实践上，创造了一种阿米巴经营管理模式，结果一手创立了两家世界500强企业——京瓷与KDD，还赤手空拳地拯救了濒临破产的日航公司。

阿米巴管理的精髓，就是从管理走向经营，把管理的问题交给经营来解决。把传统的科层制企业、事业部制企业等，根据企业战略及其他特点，划分成一个个更小的阿米巴单元，把内部交付变成市场交易，让这些阿米巴独立核算，自负盈亏，实现企业全员经营，对每个巴长、巴员既有成本硬约束，又有利润的硬激励。企业老板由此为自己创造了无数个小老板，既解放了员工，又解放了自己。在传统的成本管理体系中，其主角是产品，是物，焦点在于一个产品每道工序的成本；而在阿米巴经营中，主角是以最少费用换取最大销售额的绞尽脑汁的“人”组成的团队，焦点在于阿米巴团队创造的附加值。

阿米巴变革实际上是把员工从“暴君”的“专制式”管理中解放出来，充分发挥他们的主观能动性，并建立一种自下而上的市场压力传导机制，通过增强企业的适应性创新能力，以随时应对外部市场的细微变化。从某种意义看，阿米巴经营管理，实际上也是当下互联网思维的最佳制度基础。

但这仅是一种理论上的可能。阿米巴虽然价值观健康，方法论科学，但如果不能注意与处理好阿米巴有效落地的一些前提与变数，企业实施阿米巴也不一定都能成功。具体到中国式阿米巴落地过程中，向来首先强调的是企业价值观的匹配性。企业一定不能带着唯利是图的观念来引进阿米巴，而应把员工当人看待。事实上，通过对阿米巴的批判性与变通性的实践与磨合，中国也有很多落地阿米巴取得了不同程度成功的企业，比如实行人单合一的海尔，实施责任中心的华为，实施分算奖的波司登、九牧王、恒安集团等。

（4）新型组织结构与传统组织结构的对比。与传统的金字塔式的组织结构相比，新型组织结构形式的主要特点有以下几个方面：

①网络性。新型组织结构形式的特点之一是它的网络性，即强调组织内部的个体、群体和次级单位之间以及它们与组织环境的关键成分之间的相互依赖性。新型组织结构形式的边界是“可渗透的”或“半可渗透的”，允许人和信息更便利地通过。

②扁平性。如前所述，与传统的金字塔式的组织模式相比，新型组织结构模式将更为精干，管理层次也要少得多。对于组织扁平性的要求，一方面因为随着市场竞争的加剧，组织需要更迅速和更灵活地对市场和技术方面的变革做出反应，从而消除那些高耸的、控制取向的组织结构所引起的延误；另一方面，信息技术方面的变化也消除了对中层经理层次的需要，这些层次的主要任务以前一直集中在组织和传递信息上。比如，在微软公司，开发小组的程序员与公司最高领导比尔·盖茨之间就没有中层领导。

③灵活性。随着市场竞争的日趋激烈、劳动力的日益多样化以及外部环境的日益复杂和难以预测，要求组织要具有更大的灵活性。目前，许多公司已经强调，要使产品和服务适应特定顾客或顾客群的专门需要。因此，改善产品和服务以适应一系列顾客需要的能力日益成为竞争优势的一个源泉。

④多样性。新组织模式可以在员工工作方式、满足不同顾客的需要以及与其他组织的联合等方面，表现出多样性的特点。

⑤全球性（国际性）。随着国际性运输和通信成本的大大降低、先进的工业社会与新兴的工业社会之间日益均衡化以及市场的全球化等，我们正在越来越多地看到一种新的国际化模式。

案例分享5-2　　网心科技的组织管理模式

网心科技作为一家云计算科技企业，为了推行创新技术的快速迭代发展，就在组织与文化的建设上，下了不少苦功，成效也颇为明显。

陈磊是迅雷及网心科技的领头人，他曾在谷歌、微软、腾讯担任过管理职位，对行业有着深刻的洞察和见解。在他看来，身处于巨头云集、创业公司大肆兴起的云计算行业中，“小步快跑、快速迭代”才是领跑要诀。

陈磊认为，因为网心做的事情是高度创新的云计算产品，而且难度也很大。因此必须建立一支战斗力很强的队伍，同时让同事们对公司有极强的信任度。

为了让同事们积极创新、大胆试错，网心科技的组织管理模式淡化职位等级观念，并让决策快速反应和落地。因此，公司管理岗位的员工仅有8名。这些管理者一律向陈磊汇报，其余普通员工则向这8名管理者汇报工作。一个管理干部最多可以有200多人向陈磊汇报。

除了管理岗位上的数量设置有限，其级别设置也非常简单。这8名管理岗位的员工只设立了一个级别，也就是说，除陈磊以外，8名管理者都属平行级别。在网心，管理干部没有任何权利，更多的是责任，要带领团队去完成业务目标。

问题：你如何评价网心科技的组织管理模式。

案例分享5-2

分析提示

5.3 组织变革

组织在完成了结构设计之后，管理任务并没有结束。因为组织的内外环境随时都在变化之中，组织必须适时变革才能应对未来的挑战。

在某种意义上，所有的组织都处在一个变化的环境之中，而且它们本身也在不断地变化。这就要求组织不断调整和完善自身的功能和结构，提高在变化的环境中求得生存与发展的灵活性、适应性和快速反应能力。**组织变革**就是组织根据外部环境变化和内部情况的变化，及时对组织中的要素进行结构性变革，以提高其适应环境、求得生存和发展需要的应变能力。

变革对于管理的意义分两个层次：一是认识层次，承认变革的发生是绝对的，必须适时做出适当的反应；二是应用层次，变革已成为企业管理的理念，主动发动并领导变革，是企业获得成长的重要手段。变革这一概念现在受到越来越多的重视，变革管理成为研究课题，专业人士发明了不少变革管理的模型和工具。

5.3.1 当今世界组织变革的特点

美国的未来学家阿尔温·托夫勒在他的《论企业改革》一书中，提出了当今世界组织所具有的三个特点：

1）变革的速度更快、周期更短

20世纪70年代以前的公司或企业的组织结构图往往是长期不变的。从采购、生产、销售到研究及开发部门和职能科室，无所不包，各司其职；工作任务和生产调度安排得妥妥帖帖，还有人事、财务和法律机构；在上层总管工作的则有副总裁多人。这种结构框架一旦形成，无论企业兴衰沉浮，都很难有根本的变动，大刀阔斧的变革更是稀少。但是，当今企业改革的现象日渐频繁，甚至有的一流公司往往不满两年就改组一次。

2）变革的范围更广、数量更多

改革的潮流已经席卷各国，无论是大企业还是小企业，无论是经营单位还是行政管理机构，无论是学校还是医院，都在变革。过去变革的范围，往往就在本行业或与本行业纵向上下延伸的范围而已；而现在已经越出了本行业的范围，甚至发展到与本行业毫无关联的行业与部门中去。

3）变革的内容更深刻、更彻底

在经济日益全球化的今天，许多大公司深知仅在价格、市场和组织结构上做一点修补和改良是远远不够的，还必须在经营战略、产品方向与结构、人事制度等方面办几件根本性的大事。只有这样，企业才能在更为激烈的竞争环境中得到进一步的发展和壮大。

5.3.2 组织变革的动因

推动组织变革的因素很多，其中最主要的有以下几个方面：

1）市场全球化

今天的组织面临着前所未有的全球性竞争。世界经济的主要竞争者越来越多的是国际性或跨国公司。这些全球性组织的出现给国内公司造成了重新设计的压力，从而使它们的经营转向国际化。对于多数产品来说，都有国际市场，但是，为了使产品能在世界市场上有效竞争，公司通常要对自己的文化、结构以及经营进行改革。

2）科学技术的迅猛发展

现代科学技术发展日新月异，新产品不断出现，产品更新换代周期越来越短。像美国电报电话公司、摩托罗拉公司等，现在开发、生产和销售新产品的周期只是十年前所用时间的一小部分，并且还在继续缩短。科技的迅速发展及应用使企业组织的生产技术、员工素质、产品形式以及管理中的信息沟通等都发生了很大的改变。这就要求组织在市场战略、组织结构、生产技术、设备、人员等多方面进行相应变革，以提高组织的竞争力。

3）员工队伍的变化

随着社会的发展，员工队伍也在逐渐地发生变化。比如，当今员工受教育程度越来越高，他们比以往任何时候都更渴望有一个幽雅的工作环境，渴望对影响到他们工作的决策有更多的参与机会等。特别是中国加入WTO以后，有越来越多的外国人到中国来工作。因此，随着人才流动的频繁，来自不同地域、不同民族、不同国家，使用不同语言的员工越来越多，这些员工带来了各自的本土文化、生活习惯和价值观念。员工队伍的多元化导致管理思想和方式的多元化。

4）顾客需求的不断变化

随着科技的发展、生活水平的提高，消费者的需求水平、需求结构、价值观与生活方式、审美观等都发生了一系列新的变化。为了满足消费者的需求，组织必须及时地进行调整，提高快速反应能力，才能在激烈的市场竞争中占据主动地位。

此外，组织目标与职工价值观的改变、组织内部的矛盾与冲突、组织职能的转变等都要求组织能够适时地进行调整和改革，以适应组织内外环境的变化，提高组织的效能。

5.3.3 互联网时代组织变革的主线

一是从组织管控到组织扁平化，即组织管理一定要去中心化、扁平化。只有去中心化、扁平化的组织管理，才能让组织中的每个人都能感觉到自己的能量，可在这个组织中得到极大发挥，因为员工根本不需要在一个大的官僚体系中，去完成和领导的沟通。

二是从绩效激励到分享机制。当今越来越多的企业尤其是美国企业，一改原来KPI、平衡计分卡等传统管理工具，开始推行内部类市场式运行模式，并按照各自的贡献，以约定好的分享方式共同参与价值的分享。

三是从人资管理到人才的赋能激活。人才的赋能与激活，是互联网时代人力资源的主题，与传统人力资源工作有所差异。从人力资源管理或人才的控制与管理角度而言，如要激活组织中的个体，先要在组织内部营造一种好的企业文化。这种文化可以是自上而下的，也可以在某种意义上是自下而上的。也就是说，在互联网时代，企业领导和员工已合为一体，大家必须站在同一战线上齐头并进。这就更加强调组织的扁平化，这种扁平的企业文化，更是一种公正的文化，一种不受传统文化约束的文化。

在当今社会发展中，你能看到一种新型网络化组织的出现，这种网络化组织不仅出现在海尔，也在很多互联网企业中广泛存在着。在某种意义上，互联网企业更加希望自己的组织扁平化，希望组织内能产生很多小分队，小分队之间又能在组织中有序协作与运转。

5.3.4 组织变革的阻力与对策

组织在变革过程中不可避免地会遭到抵制，至少是在某种程度上遭到来自个人或组织的抵制。明显的抵制表现为罢工、生产力的降低、工作质量的低劣甚至对工作的破坏等。隐蔽的抵制表现在迟到、缺席增加，要求调转工作，士气低落以及事故率高等。具体地说，对变革的抵制主要来自两大方面，即个人方面和组织方面。

1）组织变革的阻力

来自个人方面的因素有：

（1）认识与习惯。人们的认识有时会出现错误，这就使得人们往往倾向于有选择地看到最符合他们目前对世界的看法的那些东西，所以除非形式发生了根本的变化，否则个人可能继续以他们惯用的方式对刺激做出反应。

（2）投入费用。如果把投入的时间、精力和金钱等都理解为投入费用，那它确实可以成为一个强有力的阻止变革的力量。这也可以解释为什么一位有经验的管理者多半总是反对来自内部或外部顾问人员的有关变革的建议。

（3）对未知因素的恐惧。工作环境中的每一项主要变革都带有某种不确定因素。变革结果的不确定性会使人感到焦虑不安。为避免对未知情况的恐惧和必须做出的那种十分艰难的决定，一些员工拒绝接受某些变革。

（4）对权力和影响的威胁。组织中的一些人可能把变革看成是对他们权力和影响的威胁。他人所需要的对某些事情的控制，如信息或资源，是一个组织权力产生的原因之一。一旦权力地位已经确定，个人或团队经常抵制那些他们看来能削弱他们权力和影响的变革。

来自组织方面的因素有组织结构因素、组织文化、资源的局限性等。比如，组织变革会打破原有的各层次权力与责任的限制，调整不同层次的管理机构，因而会触及原有各层次管理机构的利益和权力，招致这些群体的抵制。

由于有上述各种抵制组织变革因素的存在，因此，我们可以说，对变革的抵制永远不会彻底停止。为了克服对变革的抵制，可以通过鼓励员工积极参与变革计划的制订和实施过程、加强信息交流与沟通等方法，把变革者的愿望变成全体员工的信念，从而形成变革的强大推动力。

课堂互动5-3

一位生过孩子又重新开始第二次职业生涯的女性，很担心在长时间离开工作岗位

课堂互动5-3

答案提示

后，如何能与其他工作人员相处得好。这个现象属于下列抵制组织变革的个人因素中的：

A.认识与习惯　　B.投入费用

C.对未知因素的恐惧　　D.对权力和影响的威胁

2）实施变革行动计划的对策

约翰·科特和伦纳德·施莱辛格在《选择变革的策略》一文中指出，如果人们觉得他们自己的公司在变革过程中将会遭受某些损失，那么这种变革将更可能受到抵制；如果人们认为他们为变革付出的代价，比他们将从变革中得到的价值更高，或者他们认为管理当局并不会考虑他们的利益，或者是他们对变革的适应能力还比较低，那么这种变革的推行将面临更大的困难。

科特和施莱辛格概述了几种策略，可供管理人员用来变革行动计划：

（1）员工教育，在变革发生前就告诉员工，他们可能面临哪些问题以及解决的办法。

（2）参与和介入，吸收那些能影响计划动作的员工进入计划过程，并邀请他们帮助你决策。

（3）促进，通过各种方式减少人们对变革的焦虑，如认真倾听他们的意见；给予他们情感上的安慰；给他们宽裕的时间考虑自己的前途；提供再培训的机会及其他可能的帮助。

（4）协商，给变革的抵制方一些刺激，以争取他们的合作。

（5）操纵，通过有意识地设置某些手段，使反对者除了配合之外再无其他选择。

（6）强制，通过明示或隐含的威胁，如解聘、减薪、不予晋升，以及其他可能直接，也可能不那么直接的威胁来使人们按照所期望的方式去做。

组织面对的是一个变化的世界。对许多公司来说，“以往的做法”是导致灾难的根源。因此，组织需要根据环境的变化而适时地进行变革。当一个组织机构没有效用而又不能设计出灵活和适应性较强的组织时，那种失败的代价会很高，就像该书寓言中所讽刺的那个B公司一样，虽然他们认识到了组织设计的重要性，可设计出来的却是更加官僚的或机械的组织。事实上，这样做没有任何效用，甚至还带来了相反的结果。

5.3.5 数字化时代的组织变革

我们正处在一个数据驱动转型、软件定义世界的数字化时代，企业只有主动变革，才能在新一轮数字经济的发展中占得先机，获得更好的发展。目前，所有组织都面临着数字化的机遇和挑战，竞争环境的复杂度倍增、新生态的诞生，都需要企业加大创新的力度，探寻组织变革的新方向。数字化时代的组织变革应注意以下几个方面：

1）打造敏捷组织

敏捷之所以对整个组织都非常重要，是因为数字化时代需要组织能够快速应对外界的变化。要打造敏捷组织，就必须采用新的管理方法和实践，它包括敏捷的数字化产品开发方法、敏捷团队的建设、大规模敏捷在组织内的应用。

这个时代，客户的需求多变，传统的“瀑布式”软件开发模式已经完全不能满足市场的需求，而敏捷开发这种以客户的需求为中心，采用迭代方法持续交付客户价值的开发方法，已经越来越被实践证明是适应数字化时代的开发方法。敏捷开发方法也需要敏捷的团队建设，组织需要形成若干个专职的敏捷战队，他们是长期合作的、一群能力交叉的人，可以合力完成数字化产品开发中的绝大部分工作。

如今，海尔集团正在进行大规模的管理实践，并率先推出了“人单合一”双赢模式。现在和海尔没有层级，只有三种人——平台主、小微主、创客，都围着用户转。平台主从管控者转变为服务者，员工从听从上级指挥转变为用户创造价值，必须变成创业者、创客，这些创客组成小微创业企业，创客和小微主共同创造用户、市场。采用全新管理模式之后，海尔诞生了一大批小微创业企业，并且按照敏捷开发的模式，先后推出了“雷神”笔记本电脑、“Iseemini”智能投影仪、“小帅”机器人等一系列声名鹊起的品牌和产品。

2）业务与IT深度融合

数字化转型不仅是技术部门的事情，更需要技术部门和业务部门之间强有力的配合。在传统的观念中，IT往往被定位成业务的支撑部门，经常是被动实现业务的需求和IT系统的构建；而在数字化时代，IT则需要走向前端与业务部门共同交付商业价值，业务与IT需要深度地融合在一起。

例如，让业务人员也具备快速开发的能力。在组织内部，可以通过无须编码的自动化工具和平台，让业务人员将自己的想法快速变成一个可以运行的系统，并通过小范围的试用来检验想法的可行性，而IT人员则可以用更多的精力来实现具有可行性想法的复杂功能，持续优化自动化工具和平台。这样既能保证组织的创新能力，也能让业务和IT人员更加理解彼此的工作，拥有共同的语言，快速实现商业价值。

3）建立统一的流程

对于许多传统公司来说，数字化转型投资的第一步，也是非常重要的一步，就是在整个企业中形成统一的流程。大型公司通常部门壁垒问题严重，每个部门都有自己的业务流程。在这种情况下，形成对客户或产品的共同理解是非常困难的；而没有共同的理解，过程优化甚至数字化转型是不可能有效的。

构建这种流程能力，形成统一的流程，需要从以下几个方面着手：

（1）从全局出发的构建流程；

（2）流程是有层次的；

（3）流程需要端到端的思考和构建；

（4）流程需要精简和敏捷；

（5）流程需要被数字化；

（6）流程需要持续地优化。

知识拓展5-2

移动互联网时代的组织变革

4）重视组织文化的建设

组织文化虽然具有无形性，但对组织的影响却非常大。很多时候组织变革遭遇失败，就是组织文化的问题。而且，当前述的各种管理思想和实践在组织内成功推行之后，它们也需要融入组织的文化中，在组织中变成自然而然的事情。

为此，组织的高层管理者需要投入精力来塑造数字化转型需要的组织文化，如：尊重失败与鼓励创新；开放包容；广开言路；协作；以客户为中心；用数据说话。

案例分享5-3　　绫致公司的数字化变革

旗下拥有ONLY、VERO MODA、JACK & JONES等众多知名品牌的绫致时装，在2016年年底开始开发自己的数字化渠道，成立专门的IT数字化部门，研究数字化变革。他们迈出的第一步，就是保证线上线下销售业绩统一。例如，一位卖场店员添加了顾客的微信，该顾客无论是从该店员微信、朋友圈还是官方网站的任意渠道购买，数据都会记录分享链接，将销售额划分到店员。

基于对稳定和价值的共识，绫致时装选择了新华三作为硬件、软件供应商，为全国7 000多家门店搭建了整体数字化解决方案，通过布置线下AP（无线访问接入点）及绿洲平台，构成了一个庞大的物联网，全面支持门店所有移动终端，构建了“人货场”统一数字生态。

通过硬件软件结合，后台可以显示7 000家门店中任一地段、任一时段到店人数，统计顾客到店时间，积累和连接海量数据，统一返回到后台，进行数据整合及分析，同时数据资产的沉淀可以为以后的精准营销做好准备。例如，年底想知道某个地段的一家门店周末进店人数，过去只能靠经验估计，现在则能够通过物联网获得比较准确的数字，进而帮助门店采取更为行之有效的促销和营销策略。

案例分享5-3

分析提示

资料来源　常飞. 绫致时装：数字化是服装行业回归线下的创新生命线［EB/OL］.［2022-09-11］. http://www.h3c.com/cn/d_201811/1129325_312225_0.htm.

问题：评析绫致公司的数字化变革。

5.4 组织文化

5.4.1 组织文化的概念

组织文化概念的提出和研究源自20世纪七八十年代日本企业的崛起，以及日本经济实力的增强对美国乃至西欧经济形成的威胁和挑战。人们注意到，日、美企业管理模式以及文化的不同，对企业管理和经营业绩产生了不同的影响，进而出现了社会文化与组织管理融合的产物——组织文化（企业文化）。

组织文化是指处于一定经济、社会、文化背景下的组织，在长期的发展过程中逐步形成和发展起来的共同的价值观，以及由此而形成的行为规范、道德准则、群体意识、风俗习惯等。

组织文化实际上是指组织成员的共同观念系统。在每一个组织中，都有各种不断发展的价值观、仪式、规章、习惯等，这些观念一旦为全体员工所接受，就变成了组织的共同观念，即成为组织文化的一部分。而组织文化一旦形成，就会在很大程度上对管理者的思维和决策施加影响。

5.4.2 组织文化的功能

组织文化是由组织中占支配地位的领导集团经过多年研究、发现并加以培育和确立的。组织中一旦形成了某种独立的组织文化，它就会对组织产生巨大的能动作用。

1）导向功能

它能将全体职工的思想行为统一到组织发展的目标上来，不仅对组织的心理、性格、行为起导向作用，而且还会对组织整体的价值取向和行为起导向作用。

2）凝聚功能

它能对职工的思想、性格、兴趣产生潜移默化的影响，使职工自觉不自觉地接受组织的共同信念和价值观，进而融入集体，对组织产生归属感，增强组织的凝聚力。

3）激励功能

它能使全体职工看到本组织的特点和优点，认识到自己工作的意义，产生热爱本集体的荣誉感、自豪感，激发巨大的工作热情。

4）约束功能

组织文化具有对组织成员的思想和行为进行约束和规范的作用。由于组织文化是组织群体的文化，必然会影响到组织中每个成员的认识、感受、理想、伦理、道德等心理过程，使其自觉或不自觉地按共同价值观行事，一旦组织成员违背这种价值观念，无论别人知道与否，自己都会感到内疚和不安，从而促使其在思想和行为上做出调整，以服从共同的价值观念。

5）辐射功能

组织文化对组织内外都有着强烈的辐射作用。对内，组织文化通过内部渠道对成员产生着影响；对外，通过各种渠道对社会产生影响。例如，通过高质量的产品和满意的服务，使顾客感受到组织独特的文化特色。组织文化对内对外的辐射过程，也正是组织形象的塑造过程，因而对组织的发展有着重要的意义。

6）创新功能

建立特色鲜明的组织文化，是组织创新的一个重要方面，也是激发成员创新精神的源泉和动力，成为组织在激烈的市场竞争中立于不败之地的重要保证。

组织文化及其价值观产生以后，具有相对独立性和继承性。由价值观所产生的特定的心理导向，能够使所有新成员受到熏陶而接受其影响，从而使组织文化得以延续和发展。即使领导人更迭，这种精神依然存在，本组织的特色、特长和竞争力依然能够保持。这就是组织文化的力量所在。

管理育人 5-1 方太的“文化实验”

方太用事实证明了——不盯在竞争上，依然能够取得超越竞争的辉煌战果。而百亿元营收背后的驱动力，正是方太独创的文化体系。

目前在方太，员工每天上班前的第一件事不是处理邮件、制订工作计划，而是诵读经典，这也形成了方太特色的早晨“读经一刻”（每天早晨8：15—8：30的文化经典朗读）的惯例……这样的文化熏陶，是为了让员工通过修身养性，明白生命的意义；通过尽本分，了解工作的意义。

经过十年如一日的学习、实践，以儒家为核心的中华优秀传统文化已经以一种润物细无声的方式，逐步渗透到了企业内核中，形成了一种积极向上、仁爱向善的企业氛围。

2018年8月，方太文化研究院正式成立。作为中国首个企业级中华企业文化研究与推广平台，方太的目标是：未来将依托于方太集团已经形成的独特企业文化和管理实践，去探寻更适合中国本土企业的文化体系，帮助更多的中国企业通过学习、实践优秀的中华传统文化，从而实现更稳健、更快速的发展。

可以看出，一直潜心推行中华优秀传统文化的方太，在营收突破百亿元之后，正在开始一场新的"文化实验"。

方太认为，一家完全以赚钱为目标的公司，是不大可能成为受人尊敬的公司的，也很难获得员工的认同。而方太自始至终是一家以使命、愿景和核心价值观驱动的独特企业，自2008年开始将中华优秀传统文化导入到现代企业经营管理中，矢志践行十年，形成了"中学明道、西学优术、中西合璧、以道御术"的方太文化体系。

中华优秀传统文化如何与现代企业管理有效融合？中华优秀传统文化如何更好地解决中国企业的实际问题？十年探索中，方太总结出了一套自己的十大基本法则。分别是：心本经营、以道御术、德法管理、品德领导、组织修炼、智慧思维、行于中道、美善创新、精益品质、无为而治。

在实践层面上，很多企业制定制度的思路是把员工放在对立面，出发点是"管"，其实是"控"，比如"三不准""五严惩"等。这种制度显然不符合儒家的仁义思想。而方太认为，员工内心都有向善之心，制度不应仅仅是约束，更要引导。因此，方太制度制定的思路是首先替员工着想，了解员工存在的问题和错误，以及怎样防微杜渐。

面对市场竞争，方太同样遵循儒家所讲的修己安人，主张"把自己修炼好，并真正从仁爱之心出发为顾客着想，让顾客安心"。通过"不争而争"，方太反而赢得了市场主动权。

在产品层面，方太把仁爱之心贯穿于研发、制造到售后的每一个环节。方太将吸油烟机研发方向从关注量化指标调整为"最佳吸油烟效果"和"不跑烟"等定性指标，致力于把油烟伤害降到更低，以期带给消费者更加健康、环保、有品位的厨房生活体验。方太通过QCC、提案改善、工匠文化节、六西格玛俱乐部、精益生产的不断开展和深入，在全体员工和供应商中树立了牢固的"零缺陷品质"品质理念。

而在管理层面，方太将文化从理念到践行体系进行实际落地，倡导员工从自身做起，提升自己的仁爱精神和业务素养，进而更好地服务消费者。

资料来源 佚名. 不靠竞争，这个厨电大鳄凭什么做到了百亿［EB/OL］.［2022-09-13］. http://www.zwgl.com.cn/cn/readinfo.asp? nid=23596&id=696&bid=735.

感悟：党的二十大报告指出："中华优秀传统文化源远流长、博大精深，是中华文明的智慧结晶。"对于中国企业而言，几千年积淀形成的中华传统文化依然影响深远，并渗透进企业文化的方方面面。中国在几千年文明发展中结晶而成的丰富管理思想，所包含的独特管理智慧，对中国本土企业的成功有深远影响。我们应传承中华文明，坚守中华文化立场，不断提炼展示中华文明的精神标识和文化精髓。

5.4.3 组织文化的结构与内容

1）组织文化的结构

组织文化的结构是指组织文化各种内容和形式之间的关系。其大致可分为三个层次，即物质层、制度层和精神层（观念层）。组织文化的结构并不是一成不变的，而是随着组织环境的变化而不断地变化的。

（1）物质层。物质层是组织文化的表层部分，是形成制度层和精神层的条件，它往往能折射出组织的经营思想、经营管理哲学、工作作风和审美意识。对于每家生产性企业来说，它主要包括企业面貌、产品的外观品质和包装、技术工艺设备特性等三个方面的内容。

（2）制度层。制度层是组织文化的中间层次，主要是指对组织员工和组织行为产生规范性、约束性影响的部分，它集中体现了组织文化的物质层及精神层对员工和组织行为的要求。制度层主要规定了组织成员在共同的工作活动中所应当遵循的行为准则，包括工作制度、责任制度、特殊制度、特殊风俗等四个方面的内容。

（3）精神层（观念层）。精神层（观念层）是组织文化的深层，主要是指组织的领导和员工共同信守的基本信念、价值标准、职业道德及精神风貌，它是组织文化的核心和灵魂，是形成组织文化的物质层和制度层的基础与原因。组织文化中有没有精神层是衡量一个组织是否形成了自己的组织文化的主要标志和标准。

物质层是组织文化的外在表现，是制度层和精神层的物质基础；制度层则制约和规范着物质层及精神层的建设，没有严格的规章制度，组织文化建设也无从谈起；精神层是形成物质层及制度层的思想基础，也是组织文化的核心和灵魂。

2）组织文化的内容

组织文化的内容包括以下五个方面。

（1）组织的最高目标或宗旨。组织的存在都是为了实现某种目标。例如，学校有其办学的宗旨，企业有其经营的目标。学校的办学宗旨是教书育人，是为社会培养有用的人才；企业是一个经济实体，必须获取利润，但我们绝对不能把获取利润作为企业的最高目标或宗旨。企业经营实践证明，单纯把获取利润作为最高追求，往往会适得其反。世界上比较优秀的组织，大都以为社会、顾客、员工服务等为最高目标或宗旨。

（2）共同的价值观。所谓价值观，就是人们评价事物重要性和优先次序的一套标准。组织文化中所讲的价值观是指组织中人们共同的价值观。共同的价值观是组织文化的核心和基石，它为组织全体员工提供了共同的思想意识、信仰和日常行为准则，这是组织取得成功的必要条件。因此，一般优秀的组织都十分注意塑造和调整其价值观，以使之适应不断变化的经营环境。

（3）作风及传统习惯。作风及传统习惯是为达到组织最高目标的价值观念服务的。从本质上来说，文化是员工在共同的工作中产生的一种共识和群体意识，这种共识和群体意识与组织长期形成的传统作风关系极大。

（4）行为规范和规章制度。如果说组织文化中的最高目标或宗旨、共同的价值观、作风及传统习惯是组织文化中的软件的话，那么行为规范和规章制度就是组织文化中的硬件，两者相互配合，才能使组织文化得以在组织内部贯彻。

（5）组织价值观的物质载体。组织价值观的物质载体，如标识、环境、包装、纪念品等，是组织文化硬件的另一部分。

5.4.4　组织文化的建设

如前所述，任何一个组织的文化都如同组织结构一样，需要根据组织环境的变化不断地被创新，以更好地发挥组织文化的功能，而一种文化一旦被创造出来，组织就需要采取措施进行维系。

1）组织文化的创造

组织文化的创造可以从多方面着手，但基础是组织习惯。无论是组织精神、价值观念还是道德规范，它们的形成都是习惯的结果。例如，从管理学角度讲，节约就是一种非常好的组织习惯。让节约的意识逐渐植根于每一位员工的头脑中，并通过日常工作的强化、积累，形成统一的企业行为规范。行为规范不断积淀、升华，最终形成新的组织文化。因此，组织习惯的培养是组织文化创造的最基本途径。

在现代企业发展中，以人为中心的理念是组织文化创新的核心。在产品、服务等众多理念中，以人为中心的理念是最重要的。人是组织文化的中心，组织文化创新与人密切相关，组织目标、价值观、组织精神及组织形象等其他组织文化内容都围绕“人”这个中心变化。所以，组织应时时将“以人为中心”作为组织文化创新的核心内容。

2）组织文化的维系

组织一旦形成一套运作的文化就会试图去维护它，如甄选程序、绩效评估标准、各种训练与生涯发展活动及升迁制度等。这些都可以保证组织成员与组织文化相适应。在组织文化的维系中，以下三方面起着重要作用。

（1）甄选。组织选拔人才的标准是员工应具备与职位需求相应的知识、技能等素质，当拥有知识技能的专业人员达到标准后，最后就是评估判断其是否符合组织文化（价值观）的要求，以决定取舍。依靠甄选的程序，一方面可以确保员工与组织的恰当匹配；另一方面，可以筛除那些与组织价值观冲突的人员，以避免对组织核心价值观的威胁，使组织文化可以持续维系下去。

（2）管理者。通过管理者的言行，组织会树立行为规范并传递给其他成员，这对于维系组织文化起着一种榜样作用。

（3）组织的社会化。由于新员工并不熟悉组织文化，因此组织必须协助其适应此文化，这个适应过程可被称为社会化过程。这一过程大致可分为三个阶段：首先是职前期，新成员在加入组织之前所具有的经验决定了他在甄选时能否明了主选人的要求，因而也在一定程度上决定了他能否被录取；其次是遭遇期，这时新员工的价值观与组织价值观相遇，新员工可以从中发现自己与组织之间的差距；最后是蜕变期，这是十分明显且持久的变化，从遭遇期到蜕变期，社会化过程所起的作用很大。至此，新成员被组织成员所接受，对工作适应，认同组织目标。

本章小结

★ 组织就是人们为了达到共同目标，通过责权分配和层次结构所构成的一个完整的有机体。它由三个成分组成，分别是目标、劳力分配和权威层次。在任何正式的组织中都可能存在着非正式组织。

★ 组织设计就是设计清晰的组织结构，规划和设计组织中各部门的职责和职权，确定组织中各种职权的活动范围并编制职务说明书。组织结构的设计一般包括以下几个步骤：工作划分与工作专门化；工作归类与部门化；确定组织层次；实行授权，建立职权关系。常见的组织结构形式主要有以下几种：直线型组织结构、职能型组织结构、直线职能型组织结构、事业部制组织结构、矩阵型组织结构、三叶草型组织结构以及网络型组织结构等。影响组织结构的因素主要有环境、技术、战略、组织规模以及人的行为等。

★ 组织变革就是组织根据外部环境变化和内部情况的变化，及时对组织中的要素进行结构性变革，以提高其适应环境、求得生存和发展需要的应变能力。推动组织变革的因素很多，其中最主要的有以下几个方面：市场全球化、科学技术的迅猛发展、员工队伍的变化、顾客需求的不断变化等。互联网时代组织变革的主线：从组织管控到组织扁平化、从绩效激励到分享机制、从人资管理到赋能激活。

★ 数字化时代的组织变革的重点：打造敏捷组织、业务与IT深度融合、建立统一的流程、重视组织文化的建设。

★ 组织文化是指处于一定经济、社会、文化背景下的组织，在长期的发展过程中逐步形成和发展起来的共同的价值观，以及由此而形成的行为规范、道德准则、群体意识、风俗习惯等。组织文化的功能：导向功能、凝聚功能、激励功能、约束功能、辐射功能、创新功能。组织文化的内容包括：组织的最高目标或宗旨、共同的价值观、作风及传统习惯、行为规范和规章制度、组织价值观的物质载体。

主要概念和观念

★ 主要概念

组织　非正式组织　组织结构　组织设计　工作专门化　组织变革　组织文化

★ 主要观念

组织的有效性　事业部制组织结构　矩阵型组织结构　三叶草型组织结构　网络型组织结构

基本训练

1）判断题

（1）在任何正式的组织中都可能存在着非正式组织。（　）

（2）在一个部门中的员工人数一定的情况下，管理幅度和管理层次成正比关系。（　）

（3）按照职能相似性、任务活动相似性等原则把组织中的专业技能人员分类集合在

一个部门内，这指的是工作专门化。 ( )

(4) 所有的组织都处在一个变化的环境之中，而且它们本身也在不断地变化。 ( )

在线测评5-1

判断题

2）选择题

(1) 事业部制组织结构首创于20世纪20年代的（ ）。

A.美国福特汽车公司 B.德国大众公司

C.日本松下公司 D.美国通用汽车公司

(2) 在各类组织中最常采用的一种组织模式是（ ）。

A.直线型 B.职能型 C.直线职能型

D.网络型 E.矩阵型

(3) 网络型组织有三种基本形式：（ ）。

A.内部网络 B.稳定的网络 C.外部网络 D.动态网络

(4) 与传统的金字塔式的组织结构相比，新型组织结构形式的主要特点有（ ）。

A.网络性 B.扁平性 C.灵活性

D.多样性 E.全球性

(5) 影响组织结构的因素主要有（ ）。

A.环境 B.战略 C.技术

D.组织规模 E.人的行为

在线测评5-2

选择题

3）简答题

(1) 简述事业部制组织结构的优缺点。

(2) 简述矩阵型组织结构的优缺点。

(3) 什么是三叶草型组织结构？

(4) 组织变革的动因是什么？

(5) 组织文化的功能有哪些？

在线测评5-3

简答题

4）分析题

宝岛眼镜：数字化时代的组织变革

2017年，公域流量开始见顶，流量争夺越来越激烈，企业流量成本越来越高。2019年，私域流量概念彻底爆发。一夜之间，几乎所有企业都要打造和运营自己的私域流量，实现流量闭环。

在众多企业中，宝岛眼镜不仅宣布实施私域流量运营，还提出了自己的方法论。不仅如此，宝岛眼镜对自己的组织架构进行了颠覆性调整，彻底改变以门店运营为中心的传统模式，构建起以会员运营为核心的零售模式。

1.打基础：专业化+数字化

宝岛眼镜的基础在于2015年启动的两大战略：专业化和数字化。

为了树立专业形象，用专业服务和商品来赢得用户信任，宝岛眼镜CEO王智民将宝岛眼镜的专业化战略体现在四个方面：专业的设备、专业的验光师、专业的服务、专业的商品。

数字化方面，宝岛眼镜推进了线上线下的数字化融合，实现门店与各线上平台的支付、会员、商品等打通。电商部门不再只是在平台上卖券，开始做务实的B2C销售，从消费者的视角认真思考到家、到店的消费场景。

2.做私域：调组织，变思维

到2018年，宝岛眼镜的专业化和数字化建设差不多已经完成，这为与用户建立连接、做会员运营铺平了道路。

2019年，宝岛眼镜决定启动私域流量运营，将公司的管理经营模式从以门店运营为核心转向以会员运营为核心。对此，CEO王智民总结出了宝岛眼镜私域流量运营的方法论：两大动作，五大路径。第一个动作是公域转私域，将宝岛眼镜在公域获取的用户引导到私域，建立自己的会员流量池；第二个动作是会员运营，在自己的流量池内维护、运营好会员。五个路径分别是寻找公域流量池、扩大声量、创造触点/设计场景、公域转私域、会员运营。

宣布私域流量运营的同时，宝岛眼镜启动了组织变革。

按照王智民的规划，宝岛眼镜的主体架构切分为两大块。一块还是做原来的线下门店零售。另一块负责会员运营，由MCN（网红孵化中心）和MOC（会员运营中心）两大部门组成，分别负责公域流量运营和私域流量运营。具体来说，MCN设计各种用户场景，然后MOC开发各种数字工具，以数字化方式实现这些场景，从而构成商业闭环。

当然，宝岛眼镜的组织变革不只是发生在总部层面，全国七大区也各自设立了MCN和MOC团队，对接总部的同时，给各自大区内的所有员工提供赋能。

3.深运营：数据化+智能化

宝岛眼镜已经初步具备了私域流量运营的能力。但是，要做得更好的话，就要开始进入数据化运营和智能化服务。目前，MOC团队正在接触大量AI算法公司和数据挖掘公司，请它们帮助清理数据和标签。有了新的标签体系后，MOC会对用户进行分类，再通过数据挖掘，确定不同用户群体的精准需求，进而给他们提供个性化商品和服务。

作为一个传统眼镜零售连锁品牌，宝岛眼镜的这一系列动作可谓是革命性的，也正是因为如此，勇于突破的宝岛眼镜在2020年迅速成为私域流量运营的标杆。

在线测评5-4

分析题

资料来源 改编自陈赋明. 宝岛眼镜CEO：我们如何盘活上千万会员［EB/OL］.［2022-09-18］. http：//www.ceconline.com/strategy/ma/8800108649/01/.

问题：（1）宝岛眼镜为什么要进行组织变革？

（2）宝岛眼镜的数字化建设给你什么启示？

实践训练

（1）以你所在的学校为例，分析学校的组织结构形式，并分析这种组织形式的优缺点。为了使学校更有效地运行，你认为学校应该在哪些方面进行一些改革？提出你的建议与对策。

（2）选择你所在城市的一个大型企业和一个中（小）型企业，通过访谈与观察的方式，分析该企业的组织结构形式，并画出组织结构图。大型企业和中（小）型企业有什么不同？然后写一份调查报告。

天道酬勤。

——《周易》

第6章 人力资源管理

学习目标

知识目标： 了解人力资源、人力资源管理、人力资源规划的含义；掌握人力资源规划的基本原则；掌握招聘、培训、绩效评估的内容与方法。

技能目标： 具有一定的人力资源管理能力；具有一定的招聘、培训、考核方面的技能。

素养目标： 引导学生积极践行社会主义核心价值观，弘扬工匠精神。

思维导图6-1

第6章

引例　腾讯的考核制度

2022年6月9日，腾讯发布全员邮件，宣布启动新一轮“人才评估体系优化升级”，对全集团的人才管理制度进行改革。此次升级主要涵盖绩效管理和职级晋升两方面，焦点是对人才考核评估方式进行了简化。

腾讯作为互联网顶流大厂，近年来在人力资源制度方面频频改革，其若干实践一度被奉为“带头大哥”。那么，此次制度改革究竟因何而生？具体改革了哪里？它是否会成为未来的管理趋势呢？

1.腾讯的两大考核制度

要想了解腾讯的此次改革，首先需要明确腾讯的人才评估体系。腾讯考核主要分为绩效考核和晋升考核。

绩效考核——主要针对基层干部和员工。其指标分为两部分，即业务评价（业绩考核）和组织管理评价（行为考核），权重分别为70%和30%。

晋升考核——考核主要有两个关卡，一是硬性资格，如工作年限、在此前等级的停留年限、考核成绩、所负责业务的核心程度等；二是现场答辩，形式是专业通道面试。

这两类考核之间也有明确的关系。绩效考核关系到员工内部活水计划的调配和年终奖；在绩效考核达标的基础上，员工可以获得晋升答辩资格，通过打分排名从而实现晋升。

2.为何开启考核变革？

这是腾讯继2019年调整专业职级体系后，再一次针对人才管理进行的调整。那次变革更新了职涯设计，而后，腾讯通过组织调整、薪酬回顾等方式，一直努力明确分工，并校正自己对于人才的评估，力图实现人岗匹配。此次更新人才评估体系，可以视为是这个方向改革的深化。

此外，这次的改革还要考虑两个大的时代背景：一方面，互联网红利消失，这是传统互联网商业模式发展到一定阶段的必然。另一方面，外部商业环境凛冬已至，这是若干变量突如其来，叠加效应的结果。

3.变了什么？效果如何？

腾讯本次主要针对人才考核评估的四个要素进行变革：

内容（考什么）——倡导不面评答辩，将升职所需的PPT、演讲汇报等取消，鼓励简化评审方式。

主体（谁来考）——9~11级的晋升权交由员工所在部门、业务线决定。12级及以上的员工晋升由个人申报改为由部门提名申报。

等级（分几档）——绩效评分由五星制绩效评估体系精简为三档：突出、良好与欠佳。

周期（何时考）——员工和管理者进行的“同级反馈/下属反馈”由一年两次简化为一年一次；晋升9级及以上评审由一年两次简化为一年一次。

这种改革的效果如何？至少从员工的感知来说，是一片叫好。直观来看，改革的好处似乎是显而易见的：等级更加清晰、利于改善关系、机制得以简化、更加看重能力。

通过此次变革，腾讯表示，“希望通过这次优化升级简化评估方式，提升管理效率，澄清理念导向。鼓励长期主义，引导员工以实在的工作业绩、价值贡献论英雄、拿回报，而不是论资排辈。”

资料来源　穆胜．腾讯简化考核，“带头大哥”做对了吗？[EB/OL]．[2022-07-12]．http://www.chinahrd.net/blog/418/1046475/417093.html.

从上述案例可以看出，在企业不断提高竞争力和努力完成各种使命的过程中，人力资源管理起着至关重要的作用。人力资源管理的根本任务，就是在企业内部设计各种有关的正规制度，使之有利于充分发挥员工的才能和干劲，从而圆满地实现企业的各项发展目标。

6.1　人力资源管理概述

现代管理的理论和实践充分表明，人力资源是现代企业最重要的资源，企业间的竞争归根到底是人的竞争。现代管理越来越从“以事为中心”的管理模式向“以人为中心”的管理模式转变，“人高于一切”的价值理念得到越来越多企业家的认可。

6.1.1　人力资源的含义

在经济学研究领域中，人们把为了创造物质财富而投入生产活动中的一切要素统称为资源，包括人力资源、物力资源、财力资源、信息资源、时间资源等。其中，人力资源是最宝贵的资源，是第一资源。

1）什么是人力资源

人力资源是指能够推动社会和经济发展的具有智力劳动和体力劳动能力的人的总和。

由于人力资源依附于人身上的劳动能力，和劳动者是密不可分的，因此可以用劳动者的数量和质量来反映人力资源的数量和质量。

对组织而言，人力资源的数量一般来说就是其员工的数量。对国家而言，人力资源的数量可以从现实人力资源数量和潜在人力资源数量两个方面来计量。

人力资源是人所具有的智力和体力，因此劳动者的素质直接决定了人力资源的质量。

劳动者的素质由体能素质和智能素质构成。就劳动者的体能素质而言，又有先天的体质和后天的体质之分；智能素质包括经验知识和科技知识两个方面，而科技知识又可分为通用知识和专业知识两个部分。

2）人力资源的特征

人力资源作为组织资源中的一个特殊部分，具有以下几个特征：

（1）能动性。人不同于自然界的其他生物的根本标志之一是具有主观能动性。人具有思想、感情，有主观能动性，能够有目的、有意识地认识和改造主客观世界。在改造世界的过程中，人能通过意识对所采取的行为、手段及结果进行分析、判断和预测。在社会生产过程中，人所处的主体地位使得人力资源具有能动作用，如自我强化、选择职业以及积极劳动等。

（2）时效性。它的形成、开发和利用都受到时间方面的限制。从个体角度看，作为生物有机体的人，有其生命的周期，如幼年期、青壮年期、老年期，其各阶段的劳动能力各不相同；从社会角度看，人才的培养和使用有培训期、成长期、成熟期和老化期。

（3）智力性。人不仅具有主观能动性，而且是科学文化的载体。例如，人类在劳动中创造了机器和工具，通过开发智力使知识得到有效延长，从而使自身的能力迅速扩大。同时，人的知识还可以传播，传授给下一代。正是一代一代的人吸收了他们的先辈在生产和生活中积累起来的经验、知识，才形成了我们今天丰富的社会文化。

（4）两重性。人是生产者，又是消费者。人的两重性要求我们既要重视对人口数量的控制，又要重视对人力资源的开发和人才的培养。只有数量优势没有质量要求的人力资源，会形成廉价劳动力无限制供给，使社会就业压力增加，人均经济收入减少，给社会安定带来不利因素。因此，只有加强对人力资源的教育和培养，合理地利用、开发现有的人力资源，才能提高人力资源的经济效益和社会效益。

（5）可再生性。可再生性是指人口不断更新、人类自身得以延续和发展的过程。人力资源的可再生性不同于一般生物资源的再生性。除了遵循一般生物学规律之外，还受到人类意识的支配和人类活动的影响，特别是受制于当时社会经济发展状况的影响。

（6）增值性。与自然资源相比，人力资源具有明显的增值性。一般来说，自然资源是不会增值的，它只会因为不断地消耗而逐渐“贬值”。人力资源则不同，人力资源是人所具有的脑力和体力，对单个人来说，人的体力不会因为使用而消失，只会因为使用而不断增强，当然这种增强是有限度的。同样，人的知识、经验和技能也不会因为使用而消失，相反会因为不断使用而更有价值，也就是说在一定的范围内，人力资源是不断增值的，创造的价值会越来越多。

3）人口资源、人力资源和人才资源

人口资源是指一个国家或地区所拥有的人口的总量，主要表现为人口的数量。人力资源则是指一个国家或地区具有较多科学知识、较强劳动技能，在价值创造过程中起关键或重要作用的那部分人。人才资源是人力资源的一部分，即优质的人力资源。

应当说，这三个概念的本质是有所不同的，人口资源和人才资源的本质是人，人力资源的本质则是脑力和体力，从本质上讲，它们之间并没有什么可比性。就人口资源和人才资源来说，它们关注的重点也不同，人口资源更多的是一种数量概念，而人才资源更多的是一种质量概念。

6.1.2 人力资源管理的含义

确定了计划和组织结构以后，组织目标能否实现的关键在于人员配备。管理之核心在于用人，包含识别、选拔、留住人，使用、培养、激励人等。

1）人力资源管理的含义

对人的管理作为一种实践活动由来已久，但作为一种系统的、科学的学问，却是在社会工业化以后才出现并逐渐发展而成的。早期对人的管理被称为人事管理，20世纪

70年代以后渐渐改称为人力资源管理。

人力资源管理（human resource management）是指管理者通过人力资源计划、招聘、选拔、培训与发展、业绩评估、制定工资和福利制度等一系列活动，向组织提供合适人选并取得高水平绩效和职工最大满足的过程。

通常，人力资源管理活动主要完成两项职能：一项是“管理职能”型的活动，包括计划、组织、指挥、控制等，其程度与范围随组织内的授权程度而有所差别，属于高级主管的工作。另一项是“作业功能”型的活动，包括招聘、任免、薪酬、考核、升迁、培训、卫生和福利等工作，属于较低层的直线经理人员以及人力资源管理人员的工作。

2）人力资源管理的内容

管理者为了吸引和留住人才，确保员工取得高水平绩效，为实现企业目标做出应有的贡献，需要采取必要的管理活动，这些活动构成了企业人力资源管理系统，通常包括以下几个方面：

（1）职务分析与设计。职务分析与设计是指在对企业各个工作职位的性质、结构、责任、流程，以及胜任该职位工作人员的素质、知识、技能等，进行调查分析后，根据所获取的相关信息，编写职务说明书和岗位规范等人事管理文件的过程。

（2）人力资源规划。人力资源规划是把企业人力资源战略转化为中长期目标、计划和政策措施，包括人力资源现状分析、未来人员供需预测与平衡，以确保企业在需要时能获得所需要的人力资源。

（3）员工招聘与选拔。员工招聘与选拔是指根据人力资源规划和工作分析的要求，为企业招聘、选拔所需的人力资源并录用安排到相应岗位上。

（4）绩效考评。绩效考评就是对员工在一定时期内为企业做出的贡献和在工作中取得的绩效进行考核和评价，及时反馈，以便提高和改善员工的工作绩效，并为员工培训、晋升、薪酬等人事决策提供依据。

（5）薪酬管理。薪酬管理包括对基本薪酬、绩效薪酬、奖金、津贴以及福利等薪酬结构的设计与管理，以激励员工更加努力地为企业工作。

（6）员工激励。员工激励是指采用激励理论和方法，对员工的各种需要予以不同程度的满足或限制，引起员工心理状况的变化，以激发员工向着企业所期望的目标而努力。

（7）培训与开发。培训与开发是指通过培训提高员工的知识、能力、工作态度和工作绩效，进一步开发员工的智力潜能，以增强人力资源的贡献率。

（8）职业生涯规划。职业生涯规划是为了鼓励和关心员工的个人发展，帮助员工制定个人发展规划，以进一步激发员工的积极性和创造性。

（9）人力资源会计。人力资源会计是指与财务部门合作，建立人力资源会计体系，开展人力资源投资成本与产出效益的核算工作，为人力资源管理与决策提供依据。

（10）劳动关系管理。劳动关系管理是指协调和改善企业与员工之间的劳动关系，进行企业文化建设，营造和谐的劳动关系和良好的工作氛围，保障企业经营活动的正常开展。

3）人力资源管理的功能

（1）获取。获取是指根据企业目标确定的所需员工条件，通过规划、招聘、考试、测评、选拔等，获取企业所需人员。

（2）整合。整合是指通过企业文化、信息沟通、人际关系和谐、矛盾冲突的化解等有效整合，使企业内部的个体、群众的目标、行为、态度趋向企业的要求和理念，使之形成高度的合作与协调，发挥集体优势，提高企业的生产力和效益。

（3）保持。保持是指通过薪酬、考核、晋升等一系列的管理活动，保持员工的积极性、主动性、创造性，维护劳动者的合法权益，保证员工在工作场所的安全、健康、舒适，以增强员工满意感，使之安心满意地工作。

知识拓展6-1

腾讯如何用产品思维做人力资源管理？

（4）评价。评价是指对员工的工作成果、劳动态度、技能水平以及其他方面做出全面考核、鉴定和评价，为做出相应的奖惩、升降、去留等决策提供依据。

（5）发展。发展是指通过员工培训、工作丰富化、职业生涯规划与开发，促进员工知识、技能和其他方面素质的提高，使其劳动能力得到提高和发挥，最大限度地实现其个人价值和对企业的贡献，达到员工个人和企业共同发展的目的。

6.2 员工招聘与培训

6.2.1 员工招聘

员工招聘是指组织及时寻找、吸引并鼓励符合要求的人到本组织中任职和工作的过程。组织招聘员工可能基于以下几种情况：新设立一个组织；组织扩张；调整不合理的人员结构；员工因故离职而出现职位空缺等。

员工招聘是落实人力资源计划的一个重要的步骤，必须依据一定的标准慎重决策，因为员工一旦被聘用，即使能力和业绩平平，组织也很难迅速予以解聘。因此，在员工招聘初始，就应从针对不同层次员工的具体要求中总结出一些基本的相同点，以供决策时参考。

1）员工招聘的标准

（1）管理的愿望。管理人员意味着具有较高的地位、名誉和报酬，这将产生激励作用。利用组织的权力来组织劳动，将获得心理上的满足感。

（2）良好的品德。良好的品德是每一个组织成员都应具备的基本素质。对管理人员来说，担任管理职务意味着拥有一定的职权，而组织对权力的运用不可能随时进行严密、细致、有效的监督，所以权力能否正确运用，在很大程度上取决于管理人员的自觉、自律行为。因此，管理人员必须是值得信赖的，并且要具有正直而高尚的道德品质。对一般员工来说，良好的品德，意味着对上不曲意逢迎、阳奉阴违，敢于坚持真理、修正错误；对下则一视同仁，不以个人的好恶和偏见论是非，不拉帮结派、亲此疏彼。

（3）勇于创新的精神。对一个现代组织来说，管理的任务绝不仅仅是执行上级的命令，维持系统的运转，而是要能在组织系统或部门的工作中不断创新。只有不断创新，组织才能充满生机和活力，才能不断发展。创新意味着要打破传统机制的束缚，要做以前没有做过的事，而这一切都没有现成的程序或规律可循。因此，创新需要冒很大的风险，且往往是希望取得的成功越大，需要冒的风险就越多。要使组织更具创新活力，就必须努力营造敢于冒风险、鼓励创新的良好氛围。

(4) 较高的决策能力。随着组织权力的日趋下移，对组织中员工的决策能力的要求有不断提高的趋势。为了更好地完成组织的任务，对管理人员来说，不仅要计划和安排好自己的工作，更重要的是要通过一系列的决策，组织和协调好下属的工作。例如，本部门在未来一段时期内要从事何种活动？这种活动需达到怎样的效果？谁去从事这些活动？如何授权？利用何种条件、在何时完成这些活动……对一般人员来说，要通过建立广泛的合作，尽可能使工作中的决策得到各方的支持与拥护。

2) 员工招聘的来源与方式

人力资源的获取方式，从获取渠道的角度而言，有内部招聘和外部招聘两种。

(1) 内部招聘。内部招聘是在企业内部选择需要的各种人才，内部招聘的渠道有员工推荐和内部储备人才库两种方式。

①员工推荐。人力资源部将空缺的职位信息公布出来，公司员工可以自我推荐，也可以互相推荐。人力资源部搜集到相关人员的信息后，采取公开竞争的方式，选拔适合该岗位的人才。

②内部储备人才库。内部储备人才库记录了每一位员工在教育、培训、经验、技能、绩效及职业生涯规划等方面的信息，并且这些信息随着员工自身的发展而得到不断更新，用人部门和人力资源部门可以在人才库里找到合适的人来补充职位的空缺。

(2) 外部招聘。外部招聘则是立足于企业的外部来获取合适的人才，它的渠道比较广阔。

①广告。广告是企业招聘人才最常用的方式，可选择的广告媒体很多，如网络、报纸、杂志等。

②校园招聘。对应届生和暑期临时工的招聘可以在校园直接进行。校园招聘方式主要有张贴招聘布告、举办招聘讲座和毕业分配办公室推荐三种。

③中介机构。中介机构招聘方式主要有人才交流中心、招聘洽谈会和猎头公司三种。用人单位可以很方便地在人才交流中心、招聘洽谈会中查询条件基本相符的人员资料；而招聘高级人才，选择猎头公司是非常好的选择。

总的来说，内部招聘有利于激发员工的内在积极性，有利于文化的融合，具有保持内部的稳定和所需的费用少等优点；但也存在着不少缺点，如外部招聘具有可以带来新思想、避免“近亲繁衍”等优点，而内部招聘则相反。

3) 招聘方式选择应遵循的原则

(1) 高级管理人才选拔应遵循内部优先的原则。高级管理人才能够很好地为企业服务，一方面是依靠自身的专业技能、知识和经验为企业服务；另一方面是对企业文化和价值观的认同，愿意为企业贡献自己全部的能力和知识，而后者是无法在短期内完成和实现的。企业内部培养造就的人才，更能深刻理解和领会企业的核心价值观，由于长期受企业文化的熏陶，已经认同并成为企业文化的拥护者，所以也更能够坚持企业的核心价值观，而核心价值观的延续性对企业是至关重要的。

同时，企业的高层管理团队和技术骨干，一般是以团队的方式进行工作的，分工协作、密切配合，而核心价值理念相同的人一起工作更容易达成目标，如果观念存在较大差异，将直接影响到合力的发挥。

（2）外部环境剧烈变化时，企业必须采取内外结合的人才选拔方式。当外部环境发生剧烈变化时，行业的经济技术基础、竞争态势和整体游戏规则发生根本性的变化，知识老化周期缩短，原有的特长、经验成为学习新事物、新知识的一种包袱，企业受到直接的影响。在这种情况下，从企业内外部吸纳人才和寻求新的资源，成为企业生存的必要条件之一。

（3）快速成长期的企业，应当广开外部渠道。对于处于成长期的企业，由于发展速度较快，仅仅依靠内部选拔与培养是无法跟上企业的发展的。同时由于企业人员规模的限制，选择余地较小，所以无法得到最佳的人选。在这种情况下，企业应当采取更为灵活的措施，广开渠道，吸引和接纳需要的各类人才。

内部选拔优先还是外部招聘优先，对于不同层次的人才，不同环境和阶段的企业应采取不同的选择，必须视企业的实际情况来定。如果需要从外部进行选择，则需要从技能、知识、管理理念和价值观念等多方面仔细考察，尽量减少由此可能带来的风险。

4）员工招聘的程序与方法

为了保证员工选聘工作的有效性和可行性，应当按照一定的程序并通过竞争来组织选聘工作，具体的步骤是：

（1）制定人力资源规划。人力资源规划是人力资源管理的一项基础性工作。不断变化着的内外环境必然会使组织定期进行员工的流入、流出。为保证组织能够及时得到各种需要的人才，组织在发展过程中要有与其战略目标相适应的人力资源配置。

人力资源规划是指企业从战略规划和发展目标出发，根据其内外部环境的变化，预测企业未来发展对人力资源的需求，以及为满足这种需求所提供人力资源的活动过程。人力资源规划是招聘工作的基础和依据。人力资源规划以及具体到年度的计划是招聘工作有序展开的前提，只有确定了所需人员的数量、质量和层次，才能选择和确定招聘的时间、渠道和方式，并形成相应的招聘计划来付诸实施。

有了人力资源规划，招聘将不再仅仅是从企业目前的需要出发，而是站在更高的层面进行长远的考虑，以发展的眼光为企业未来全面发展打下坚实的基础。

（2）做好工作分析。做好人力资源管理的基础工作——工作分析，并形成规范的职务说明书。只有明确了岗位的具体工作内容和职责，才能根据岗位的实际需要，确定岗位的任职资格和所需的知识、经验、能力等应聘条件。招聘工作必须根据岗位层次、职务和职责的不同，选择适当的招聘渠道、测试内容和甄选方式，以保证能够按照职务说明书的要求招聘到最符合条件的员工。

（3）选择适合的招聘渠道。其可以起到事半功倍的效果。根据招聘岗位和企业内部资源的实际情况，企业既可以进行内部招聘也可以选择外部招聘。常见的外部招聘渠道包括媒体广告、人才招聘会、校园招聘、电话拜访、网络招聘、委托猎头公司等。选择哪种渠道取决于招聘职位的要求、组织的文化、外部环境资源状况等因素，最终目的都是保证招聘效率更高、成本更低。

（4）采用恰当的甄选工具。甄选有许多实用的手段，包括笔试（智力和心理测试、知识测试等）、面试、评估中心、无领导小组讨论、文件筐测验等多种方法，每种方法都有各自的优缺点，但并不是独立的，在招聘中应根据不同职位的特点和需要合理地选择、组合。

①面试。它是通过与应聘者之间面对面的交流，深入了解应试者的素质、能力及求职动机等的一种人员筛选技术。这种技术比笔试更为直观、灵活和深入。它不仅可以评价出应试者的学识，还能考察应试者的能力和个性特征等。面试的缺点是主观性大，评判标准难以控制，而且比较费时费力。比较有效的方法是结构化面试，即采用结构清晰的面试程序，使测评要素标准化、结构化，从而使不同的应聘者之间具有可比性。

②笔试。它是用来考察应聘者各项条件是否适合岗位要求的测试。笔试的内容包括知识测试、智力和心理测试等。一份有价值的试卷，往往对试卷的出题者要求比较高；同时，笔试只能反映部分信息，笔试答得好，并不代表实际工作能力强。知识测试是要了解候选人是否具备待聘职务所要求的基本技术知识和管理知识，缺乏这些基本知识，候选人将无法进行正常工作。智力和心理测试是通过考试的方法测评候选人的基本素质，包括思维能力、记忆能力、应变能力和观察分析复杂事物的能力等。

③评估中心。它是以团队作业的方式评估参加者在相对隔离的环境中做出的一系列活动，客观地测定其管理技术和管理能力，从而为企业发展选择和储备所需的人才。评估中心被认为是当代管理中识别有才能的管理者的最有效的工具，但是此方式涉及比较复杂的方法内容和高昂的费用，需要企业有相当的承受能力。

④无领导小组讨论。它是将应聘者划分为不同的小组，每组5~9人不等，不指定主持人或召集人，大家地位平等，要求就某些争议性比较大的问题进行讨论，往往没有正确答案，最后要求形成一致意见。

讨论进行的过程中，主试者通过观察整个讨论的情形和每一个人的表现与反应，从组织能力、协调能力、表达能力、沟通能力、判断能力、逻辑分析能力、亲和力等方面对每一位应聘者进行评价。

⑤文件筐测验。在招聘测验时，企业提供一种具有真实性的模拟情境，要应聘者处理应聘岗位上的公文案例。公文案例包括文件、信件、备忘录、报告、上级指示的电话记录等。通过每人一次5~10份文件的测验，考查应聘者做出决定、协作、撰写回信和报告、制订计划和执行计划的能力。这种方法特别适用于测试主动性、独立性、组织规划能力、合作精神、决策分析能力、判断控制能力等。

（5）选定录用员工。在上述各项工作完成的基础上，需要利用加权的方法，算出每个候选人知识、智力和能力等的综合得分，并根据待聘职务的类型和具体要求决定取舍。对于决定录用的人员，应考虑由主管再一次进行亲自面试，并根据工作的实际与聘用者再做一次双向选择，最后决定选用与否。

（6）评价和反馈招聘效果。最后要对整个招聘工作的程序进行全面的检查和评价，并且要对录用的员工进行追踪分析，通过对他们的评价检查原有招聘工作的成效，总结招聘过程中的成功与过失，并及时反馈到招聘部门，以便改进和修正。

5）员工的解聘

如果人力资源规划过程中存在冗员、组织面临结构性收缩要求或者员工存在违反组织政策的行为，组织应当裁减一定的员工，这种变动称为解聘。解聘的方式有多种，表6-1概括了几种主要的解聘方案。

表6-1 解聘方案

方 案	说 明
解雇	永久性、非自愿地终止合同
临时解雇	临时性、非自愿地终止合同，可能持续若干天，也可能延续几年
自然减员	对自愿辞职或正常退休腾出的职位空缺不予填补
调换岗位	横向或向下调换员工岗位，通常不会降低成本，但可减缓组织内的劳动力供求不平衡
缩短工作周	让员工每周减少一些工作时间，或者进行工作分担，或以临时工身份做这些工作
提前退休	为年龄大、资历深的员工提供激励，使其在正常退休期限前离职

知识拓展6-2

企业投入资源和精力管理离职员工，值得吗？

6.2.2 员工的培训

人是生产力诸要素中最重要、最活跃的因素，一个企业组织的命运，归根结底取决于人员素质的高低。因此，加强人员培训是一项高瞻远瞩、具有深远意义的战略决策。

1）员工培训的含义与特点

员工培训是指组织通过对员工有计划、有针对性的教育和训练，使其能够改进目前知识和能力的一项连续而有效的工作。人员培训是现代人力资源管理中的一项重要内容。其特点有：

第一，现代培训更注重于激发员工的学习动机，强调员工有自我发展的主观能动性与获取新知识、新技能的积极性。

第二，现代培训更注重于把培训目标与公司的长远目标、战略思想紧密地联系在一起加以系统思考。

第三，现代培训更关注人的生理与心理特点，强调以人为本，不仅要使培训这一需要让学习者花费体力、脑力、时间的任务更为有效，而且要把培训演绎成能让学习者感到身心愉悦、喜闻乐见的一种活动，乃至一种享受，一种公司对员工贡献的回报与激励措施。

第四，现代培训已大大突破了岗位技能的范围，更注重提高人的胜任能力。

2）员工培训的内容

员工培训的内容主要包括以下几方面：

（1）专业知识与技能培训。专业知识与技能培训有助于员工深入了解相关专业的基本知识及其发展动态，有助于提高员工的实际操作技能。专业知识与技能培训可以采取脱产、半脱产或业余等形式，如各种短期培训班、专题讨论会、函授、业余学校等。

（2）职务轮换培训。职务轮换是指员工在不同部门的各种职位上轮流工作。职务轮换有助于受训人全面了解整个组织的不同工作情况，积累和掌握各种不同的工作经验，从而提高他们的组织和管理协调能力，为其今后的发展和升迁打好基础。

（3）提升培训。提升培训是指将员工从较低的管理层级暂时提拔到较高的管理层级上，并给予一定的试用期。这种方法可以使有潜力的管理人员获得宝贵的锻炼机会，既有助于管理人员扩大工作范围，把握机会展示其能力和才干，又能使组织全面考察其是否适应领导岗位和具备领导岗位要求的能力，并为今后的发展奠定良好的基础。

（4）设置助理职务培训。在一些较高的管理层级上设立助理职务，不仅可以减轻主要负责人的负担，而且有助于培训一些后备管理人员。这种方式可以使助理接触到较高层次上的管理实务，使他们不断吸收其直接主管处理问题的方法和经验，在特殊环境中积累特殊经验，从而促进助理的成长。

3）员工培训的类型

一个组织中的培训对象主要有新来员工、基层员工、一般技术或管理人员、高级技术或管理人员。员工培训的方法有多种，依据所在职位的不同，可以分为对新来员工的培训、在职培训和离职培训三种形式。

（1）新来员工的培训。一旦决定录用应聘者，组织中的人事部门应该对应聘者将要从事的工作和组织的情况向应聘者进行必要的介绍和引导，西方国家称之为职前引导。

职前引导的目的在于减少新来人员在新的工作开始之前的担忧和焦虑，使他们能够尽快地熟悉所从事的本职工作以及组织的基本情况，如组织的历史、现状、未来目标、使命、理念、工作程序及相关规定等，并充分了解他们应尽的义务和职责以及绩效评估制度和奖惩制度等（如有关的人事政策、福利以及工作时数、加班规定、工资状况等）。这样一方面可以消除新员工头脑中那些不切实际的幻想，充分预计到今后工作中可能遇到的各种困难和问题，了解克服和解决这些困难和问题的渠道；另一方面可以引导新员工了解工作单位的远景目标、工作中的同事以及如何进行合作等。组织有义务将新员工的不适应降至最低，并使其尽快地调整自我、适应工作环境。

案例分享6-1　　新来的员工为何提出辞职？

小张是上海一家医疗器械公司的人力资源部经理，公司最近招聘了一名销售员小李，经过面谈后，小张认为小李在销售方面具有很大的潜力，具备公司要找的销售人员的任职条件。可是，几星期后销售部经理却告诉小张，小李提出了离职。小张把小李叫到办公室，询问他提出离职的原因。

小李说，在上班的第一天，有人告诉他，正式的产品培训要一个月后才进行，并给他一本销售手册，让其在这段时间里阅读学习。第二天，有人告诉他在徐汇区有一个展览，要其去公关部帮忙一周。第三周，又让他去整理公司的图书。在产品培训课程开课的前一天，有人通知小李说，由于某些原因课程要推迟半个月，安慰他不要着急，说先安排公司的销售骨干小赵给他做一些在职培训，并让他陪小赵一起访问客户。所以，小李觉得这家公司并不适合他。

案例分享6-1

分析提示

问题：你认为这家公司对新员工的培训存在哪些问题？

（2）在职培训。对员工进行在职培训是为了使员工通过不断学习掌握新技术和新方法，从而达到新的工作目标要求所进行的不脱产培训。工作轮换和实习是两种最常见的在职培训。所谓工作轮换，是指让员工在横向层级上进行工作调整，其目的是让员工学习多种工作技术，使他们对于各种工作之间的依存性和整个组织的活动有更深刻的体验和更加开阔的视野。所谓实习，是让新来人员向优秀的老员工学习，以提升自己的知识与技能的一种培训方式。在生产和技术领域，这种培训方式通常称为学徒制度；而在商务领域，则称为实习制度。实习生的工作必须在优秀老员工的带领和监督之下进行，老员工有责任和义务帮助实习生克服困难，顺利成长进步。

（3）离职培训。离职培训是指为使员工能够适应新的工作岗位要求而让员工离开工作岗位一段时间，专心进行职外培训。最常见的离职培训方式包括教室教学、影片教学以及模拟演练等。

4）员工培训的程序

员工培训的整个工作过程，从培训需求分析开始，到培训效果转化结束。具体来讲由准备阶段、实施阶段和评价阶段组成。

（1）培训准备阶段。

①培训需求分析。它是指在规划与设计每项培训活动之前，由培训部门、主管人员、工作人员等采用各种方法与技术，对各种组织及其成员的目标、知识、技能等方面进行系统的鉴别与分析，以确定是否需要培训及培训内容的一种活动或过程。它既是确定培训目标、设计培训规划的前提，也是进行培训评估的基础，因此培训需求分析是培训活动的首要环节。

培训需求分析一般包括组织分析、人员分析、任务分析。组织分析主要是指通过对组织的目的、资源、环境等因素的分析，准确找出组织存在的问题，即现有问题与应有状况之间的差距，并确定培训是否是解决这类问题的最有效的办法。

当一项工作内容发生变化时，需要进行任务分析，以便员工能够做出适当的调整，掌握新的技能。任务分析包括观察员工的工作表现、进行团体面谈、调查员工技能差距、定期绩效评价等。

人员分析是通过对员工工作态度、动机、能力、技术等方面的分析确定哪些员工需要培训。

②确定培训目标。它是确定一个人经过培训以后希望达到的学习结果。培训目标通常包括以下几个方面：

一是补充新知识，提炼新技能。随着科学技术进步速度的加快，人们原先拥有的知识与技能在不断老化。为了防止组织中各层级人员工作技能的衰退，组织必须对员工进行不断的培训，以使他们掌握与工作有关的最新知识和技能。这些知识和技能虽然可以在工作前的学校教育中获取，但更应该在工作中根据实际情况不断加以补充和更新，因为它们可以在实践中不断得到锤炼和提升。

二是全面发展能力，提高竞争力。员工培训的一个主要目的，是根据工作的要求，努力提高他们在决策、用人、激励、沟通、创新等各方面的综合能力，特别是随着工作的日益复杂化和非个人行为化，组织内部改进人际关系的能力要求不断提高，这使得组织对合作的培训要求变得愈发重要，这也是衡量组织竞争力的重要体现。

三是转变观念，提高素质。每个组织都有自己的文化、价值观念、基本行为准则。员工培训的重要目标就是要通过对组织中各个成员，特别是对新聘管理人员的培训，使他们能够按照组织中普遍的价值观念、行动准则来从事管理工作，从而与组织目标同步。

四是交流信息，加强协作。组织培训员工的基本要求是要通过培训，加强员工之间的信息交流，特别是使新员工能够及时了解组织在一定时期内的政策变化、技术发展、经营环境、绩效水平、市场状况等方面的情况，熟悉未来的合作伙伴，准确而及时地定位。

（2）培训实施阶段。培训实施是整个培训的关键步骤。

①设计培训课程。它应服务于培训要达到的目标。每一种知识和技能都是通过相应课程的教学来完成的，因此课程的设计一定要科学，既要考虑培训的系统性，又要考虑其适用性，而且还要根据不同的对象和不同的时间有所变化。

②选择培训教师和受训人员。对培训教师的选择要注重能力和责任心。一位优秀的培训教师既要有广博的理论知识，又要有丰富的实践经验；既要有扎实的培训技能，又要有吸引人的高尚人格。由于企业资源有限，因此，需要挑选被培训人员。培训对象是根据个人情况、当时的技术、组织需要而确定的。

③选择培训方法和形式。培训的方法多种多样，各有千秋，要根据培训的目标选择适用的方法。常用的培训方法有讲授、个案讨论、角色扮演等。培训形式有脱产、半脱产、业余等。

④安排培训有关事务。培训事务安排主要有时间、地点、设备和食宿等。

⑤准备培训经费。根据培训的种类、内容等因素，准备培训所需的经费。

⑥制定必要的培训规章制度。例如，请假制度、奖惩制度等，这是组织对员工培训的制约。

⑦具体实施和控制培训。在实施中及时反馈有关信息，纠正培训中产生的偏差，使培训取得预期的效果。

（3）评价培训阶段。

①确定评价标准。以培训目标为基础，确定培训评价标准。

②按照标准评价培训。培训的效果评估可以采用学习期间征询受训人意见、结业时考试、观察被培训人员回到岗位后的表现和计算长期经济效益等方法来进行；培训的费用评估，培训费用包括被培训人员和培训教师的工资和福利及其他奖励、课本、教材、教学仪器以及租用教室等费用，脱产培训还应包括学费、住宿费、交通费等以及由于培训而损失的工作时间等。

③培训效果的转化。培训效果的转化是员工培训最重要却被许多培训项目忽视的一个步骤。把培训的效果转化到工作实践中去，提高工作效率，是培训的最终目标。因此，能否正确评价培训带来的工作变化是衡量培训是否有效果的关键。

知识拓展6-3

如何做新员工的入职培训

6.3 绩效评估

对管理者来说，如何使员工达到组织所期望的绩效水平是非常重要的。那么，怎样才能保证员工的绩效符合组织的要求呢？在组织中，把系统的绩效评估过程作为对员工工作的正式评估方式。

6.3.1 绩效评估概述

所谓绩效，是指员工在工作过程中所表现出来的与组织目标相关的并且能够被评价的工作业绩、工作能力和工作态度。**绩效评估**指组织定期对个人或群体小组的工作行为及业绩进行考查、评估和测试的一种正式制度。绩效评估给人力资源的各个方面提供反馈信息，并与组织中的各个部分紧密联系在一起，如晋升、奖惩、薪酬、培训等，关系到员工的切身利益。

1）绩效评估的意义

作为人力资源管理的一项核心职能，绩效管理具有非常重要的意义，这主要表现在以下几个方面：

（1）有助于提高企业的生产率和竞争力。员工的工作表现对企业的生产率和竞争力的影响是非常重要的。它可以通过出勤率和工作绩效来衡量。其中，出勤率只能说明员工是否在工作岗位上从事工作，工作绩效才能说明员工究竟在其工作岗位上干得怎么样，是否达到预定目标。对于企业来说，后者尤其重要。

（2）有助于人事决策合理化。绩效评估是人事决策重要的参考指标，升迁、任免、调任、加薪等都涉及绩效评估。在升迁和加薪前，如果不进行绩效评估，就失去了选择的标准。有了绩效评估，能够提高选拔标准的透明度，而且对员工有正面的引导作用，使他们明确自己的努力方向。

（3）有助于员工更好地进行自我管理。绩效评估强化了工作要求，使员工责任心增强，明确自己应该怎样做才能更符合期望。通过评估发掘员工的潜能，可以让员工明白自己可以干什么。绩效评估提供了上下级之间交流的一个契机，有助于上级更好地了解下属的想法，也可以帮助下级更好地了解上级对他的工作期望。这样的沟通过程可以促使上下级之间目标更加一致、配合更加默契。绩效评估，能够使员工明确自己工作中的成绩和不足，激励他在以后的工作中发挥长处，改善不足，使整体工作绩效进一步提高。

（4）有助于保证员工行为和企业目标的一致。企业绩效的实现依赖于员工的努力工作，人们对此早已形成共识，但是近年来的研究表明，两者的关系并不像人们想象的那么简单，而是非常复杂的。在努力程度和公司绩效之间有一个关键的中间变量，即努力方向与企业目标的一致性。如果员工的努力程度比较高，方向却与企业的目标相反，那么这不仅不会提高企业的绩效，还会产生负面作用。

保证员工行为与企业目标一致的一个重要途径就是绩效管理。由于绩效考核指标对员工的行为具有导向作用，因此通过设定与企业目标一致的考核指标，就可以将员工的行为引导到企业目标上来。

（5）有助于提高员工的满意度。提高员工的满意度对企业来说具有重要的意义，而满意度是和员工需要的满足程度联系在一起的。在基本的生活得到保障以后，按照马斯洛的需求层次理论，每个员工都有被尊重和自我实现的需要，绩效管理则满足了这种需要，从而有助于提高员工的满意度。绩效评估为确定员工的工作报酬提供依据。

2）绩效评估的内容

绩效评估的目的、方式和范围多种多样，因此考评的内容也复杂多样。但是在实践中，工作绩效评估的基本内容主要包括德、能、勤、绩四个方面。

“德”指的是人的思想政治素质和道德水平。思想政治素质包括一个人的思想作风、政治态度以及政治水平等，它决定了一个人的行动方向和奋斗目标，也决定了一个人达到目标可能采取的行为方式；道德水平包括一个人的社会公德意识和职业道德水平，是否遵纪守法，是否有敬业精神、责任心和奉献精神等。

“能”指的是一个人的知识技能水平，即认识世界和改造世界的能力。“能”主要包括知识、技能、智能和体能四个方面。知识是“能”的基础部分，包括受教育程度、专业知识、知识结构等；技能是指人某一方面的专门能力，如操作能力、协调能力、决策能力等；智能是相对于体能而言的，指一个人的大脑进行分析和解决问题的能力，包括感觉、知觉、想象、思维等；体能是指一个人的身体素质和健康程度。

“勤”指的是一个人对待工作的态度，包括员工工作的积极性、主动性和创造性，工作责任感以及纪律性等。“勤”是一个人内在动力的外部表现，一个人是否对工作真正投入了巨大的精力和情感，可以通过其工作表现反映出来，如出勤率高、工作认真负责等。所以在考评员工“勤”的方面时，应注意观察员工的工作表现，并挖掘其内在动机。

“绩”指的是员工的工作成果，包括员工工作的质量、数量、效益、效率等。考评员工的绩效，在分析工作成果的质量和数量的同时，要注意这些工作成果对企业和社会产生的总的影响，在实现企业目标的同时是否满足了社会效益的需求。

总的来说，德、能、勤、绩四个方面的内容是工作绩效评估中的几个重要方面，这并不表明对不同岗位的人员在评估时考评的内容和层次是完全相同的；相反，在对不同岗位、不同类型的员工进行工作绩效考评时，几个方面的考核内容和重点都会有所不同，要依据不同岗位的特点进行选取。

6.3.2　绩效评估的程序

1）确定绩效考核目标

绩效考核目标，也称绩效目标，是对员工在绩效考核期间的工作任务和工作要求所做的界定，也是对员工进行绩效考核时的参照系。绩效目标由绩效内容和绩效指标组成。

（1）绩效内容。绩效内容界定了员工的工作任务，也就是说，员工在绩效考核期间应当做什么样的事情。绩效考核项目有三个：工作业绩、工作能力和工作态度。

（2）绩效指标。绩效指标是指绩效项目的具体内容，它可以理解为是对绩效项目的分解和细化。例如，对于某一职位而言，该职位的工作能力这一考核项目就可以细化为分析判断能力、沟通协调能力、组织指挥能力、开拓创新能力、公共关系能力以及决策行动能力六项具体的指标。

2）确定绩效考核周期

绩效考核周期，也称为绩效考核期限，是指多长时间对员工进行一次绩效考核。由于绩效考核需要耗费一定的人力、物力，因此绩效考核周期过短，会增加企业的管理成本；但是，绩效考核周期过长，又会降低绩效考核的准确性，不利于员工工作绩效的改进，从而影响绩效管理的效果。因此，在准备阶段，还应当确定出恰当的绩效考核周期。

3）确定绩效考核方法

考核周期确定后，就要选择相应的考核方法，收集相关的信息，对员工完成绩效目标的情况做出考核。

（1）目标考核法。目标考核法要求管理者首先根据目标管理原理和工作责任制确定各部门及个人的工作目标，然后将员工的绩效同这个预先设定的工作目标相比较，得出超过、达到、有距离、差距很大等结论。一般来说，工作目标的内容有可能是单一的，也有可能是多样的。如果是多样的，在各项内容与目标相比较有了结论以后，还需将各项内容综合起来得到一个结论。综合的方法可以是较主观的定性的方式，也可以是各项得分加权平均定量的方式。

（2）等级法。等级法在评估活动中使用得很广泛，它也是一种传统的方法。等级评估要求将反映绩效的诸方面内容归纳为若干条目，如对工作的了解、工作的产量和质量、与他人的合作程度、对顾客的热忱、对公司的忠诚、学习能力、安全意识、按照指令行事的能力等，而每一项内容都有优、良、中、差的分级。对员工绩效的各方面都有一个相对的评价，各项评价的总和即对员工绩效的总的评价。当然，这种总和评价也有定性、定量的区分。

（3）排列法。排列法也叫排队法。这种方法是指在工作绩效评估中，不是把每个被评估者的工作表现与某一具体的标准一项一项地对照，而是将各个被评估者相互比较，进行由最优到最差的排列。这种方法是以被评估者的总的表现为基础，对其工作总的表现进行排列比较，分为最好的、次好的、中等的和最差的。这种方法操作简便，常被广泛采用，但是也有不少弊病，不同的主管有不同的倾向性。比如，有的主管对生产质量很重视，而有的主管则注重生产的数量；有的主管喜欢踏实埋头苦干的人，而有的主管则喜欢善于人际交往的人。这些都会造成在排列中的偏向性。同时，采用这种排列法进行工作实绩评估，也无法了解被评估人的具体表现。

（4）书面报告法。书面报告法是实际考评中常用的方法之一。在书面报告中，评估人对雇员的优点、缺点和能力开发的可能性等进行描述，同时提出对被评估人的建议。这种评估方法要求评估人对被评估人的工作应有相当的了解，而且必须具有公正、坦率、细致的态度。许多人事管理工作者认为，书面报告法虽然十分简单，但若使用得当，其有效性不亚于其他那些繁杂的方法。

（5）360度绩效评估法。**360度绩效评估法**是指从员工自己、上司、直接下属、同事甚至顾客等全方位来了解个人的绩效，比如沟通技巧、人际关系、领导能力、行政能力等。采用这种评估方法，被评估者不仅可以从上司、直接下属、同事甚至顾客等处获得多种角度的反馈，也可通过这些不同的反馈了解到自己的不足、长处与发展需求，进而使以后的职业发展更为顺畅。

①上级评价。上级是最主要的评价主体。上级评价的优点是：由于上级对员工承担直接的管理责任，因此他们通常最了解员工的工作情况；此外，用上级作为考核主体还有助于实现管理的目的，保证管理的权威。上级考核的缺点在于考核信息来源单一，容易产生个人偏见。

②同事评价。同事评价的优点是：由于同事和被考核者在一起工作，因此他们对被考核者的工作情况也比较了解；同事一般不止一个人，因此可以对员工进行全方位的考核，避免个人的偏见；此外，同事评价还有助于促使员工在工作中与同事配合。同事评价的缺点是：人际关系的因素会影响考核的公正性，和自己关系好的就给高分，不好的就给低分；大家有可能协商一致，相互给高分；还有可能造成相互的猜疑，影响同事之间的关系。

③下级评价。下级评价是以下级作为考核主体，其优点是：可以促使上级关心下级的工作，建立融洽的员工关系；由于下级是被管理的对象，因此了解上级的领导管理能力，能够发现上级在工作方面存在的问题。下级评价的缺点是：由于顾及上级的反应，往往不敢真实地反映情况；有可能削弱上级的管理权威，造成上级对下级的迁就。

④自我评价。自我评价是让员工本人作为考核主体进行自我考核，其优点是：能够增强员工的参与感，提升他们的自我开发意识和自我约束意识；有助于员工对考核结果的接受。其缺点是：员工对自己的评价往往偏高；当自我考核和其他主体考核的结果差异较大时，容易引起矛盾。

⑤客户评价。客户评价就是由员工服务的对象来对员工的绩效进行考核，这里的客户不仅包括外部客户，还包括内部客户。客户考核有助于员工更加关注自己的工作结果，提高工作的质量。其缺点是：客户更侧重于员工的工作结果，不利于对员工进行全面的评价；有些职位的客户难以确定，不适合使用这种方法。

4）绩效反馈

实施阶段结束以后，接着就是反馈阶段，这一阶段主要是完成绩效反馈的任务，也就是说上级要就绩效考核的结果和员工进行面对面的沟通，指出员工在绩效考核期间存在的问题，并一起制订出绩效改进的计划。为了保证绩效的改进，还要对绩效改进计划的执行效果进行跟踪。

为了保证绩效反馈的效果，在反馈绩效时应当注意以下几个问题：

（1）绩效反馈应当及时。在绩效考核结束后，上级应当立即就绩效考核的结果向员工进行反馈。绩效反馈的目的是要指出员工在工作中存在的问题，从而有利于他们在以后的工作中加以改进，如果反馈滞后的话，那么员工在下一个考核周期内还会出现同样的问题，这就达不到绩效管理的目的。

（2）绩效反馈要指出具体的问题。绩效反馈是为了让员工知道自己到底在什么地方存在不足，因此反馈时不能只告诉员工绩效考核的结果，而应当指出具体的问题。例如，反馈时不能只告诉员工“你的工作态度不好”，而应该告诉员工在工作态度上到底哪里做得不好，比如说：“你的工作态度不好，在这一个月内你迟到了10次，上周开会时讨论的材料你没有提前读过。”

（3）绩效反馈要指出问题出现的原因。除了要指出员工的问题外，绩效反馈还应当体现出员工出现那些问题的原因并有针对性地制订出改进计划。

（4）绩效反馈不能针对人。在反馈过程中，针对的只能是员工的工作绩效，而不能是员工本人，否则容易伤害到员工，使之产生抵触情绪，影响反馈的效果。例如，不能出现“你怎么这么笨”“别人都能完成，你怎么不行”之类的话。

5）绩效评估的运用

绩效评估实施的最后一个阶段是运用阶段，就是说要将绩效考核的结果运用到人力资源管理的其他职能中去，从而真正发挥绩效管理的作用，保证绩效管理目标的实现。

案例分享6-2　　网络公司的难题

有着3年创业历史、86名员工的某网络公司近年来发展迅速，虽然网络经济普遍不景气，但该公司通过产品的不断创新与市场营销策略，不但支撑了下来，而且赚取了丰厚的利润。为了激励员工，该公司制定了“月绩效考核评估”制度，针对不同岗位订立了不同的考核评估项目、指标，由被考核评估员工的本部门同事、部门经理及总经理分别打分，加权得到总分，最后由总经理写出对每一位员工的评估意见，每月考核结果与该月员工的工资挂钩。

此制度实行近一年，不少员工反映考核评估频率太高，总经理评语简单而空洞，且对多数被评员工评语类似，觉得有形式主义之感，认为应每半年或一年考评一次比较合适。而总经理觉得很为难，认为网络公司不同于传统产业的组织，产品设计和推出技术要求高、周期短，工作的时间性强，若半年一次考评甚至一年一次考评会不能适应实际工作需要，更无法将工作好坏与工资报酬联系起来，自然失去了考评的意义。因此，总经理认为还应坚持这样的考评制度。

案例分享6-2

分析提示

问题：请你对该考评制度发表评论意见。

6.4 薪酬管理

薪酬管理是人力资源管理理念和制度的主要内容之一，并且是人力资源管理工作中最复杂、最敏感、影响最大的方面，人力资源管理的其他工作最终都要落到薪酬管理上来。因此，制定科学、严密、合理的薪酬管理体系，对企业人力资源管理及整个企业的战略发展是至关重要的。

6.4.1 薪酬与薪酬管理的含义

1）什么是薪酬

薪酬是指员工从企业那里得到的各种直接的和间接的经济收入。薪酬一般由以下几部分组成：

（1）基本薪资。它是雇主为雇员已完成工作而支付的基本现金薪酬。它反映的是工作或技能价值，往往忽视员工之间的个体差异。某些薪酬制度把基本工资看作雇员所受教育、所拥有技能的一个函数。对基本工资的调整可能是基于以下事实：整个社会生活水平发生变化或发生通货膨胀；其他雇员的同类工作的薪酬有所改变；雇员的经验进一步丰富；员工个人业绩、技能有所提高。

（2）绩效工资。它是对过去工作行为和已取得成就的认可。作为基本工资之外的增加部分，绩效工资往往随雇员业绩的变化而调整。调查资料表明，美国90%的公司采用了绩效工资。我国的广大企业在2000年前后开始的新一轮工资体制改革中也纷纷建立了以绩效工资为主要组成部分的岗位工资体系，事业单位在2006年的工资改革中也都设置了绩效工资。

（3）激励工资。它也和业绩直接挂钩。有时人们把激励工资看成可变工资，包括短期激励工资和长期激励工资。短期激励工资，通常采取非常特殊的绩效标准。

虽然激励工资和绩效工资对雇员的业绩都有影响，但两者有三点不同：一是激励工资以支付工资的方式影响员工将来的行为，而绩效工资侧重于对过去工作的认可，即时间不同；二是激励工资制度在实际业绩达到之前已确定，与此相反，绩效工资往往不会提前被雇员所知晓；三是激励工资是一次性支出，对劳动力成本没有永久的影响，业绩下降时，激励工资也会自动下降，绩效工资则通常会加到基本工资上去，是永久的增加。

（4）福利和服务。其包括休假（假期）、服务（医药咨询、财务计划、员工餐厅）和保障（医疗保险、人寿保险和养老金等），福利越来越成为薪酬的一种重要形式。

2）薪酬管理的含义

所谓**薪酬管理**，是指一个组织针对所有员工所提供的服务来确定他们应当得到的报酬总额以及报酬结构和报酬形式的过程。在这个过程中，企业就薪酬水平、薪酬体系、薪酬结构以及特殊员工群体的薪酬做出决策。同时，作为一种持续的管理过程，企业还要不断地制订薪酬计划，拟定薪酬预算，就薪酬管理问题与员工进行沟通，同时对薪酬系统的有效性做出评价而后不断予以完善。

薪酬管理比起人力资源管理中的其他工作而言，有一定的特殊性，具体表现在以下几个方面：

（1）敏感性。薪酬管理是人力资源管理中最敏感的部分，因为它牵涉公司每一位员工的切身利益，特别是在人们的生存质量还不是很高的情况下，薪酬直接影响他们的生活水平；另外，薪酬是员工工作能力和水平的直接体现，员工往往通过薪酬水平来衡量自己在公司中的地位，所以每一位员工对薪酬问题都会很敏感。

（2）特权性。薪酬管理是员工参与最少的人力资源管理项目，它几乎是公司老板的一个特权。老板，包括企业其他管理者认为，员工参与薪酬管理会增加公司管理方面的矛盾，并影响投资者的利益，所以，员工对于公司薪酬管理的过程几乎一无所知。

（3）特殊性。由于敏感性和特权性，每个公司在薪酬管理方面差别会很大。另外，由于薪酬管理本身就有很多不同的管理类型，如岗位工资型、技能工资型、资历工资型、绩效工资型等，所以不同公司之间的薪酬管理几乎没有可参考性。

3）薪酬管理的意义

薪酬管理对几乎任何一个组织来说都是一个比较棘手的问题，主要是因为企业的薪酬管理系统一般要同时达到公平性、有效性和合法性三大目标。企业经营对薪酬管理的要求越来越高，但就薪酬管理来讲，受到的限制因素也越来越多，除了基本的企业经济承受能力、政府法律法规外，还涉及企业不同时期的战略、内部人才定位、外部人才市场，以及行业竞争者的薪酬策略等因素。薪酬管理的意义主要有以下几方面：

（1）薪酬管理是管理者以人为本的管理思想的重要体现。薪酬是劳动者提供劳动的回报，是对劳动者各种劳动消耗的补偿，因此薪酬水平既是对劳动者劳动力价值的肯定，也直接影响着劳动者的生活水平。所谓以人为本的管理思想，就是要尊重人力资本所有者的需要，解除其后顾之忧，很难想象一个组织提倡以人为本，但其薪酬制度却不能保证员工的基本生活所需。在我国物质生活水平日益提高的今天，管理者不仅要保证其员工基本生活，更要适应社会和个人的全方位发展，提供更全面的生活保障，建立起适应国民经济发展水平的薪酬制度。

（2）薪酬战略是组织的基本战略之一。一个组织有许多子战略，如市场战略、技术战略、人才战略等，其中的薪酬战略是人才战略的最重要组成部分，因而也是一个组织的基本战略之一。一个优秀的薪酬战略应对组织起到四个作用：吸引优秀的人才加盟；保留核心骨干员工；突出组织的重点业务与重点岗位；保证组织总体战略的实现。

（3）薪酬管理决定着人力资源的合理配置与使用。如何合理配置资源被认为是一切经济制度的一个基本问题。资源的有限性和稀缺性已为理论和实践所充分证明。在资源有限和稀缺的条件下，通过一定的手段使资源在不同的生产领域进行组合，使之得到最充分的利用，发挥出它的最大效能，这便是资源合理配置问题。

管理过程实质上是各类资源的配置与使用过程。资源大体上可分为物质资源、财力资源和人力资源三类。在这三类资源中，人力资源的配置与使用至关重要，因为人是各个生产要素中起决定性能动作用的要素。作为劳动力的人，其劳动能力是多种多样的，其潜在的能力倾向和发展方向也有很大差异，因而如何尽可能地使作为劳动力的人都能“人尽其才，才尽其用”，便成为现代管理中的一个核心问题。薪酬管理对人力资源的合理配置与使用起着决定性作用。

（4）薪酬管理是激励员工的重要手段。现代薪酬管理将薪酬视为激励劳动者提高效率的主要杠杆，不仅注重利用工资、奖金、福利等物质报酬从外部激励劳动者，而且注重利用岗位的多样性、工作的挑战性、取得成就、得到认可、承担责任、获取新技巧和事业发展机会等精神报酬从内部激励劳动者，从而使薪酬管理过程成为对劳动者的激励过程。劳动者在这种薪酬管理体系下，通过个人努力，不仅可以提高薪酬水平，而且可以提高个人在组织中的地位、声誉和价值。

（5）薪酬管理直接关系到社会的稳定。在我国现阶段，薪酬是劳动者个人消费资料的主要来源。从经济学角度看，薪酬一经向劳动者付出即退出生产领域，进入消费领域。作为消费性的薪酬，保障了劳动者的生活需要，实现了劳动者劳动力的再生产。因此，在薪酬管理中，如果薪酬标准确定得过低，劳动者的基本生活就会受到影响，劳动力的耗费就不能得到完全的补偿，如果薪酬标准确定得过高，又会对产品成本构成较大影响，特别是当薪酬的增长普遍超过劳动生产率的增长时，会导致成本推动型的通货膨胀。

（6）薪酬管理影响着组织的盈利能力。薪酬对劳动者来说是报酬，对组织来讲则是成本。虽然现代的人力资源管理理念不能简单地从成本角度来看待薪酬，但保持先进的劳动生产率，有效地控制人工成本，发挥既定薪酬的最大作用，对于增加组织利润、提高组织盈利能力进而提高竞争力，其作用无疑是直接的。

6.4.2　薪酬管理的原则

组织在实施薪酬管理的过程中，至少要遵循以下几个原则：

（1）公平原则。公平是薪酬设计的基础，只有在员工认为薪酬设计是公平的前提下，才可能产生认同感和满意度，才可能产生薪酬的激励作用。公平原则是制定薪酬体系首先要考虑的一个重要原则，因为这既是一个心理原则，也是一个感受原则。

（2）激励原则。现代企业的薪酬应以激励为主导地位，对于优秀员工要给予更多有形的和无形的薪酬激励。对全体员工的激励除了命名为“先进”、颁发“嘉奖令”等精神鼓励和物质奖励外，平时最直接、最有效的办法就是让工作业绩直接体现在薪酬分配上，这是比较现实并且是绝大多数员工也比较乐于接受的方式。

工作业绩与工资分配相匹配的这部分薪酬，构成了员工薪酬体系中的绩效工资部分，包括“业绩薪酬”“超额奖励”“利润分享”“年度先进奖励”等方式。这部分薪酬集中体现了“激励”作用，其目的就是要让所有员工竭尽全力实现工作业绩的创新与突破，争取员工与企业的“双赢”——在为企业创造更多效益的同时，也为自己增加更多的收入。

（3）竞争性原则。企业想要获得具有真正竞争力的优秀人才，在设计薪酬时必须考虑到同行业薪酬市场的薪酬水平和竞争对手的薪酬水平，保证企业的薪酬水平在市场上具有一定的竞争力，能充分地吸引和留住企业发展所需的战略性、关键性人才。如果企业制定的薪酬水平太低，那么企业在与其他企业的人才竞争中必然处于劣势地位，甚至本企业的优秀人才也会流失。在进行薪酬设计时，除了较高的薪酬水平和恰当的薪酬价值观外，企业应针对各类员工自身的特点构建灵活而多元化的薪酬结构，以增强对员工的吸引力。

（4）经济性原则。薪酬设计的经济性原则强调企业设计薪酬时必须充分考虑企业自身发展的特点和支付能力。它包括两个方面的含义：短期来看，企业的销售收入扣除各项非人工（人力资源）费用和成本后，要能够支付起企业所有员工的薪酬；从长期来看，企业在支付所有员工的薪酬，及补偿所用非人工费用和成本后，要有盈余，这样才能支撑企业追加和扩大投资，实现企业的可持续发展。

经济原则在表面上与竞争性原则和激励原则是相互对立和矛盾的。竞争原则和激励原则提倡较高的薪酬水平，而经济原则是提倡较低的薪酬水平，但实际上三者并不对立也不矛盾，而是统一的。当三个薪酬设计原则同时作用于企业的薪酬系统时，竞争原则和激励原则就会受到经济原则的制约。这时企业管理者所考虑的因素就不仅仅是薪酬系统的吸引力和激励性。

（5）合法合理性原则。薪酬系统的合法合理性是必不可少的，合法合理是建立在遵守国家相关政策、法律法规和企业一系列管理制度基础之上的。如果企业的薪酬系统与现行的国家政策和法律法规、企业管理制度不相符合，则企业应该迅速进行改进使其具有合法合理性。

6.4.3 薪酬体系设计的基本步骤与内容

为实现上述薪酬管理的原则，组织需要细致入微地开展一系列工作，这样才能使薪酬体系设计切合实际且具有广泛的接受程度及良好的可实施性。

（1）薪酬调查。薪酬调查是薪酬设计中的重要组成部分，它解决的是薪酬的对外竞争力和对内公平性问题，是整个薪酬设计的基础，只有实事求是的薪酬调查，才能使薪酬设计做到有的放矢，解决组织的薪酬激励的根本问题，使薪酬个性化并有针对性地设计。通常薪酬调查需要考虑以下三个方面：组织薪酬现状调查、薪酬水平调查、薪酬影响因素调查。

（2）确定薪酬原则和策略。确定薪酬原则和策略是薪酬设计后续环节的前提，在充分了解组织目前薪酬管理的现状的基础上，确定薪酬分配的依据和原则，以此为基础确定组织的有关分配政策与策略，例如，不同层次、不同系列人员收入差距的标准、薪酬的构成和各部分的比例等。

（3）职位分析。职位分析是薪酬设计的基础性工作，其基本步骤包括：结合组织经营目标，在业务分析和人员分析的基础上，明确部门职能和职位关系；然后进行岗位职责调查分析；最后由岗位员工、员工上级和人力资源管理部门共同完成职位说明书的编写工作。

（4）岗位评价。岗位评价重在解决薪酬对组织内部的公平性问题。通过比较组织内部各个职位的相对重要性，得出职位等级序列。岗位评价以岗位说明书为依据，方法有许多种，组织可以根据自身的具体情况和特点，采用不同的方法来进行。

（5）薪酬类别的确定。薪酬类别的确定是指根据组织的实际情况和未来发展战略的要求，对不同类型的人员应当采取不同的薪酬类别。例如，组织高层管理者可以采用与年度经营业绩相关的年薪制，管理序列人员和技术序列人员可以采用岗位技能工资制，营销序列人员可以采用提成工资制，组织急需的人员可以采用特聘工资制等。

（6）薪酬结构设计。薪酬结构设计反映了组织关注的内容，因此采取不同的策略、关注不同的方面就会形成不同的薪酬构成。组织在考虑薪酬的构成时，往往综合考虑以下几方面因素：一是岗位在组织中的层级；二是岗位在组织中的职系；三是岗位员工的技能和资历；四是岗位的绩效。这些因素分别对应薪酬结构中的不同部分。

总之，薪酬体系设计必须根据组织的实际情况，并紧密结合组织的战略和文化，全面科学地考虑各项因素，并根据实际情况及时进行修正和调整，才能充分发挥薪酬的激励和引导作用，为组织的生存和发展起到重要的制度保障作用。

6.4.4 全面薪酬管理

世界步入知识经济时代，知识在企业价值创造中发挥主导作用，员工成为知识生产力的载体。企业管理者越来越认识到，吸引、保留和激励员工是企业获取竞争优势的关键因素。没有一个好的薪酬体系，企业就不能获取人力资源方面的竞争优势。因此，在知识经济时代，薪酬作为激励的关键要素，具备前所未有的功能与特征。全面薪酬管理应运而生。

全面薪酬管理是20世纪80年代末提出的新管理范畴。自20世纪90年代中期开始，世界薪酬协会开始致力于倡导和推进这一模式。

该模式由薪酬、福利、工作与生活、绩效与认可、职业发展机会五大要素构成。每个要素都具有自身的项目、实践、元素以及维度，共同构成并定义组织吸引、激励和保留员工的战略。

（1）薪酬是指雇主为雇员所提供的服务而支付的报酬，包括四个部分：第一，固定工资，也称基本工资，指无差异、无歧视性的报酬，即不针对绩效和成果而变化，通常由组织薪酬理念和组织结构来决定。第二，浮动薪酬，也称风险报酬，直接随绩效和成果水平的变化而变化，一般是在绩效考核之后一次性确定和支付。第三，短期薪酬激励，是可变薪酬的形式之一。设计重点在于奖励不超过一年或以下期间的员工绩效表现。第四，长期薪酬激励，也是可变薪酬的形式之一。旨在集中对一个较长时间（超过1年）员工绩效表现的奖励。典型形式包括股票期权、限制性股票、业绩股票、绩效单元和现金等。

（2）福利是指企业补充员工现金报酬的项目或支付计划。其旨在保护员工及其家庭抵御财务风险，可分三个类别：第一，社会保险，包括失业保险、社会保障、工伤保险等。第二，团体保险，包括医疗、牙科、视觉、处方药、心理健康、人寿、残疾、退休、储蓄等方面的保险。第三，为不工作时期支付的薪酬，以保障员工在没有参与工作时间的收入流，包括工作中（休息、休整时间、统一变更时间等）和工作外（休假、公司假期、私人时间等）的收入保障。

（3）工作与生活是指组织通过政策引导、具体方案实施等手段，帮助员工实现工作和家庭双赢的一项员工管理活动。组织支持员工高效的工作与生活的内容包括七项，涉及工作场所的灵活性、有偿和无偿休假、健康和福祉、家属关怀、财政支持、社区参与、文化变革干预等。

（4）绩效与认可。绩效是评价一个组织成功的关键部分。绩效管理涉及为实现企业目标而对组织、团队和个人努力进行的整合。绩效管理包括三个方面：第一，绩效计划，即在个人、团队和组织绩效目标期望之间实现连接的建立过程。在过程中需采取审慎态度，以确保在所有层级上目标的一致。第二，绩效表现，即员工展示其技能或能力的方式。第三，绩效反馈，即对员工绩效与期望之间的差距进行有效沟通。绩效反馈可以激励员工提高绩效。

认可是指对员工的行动、努力、行为或表现给予承认或特别关注。它有助于支持企业战略实施，以及提高和持续促进员工的绩效改善。对员工认可的奖励可以是现金或非现金形式（例如，口头表扬、奖杯、证书、牌匾、晚餐、门票等）。

（5）职业发展机会。发展是指组织推进人才开发的策略。它通过设置一系列旨在提高员工应用技能和能力的学习和经历，实现其绩效水平的提高。职业机会是指员工促进自己整体职业生涯目标的计划，包括在组织中的晋升。职业发展机会包括以下几点：第一，学习机会：学费援助、企业大学、新技术培训、研讨会、网络教育、在职学习、岗位轮训、脱产学习等。第二，辅导或管理：领导力培训、访问专家或信息网、参与自己专业领域的活动、组织内部或外部专家正式或非正式指导等。第三，晋升机会：在整个职业生涯周期中提供明确且认可的“开放或封闭式上升通道”。

五个元素形成企业特有的薪酬“工具箱”。企业管理者可以从中进行选择，以提供并调整自身的薪酬管理理念，形成依靠组织和员工共同创造价值的具有竞争力的整体薪酬战略，促进高满意度、高参与度和高生产率的员工队伍的建设。元素之间不是相互排斥的，而是具有多功能性并且适合多种组织的管理需要。例如，绩效管理可以是一种薪酬驱动性活动，也可以分散于直线型组织内，成为正式的或非正式的管理工具。同样，认可也可以作为薪酬、福利和工作与生活的元素。

6.5 互联网时代人力资源管理面临的挑战及解决对策

在互联网智能经济时代，技术发展、组织变革、模式更新的过程对人才也产生了极大的不确定，给人才管理带来了重大机遇，更给人才招聘、培养、保留带来了重大挑战。

6.5.1 人力资源管理面临的挑战

互联网时代，组织的人力资源管理将会遇到哪些挑战呢？

1）人口红利的消失

中国的90后和00后的人口数量，占国家总人口的比例相当低，我国人口老龄化问题也逐渐显现出来。由于企业人工成本迅速提升，很多跨国企业把工厂从中国转移到越南、泰国、马来西亚等东南亚国家。在很多城市，包括珠海、深圳，制造工厂出现了招工难的现象。

2）人才的“不确定性”

在互联网环境下，市场充满各种信息（真假）、机会（虚实）和诱惑（短期行为），对应届毕业生和从业职业人的心灵产生了巨大的震撼，导致就业人的多重目标、浮躁心态、纠结心理，这山望着那山高，人才流动速度不断加快，极大地增加了企业的运营成本。因此，在招聘人才的过程中，如何找人，找什么样的人，对人才定出什么样的标准，关注人才的哪些基本素质和能力是互联网变革时代企业面临的最大挑战。人才不间断地流动不仅对企业的经营造成经济损失，更重要的是对组织文化氛围和员工的信念、信心、信任造成长期的损害。

3）人才管理面临“多元性”

人才管理面临“多元性”的表层含义是，越来越多的外国人到中国就业，学习中文，了解中国文化，并进入到中国企业。同时，大批中国留学生走出国门，学习、实践、就业、回国。“多元性”深层的含义是，海量中国留学生、企业家、政治家、游客在世界各地穿梭往来，读万卷书，行万里路；见多识广，思想活跃。

4）人工智能带来的机遇和挑战

麦肯锡全球研究院发布的报告指出：到2030年，全球8亿个岗位的工作将被机器所替代，中国有1亿人面临职业转型，约占总人口的13%。人工智能将在零售、电力、制造业、医疗、教育五个领域创造出巨大的价值，其中30%的工作将融入自动化技术。该报告还预计，未来世界上将会有3.75亿人需要转换职业并去学习新的技能。

5）年轻员工高离职率的挑战

研究表明，90后在国企、民企、跨国公司中的离职率超出想象。这一代人的特质、自尊、需求、期望、资源、价值观与他们的父辈已经有了很大的不同。时代变了，环境变了，组织也在变。企业若不进行组织变革和机制改革，是不可能使年轻员工高度忠诚和具有奉献精神的。

管理育人6-1 员工为什么大批离职？

位于江苏昆山的世硕电子（昆山）公司（以下简称世硕公司）在发放员工证时，出现了令人愤怒的一幕。

视频显示，三位身穿红色衣服自称为公司培训干部的男子在工作台前负责分发员工证。然而，他们发证的方式有些“特别”：三名分发证件的管理人员不停地念出员工的名字，然后将一张一张证件全部丢在地上，每一个需要领证件的员工都要走到他们面前低头弯腰，像鞠躬一样捡起证件。

针对视频内容，世硕公司表示，视频内容不实，正在澄清。

随着舆论的发酵，世硕公司在9月5日晚又发布了声明：承认了这件事，但认为这件事是“招工旺季场地受限，现场管理不到位”导致的。

9月6日，抖音名为“湖北新闻”发布的视频显示，员工证扔地事件爆发后，世硕公司出现员工集体性离职，3 000名员工已有2 900名离开。

据抖音名为“湖北日报”9月6日发布的另一段视频显示，这家公司门口排起了长长的队伍，基本都是前来办理离职手续的员工。

有员工表示，这种不尊重人的厂子不干也罢。

资料来源 周弋博. 苹果代工厂将员工证甩飞在地让人捡，员工大批离职［EB/OL］.［2020-09-07］. http：//www.chinahrd.net/blog/416/1150144/415360.html.

感悟：经营者和劳动者，职位有高低，分工有不同，但在人格上是平等的。从企业发展的角度看，劳资双方是利益共同体、命运共同体、事业共同体，彼此应相向而行、携手共进、互相成就。尊重职工，经营者才会赢得职工的认同和信任；善待职工，企业才能赢得腾飞的明天和未来。尊重和善待职工，是一个企业发展壮大的关键所在，是一个企业行稳致远的重要法宝。

6.5.2 人力资源管理可采取的对策

企业人力资源管理的重点就是要挖掘企业人才的潜质和潜能，提升管理者的自我认知和领导力，实现新时代的组织目标。

1）招聘、培养、保留一流人才

这是人力资源管理者在互联网时代的工作重点，其要求人力资源管理者具有识别潜在人才的判断力和洞察力。要做到这点，人力资源管理者自身要具备清晰的价值观，做正确的事情，坚持致良知、真善美，学会选人，并把这些当作头等大事来做。为此，人力资源管理者必须得到CEO的授权和高度信任，成为企业战略发展和创新工作的合伙人。

2）数据化人力资源决策

互联网使得人力资源管理基于数据，并用数据说话和决策成为可能，使人力资源价值计量管理成为提升人力资源管理效能的有效途径。

要随时随地收集关于工作现场、员工个人和员工互动互联的数据，将员工行为与情感数据化，如根据大数据分析做出选人决策；通过大数据分析员工的价值诉求与期望，从而制定薪酬策略；根据大数据分析确定职位系统与能力系统的最佳效能匹配关系，剔除人力浪费，从而提升人才匹配决策的科学性。因此，未来的企业人力资源部要有计量专家和数据挖掘分析专家，强化人力资源价值量化管理。

3）深化组织设计和组织变革

在互联网时代，采用什么样的组织设计和架构，让员工能够从等级森严的传统官僚体系束缚中解放出来是一个艰巨的挑战。新的组织架构扁平、灵活、权力下放、去中心化，可以释放员工的潜能和积极性。

4）赋能员工，加强员工自主经营与管理

互联网改变了人与组织的关系，改变了人与组织的力量对比。借助于组织平台，个体创造的能量和效能被极度放大。正如张瑞敏在海尔所倡导的“企业无边界、管理无领导、供应链无尺度、员工自主经营”就是基于互联网的组织管理思维。同时，组织的话语权在互联网时代是分散的。过去，组织的话语权在上，是自上而下的单一的话语权链，但在互联网时代谁最接近客户，谁最接近企业价值的最终变现环节，谁就拥有话语权，谁就可能成为组织的核心。

5）即时反馈，从周期激励变为全面认可激励

互联网一方面使员工的需求和价值诉求的表达更快捷、更丰富；另一方面使企业对员工的价值创造、价值评价与价值分配更及时、更全面。因此，互联网时代呼唤全面认可激励，也为全面认可激励的实施提供了技术基础。

本章小结

★ 本章主要介绍了人力资源、人力资源管理的含义与特点；员工的招聘与培训、绩效评估、薪酬管理等几方面的内容。

★ 人力资源是指能够推动社会和经济发展的具有智力劳动和体力劳动能力的人们的总和。人力资源管理是指管理者通过人力资源计划、招聘、选拔、培训与发展、业绩评估、制定工资和福利制度等一系列活动，向组织提供合适人选并取得高水平绩效和职工最大满足的过程。人力资源管理的内容包括职务分析与设计、人力资源规划、员工招聘与选拔、绩效考评、薪酬管理、员工激励、培训与开发、职业生涯规划、人力资源会计、劳动关系管理等。

★ 员工招聘是指组织及时寻找、吸引并鼓励符合要求的人到本组织中任职和工作的过程。员工招聘的标准：管理的愿望、良好的品德、勇于创新的精神、较高的决策能力。员工招聘的具体步骤是：制定人力资源规划、做好工作分析、选择适合的招聘渠道、采用恰当的甄选工具、选定录用员工、评价和反馈招聘效果等。

★ 员工培训是指组织通过对员工有计划、有针对性的教育和训练，使其能够改进

目前知识和能力的一项连续而有效的工作。员工培训的内容主要包括以下几方面：专业知识与技能培训、职务轮换培训、提升培训、设置助理职务培训。

★ 绩效是指员工在工作过程中所表现出来的与组织目标相关的并且能够被评价的工作业绩、工作能力和工作态度。绩效评估是指组织定期对个人或群体小组的工作行为及业绩进行考查、评估和测试的一种正式制度。绩效管理的意义主要表现在以下几个方面：有助于提高企业的生产率和竞争力、有助于人事决策合理化、有助于员工更好地进行自我管理、有助于保证员工行为和企业目标的一致、有助于提高员工的满意度。绩效评估的程序：确定绩效考核目标、确定绩效考核周期、确定绩效考核方法、绩效反馈、绩效评估的运用。

★ 薪酬管理是指一个组织针对所有员工所提供的服务来确定他们应当得到的报酬总额以及报酬结构和报酬形式的过程。薪酬管理的意义主要表现在以下几方面：薪酬管理是管理者人本管理思想的重要体现、薪酬战略是组织的基本战略之一、薪酬管理决定着人力资源的合理配置与使用、薪酬管理是激励员工的重要手段、薪酬管理直接关系到社会的稳定、薪酬管理影响着组织的盈利能力。

★ 互联网时代组织的人力资源管理面临的挑战：人口红利的消失、人才的“不确定性”、人才管理面临“多元性”、人工智能带来的机遇和挑战、年轻员工高离职率的挑战。

★ 互联网时代人力资源管理的对策：招聘、培养、保留一流人才；数据化人力资源决策；深化组织设计和组织变革；赋能员工，加强员工自主经营与管理；即时反馈，从周期激励变为全面认可激励。

主要概念和观念

★ 主要概念

人力资源　人力资源管理　人力资源规划　绩效评估　360度绩效评估法　薪酬管理

★ 主要观念

员工招聘与培训　绩效考核方法

基本训练

1）判断题

在线测评6-1

判断题

(1) 高级管理人才选拔应遵循外部优先原则。（　　）

(2) 绩效工资以支付工资的方式影响员工将来的行为，而激励工资侧重于对过去工作的认可。（　　）

2）选择题

(1)（　　）是指一个国家或地区所拥有的人口的总量，主要表现为人口的数量。

A.人口资源　　B.人力资源　　C.人才资源

(2) 工作绩效考评的基本内容主要包括四个方面：（　　）。

A.德　　B.政　　C.能

D.勤　　E.绩

在线测评6-2

选择题

(3)(　　)反映的是工作或技能价值，而往往忽视了员工之间的个体差异。

A.基本薪资　　B.绩效工资　　C.激励工资　　D.福利

(4)薪酬管理比起人力资源管理中的其他工作有一定的特殊性，表现在(　　)。

A.敏感性　　B.有效性　　C.特权性　　D.特殊性

3）简答题

1）简述现代人力资源管理研究的新方向。

2）简述员工招聘的具体步骤。

3）绩效评估的意义有哪些？

在线测评6-3

简答题

4）薪酬管理的意义主要表现在哪几个方面？

5）全面薪酬管理包括哪些内容？

6）互联网时代组织的人力资源管理面临的挑战有哪些？

7）互联网时代人力资源管理的对策是什么？

4）分析题

长安汽车的人事变革

2021年初，长安汽车内部开启了一场前所未有的人事变革。

2月8日，长安汽车召开干部会，推进任期制和契约化管理，解聘全体高职级人员，并重新聘用。这次高职级人员任期制聘用，将在全公司范围内拉通盘点及审视人力资源配置，首先解聘公司所有二级单位总经理级人员并重新聘用。

谈及改革原因，在连续两天的干部会上，公司董事长、党委书记朱华荣表示，不是我们的干部队伍能力不行了，而是我们正面临新一轮的竞争格局，需要重构新的能力。改革是深化国有企业三项制度改革、加大市场经营机制改革、实现公司转型升级高质量发展的必然要求。

如此大型变革，整个调整时间不到一周，朱华荣称其为“一边打仗，一边换防”。

长安汽车官方公众号“你好长安”的发布显示，2月8日启动，9日完成总经理（单位负责人）职位聘用，10日完成副总经理、非制造单位经理级职位聘用，13日完成制造单位经理级职位、无合适人选的空缺职位聘用。

有业内人士表示，这是企业组织人事的常规操作，目的就是阶段性激发组织活力，能者上庸者下，树立危机意识和增强体系适应能力。2007年底发生的华为7 000人辞职再重新竞争上岗事件，就是一个经典案例。

此类调整在汽车企业中并非首例。早在2017年一汽集团就在其董事长徐留平的带领下完成了组织和人事变革，针对企业架构和高管进行了大规模调整，精简了部分员工。变革促进了红旗品牌的二次腾飞，2018年启动一汽新红旗品牌战略，红旗品牌的销量从2017年的4 000多辆增长至2021年的30万辆。

对长安汽车来说，它迫切需要一场变革。

长安汽车销量在2016年冲上峰值，2017年至2019年逐年下滑，近两年有所好转。2021年长安集团全年累计销量约230.05万辆，同比增长14.82%，好于行业整体，但仍不及2016年的305万辆。

长安汽车的此次调整，是其一系列人事调整的高峰，也传达出长安变革的决心。走到了不得不改变的关键时点，这次变革能否帮助长安实现飞跃式发展？

资料来源：王玄璇，马吉英. 人事巨震，长安不安？[EB/OL].[2022-02-14]. https://copyfuture.com/blogs-details/202202121602398268.

问题：长安汽车为什么要进行此次人事变革？该案例给你带来什么样的启示？

在线测评 6-4

分析题

实践训练

（1）假如你是学校某一新成立的社团的负责人，社团成立之初要招聘一些同学加盟。你打算如何招聘？制订一份完整并可操作的招聘计划。

（2）以你所在的学校为例，通过访谈与调研等方式，了解贵校在员工培训、考核与薪酬管理方面是如何运作的，并根据本章所学的相关知识指出其中的不足，交出一份书面作业。

善用人者，为之下。

——《道德经》

第7章
领　导

学习目标

知识目标： 理解领导的含义与功能；了解领导特质论的基本内容；掌握领导行为论和权变论中各个具体的理论的内容。

技能目标： 能够根据领导者的表现分析和评价该领导者的领导方式；能够运用领导的权变理论来提高自己的领导效力。

素养目标： 引导学生积极践行社会主义核心价值观，坚定文化自信。

思维导图7-1

第7章

引例　美团的“领导梯队计划”

美团CEO王兴的最牛之处就在于他对“领导梯队”的极度重视。他曾给美团管理层每人都送了一本拉姆·查兰的《领导梯队》，有时大家开会遇到不知道该怎么处理的问题，王兴就可能说，我们可以用《领导梯队》第三章第二节关于某某问题的解决方法来解决。2020年美团还推出了一个“领导梯队计划”，以此推动人才盘点、轮岗锻炼、继任计划。

按照领导梯队的相关理论，一个领导者的成长经历通常是从主管到总监，再到总经理、CEO。虽然所有管理者的工作性质和内容基本一样，都包括计划、组织、领导和控制四个方面，但是每个层级的管理者对应着不同的能力和具体职责。例如，基层管理者要学会做的最重要的事主要有三件：界定和布置工作、提高下属胜任能力、建立人际关系。中层管理者有三种至关重要的技能：选拔和培养有能力的基层管理者、让基层领导对管理工作负责、在各部门配置各种资源。

高层管理者（CEO）是领导力要求的制高点，对领导力有着最高的要求。高层领导者的主要任务是：

1.处理好短期和长期利益

CEO必须在短期目标和长期目标之间保持平衡，不受干扰地选择对公司发展最有利的策略。很多CEO都是“强人”，敢于提出和推动在投资者、市场、媒体中短期不受欢迎的决策。

2.设定公司发展的方向

CEO必须思考有关企业发展的大问题：公司去向何方？行业的变化是什么？商业模式是什么？竞争格局是什么？

仅有愿景规划远远不能应对这项挑战，许多公司制定了规划蓝图，悬挂于墙上，大多内容空泛，没有重点，因此毫无意义。

3.培育公司的软实力

每个公司都是一个社会性组织，几个人一起工作，就会形成积极的或消极的关系。管理好这种社会关系与工作环境，是CEO最重要的职责之一。

4.执行到位

CEO必须确保公司的战略执行到位。与前些年相比，现在各行各业的竞争都很激烈，所以执行力对CEO来说更加重要，在其他管理层级，执行不力或许可以敷衍过去，但在CEO岗位上，任何微小的疏忽对企业而言都要付出高昂的代价。

在一次金融监管会上，台上领导一边讲，台下马明哲（平安集团董事长）一边拍照。他把每页PPT内容拍下来后，加上具体要求，发给各条线对口的管理者。会议结束，马明哲对监管要求也完成部署。接下来，只用几天时间，马明哲就能收到各家子公司的具体方案、时间、节点、检验标准、追踪工具。一周后，你随便抓个业务员问问，他甚至都能告诉你马明哲的要求。

可见，CEO的执行到位不仅是做事快，还要让全公司几百甚至几万人同进退。

其实这些要求主要是个人层面的改变，要真正建成领导梯队，在公司内形成一套强有力的机制，系统性地选拔、培训、考核、评估各层级管理者也是必不可少的。美团内部就成立了“中高管发展部”，由现在的“二号人物”穆荣均负责，他把领导梯队的建设放在了公司中很突出的位置，而没有停留在口头上。

另外，领导梯队建设还强调上级培养下级的必要性，公司的人才体系要想健康，必须在每个层级都有合格的教练。

资料来源 齐马，灵竹．王兴以后怎么管10万人？[EB/OL]．[2021-06-27]．https://finance.sina.com.cn/stock/s/2021-06-27/doc-ikqciyzk2141511.shtml．

没有成功的企业领导者就没有成功的企业。相反的实例也反复证明，领导的平庸、无能是断送企业发展前途乃至走向衰退的致命因素。由此也带给我们一系列思考：什么是领导？领导的作用何在？领导者怎样影响下属？什么样的领导方式才是最有效的？

7.1 领导行为概述

领导是管理的一项重要的基本职能，在实际的组织管理工作中，即使组织计划完善，组织结构合理，如果没有卓有成效的领导去协调、影响组织成员的行动和具体指导实施组织计划，也很容易产生混乱，降低工作效率，偏离组织目标。可见，管理的领导职能是指通过管理者实施影响下属的领导行为，把组织成员的个体目标和组织目标进行有效匹配。因此，从根本上说，组织成员是在一定的组织环境中，通过管理者的指挥和协调来完成组织目标的。这说明管理的领导职能在行为的作用方向上，包括两个方面：一是实施管理权力的领导者；二是管理权力的作用对象——组织成员。所以，从领导者方面来说，管理者的领导力量从何而来、管理者和领导者的关系、领导者的基本类型以及领导者采用什么样的领导方式，都关系到能否使员工的个体目标与组织目标一致的问题。

7.1.1 领导、领导者、领导活动

领导是领导者及其领导活动的简称。在现代企业中，领导者居于独特的地位，发挥着独特的作用。从组织目标达成角度看待领导者，他们往往成为影响企业经营成败的重要因素；从员工利益角度看，领导者则是员工福祉和满意度的首要影响者。因此，如何培养合格的领导者，如何提高领导者工作的效率，就成为企业管理中一个非常重要的课题。

什么是领导？对于这样一个众所周知的名词，管理学者有着许多不同的解释：

领导是对组织内群体或个人施加影响的活动过程；

领导是一门促使其部属充满信心、满怀热情来完成他们任务的艺术；

领导是影响人们自动为达成群体目标而努力的一种行为；

领导是一种说服他人热心于一定目标的能力；

领导就是行使权威与决定；

领导是一种影响过程，即领导者和被领导者个人作用和与特定环境相互作用的动态过程。

我们把上述各种表述归纳起来，对领导的实质含义可做如下表述：**领导是指引和影响个体、群体或组织，在一定条件下实现所期望目标的活动过程。**致力于实现这个过程的人，即为领导者。这样，实质上把领导看成了一个动态的过程，而该过程是由领导者、被领导者及其所处环境三个因素所组成的复合函数，可用公式表示为：

领导=f（领导者，被领导者，环境）

领导活动是领导者帮助其下属有效实现组织目标和个人目标的过程，它既体现在组织目标的确定这类战略性的工作中，也体现在审时度势、用人执事等具体的战术性的工作中。在现代管理中，领导活动往往是由一个领导集团来承担的，这也称为集体领导。由于大量的领导活动必须落实到个人身上和由个人来承担，所以领导活动在方式上存在着差异。概括地讲，大致存在以下三种类型的领导活动方式：集权型的领导活动方式、民主型的领导活动方式、放任型的领导活动方式。无论采取何种类型的领导活动方式，领导活动都是领导者与被领导者关系的动态形式。领导者的指挥、控制和协调，就是通过把自己的想法、感受和决策等信息传递给被领导者，并影响被领导者的行为。

案例分享7-1　　三位领导，三种风格

刚刚大学毕业的吴君通过学校推荐来到某钢材集团总公司下属的第三分公司，给张总经理做秘书。张总经理可谓日理万机，因为公司的大小事情都必须向他汇报，得到他的指示才能行事。尽管如此，吴君感到工作还是比较轻松，因为任何事情她只需要交给总经理，再把总经理的答复转给相关责任人，就算完成任务了。可是好景不长，因为张总经理每日太过奔波劳碌，结果病倒了。

新上任的是王总经理。王总经理开始对吴君每日无论大小事宜都要请示提出了批评，让她慢慢学会分清轻重缓急，有些事情可以直接转交其他副总经理处理。这样，王总经理每日有更多的时间去考虑公司的长远目标，确立组织发展方向，然后在高层领导者之间召开会议，进行研讨。自王总经理上任以来，公司出台了新的发展战略、市场定位及公司内部的规章制度，公司的业绩也在短期内有了很大的提高。同时，吴君也很忙碌，有时需要跑很多的部门去协调一项工作，她觉得学到了很多东西，也充实了不少。因为业绩突出，王总经理干了一年就被调到总公司去了。

之后又来了李总经理。相对于张总经理的事必躬亲以及王总经理的有张有弛，李总经理就要随意得多了。他到任之后，先是了解了一下公司的总体情况，感到非常满意，就对下面的经理说："公司目前的运营一切顺利。我看大家都做得比较到位，总经理嘛，关键时刻把把关就可以了，不是很重要的事情你们就看着办吧。"这样一来，吴君享受到了自工作以来没有过的轻松，因为一周也没有几件事情要找总经理。

问题：你认为三位领导的风格有区别吗？你认为哪位领导的管理风格更可取？

案例分享7-1

分析提示

7.1.2　领导的功能

领导的基本功能包括组织功能和激励功能两个方面。

1）领导的组织功能

领导的组织功能包括以下三个方面：

（1）指挥作用。在组织活动中，需要思路清晰、胸怀全局，能高瞻远瞩、运筹帷幄的领导者。需要领导者帮助组织成员认清所处的环境和形势，指明组织目标和达到目标的途径。领导者只有站在员工的前面，用自己的行动带领组织成员为实现组织目标而努力，才能真正起到指挥作用。

（2）协调作用。在许多人协同工作的组织活动中，即使有了明确的组织目标，但因组织成员的才能、理解能力、工作态度、进取精神、性格、作风、地位等的不同，加上外部各种因素的干扰，因此各成员在思想上很容易发生各种分歧。所以，在行动上出现偏离目标的情况是很难避免的。这就需要领导者来协调组织成员之间的关系和活动，把组织成员团结起来，朝着共同的组织目标前进。

（3）控制作用。在组织活动的过程中，领导者能够及时获取较为全面的信息，通过对活动效果和组织目标的比较，迅速发现组织问题之所在，保证组织活动按照组织目标的要求进行。领导者的控制主要包括制度控制和创新控制。制度控制要求领导者在准确地把握组织目标的基础上，制定并运用相应的标准体系进行组织活动的过程控制。创新控制要求领导者培育良好的组织文化，准确地把握持续变化的组织内部和外部环境，通过引导有效的组织学习和变革来更好地实现组织目标。

2）领导的激励功能

领导的激励功能主要表现在以下三个方面：

（1）提高被领导者接受和执行目标的自觉程度。个体积极性的发挥与个体目标和组织目标的一致程度基本上成正比。领导者要想提高员工的积极性，就要把组织目标的实现与满足员工的需要统一起来，创造出一种组织环境，使员工增强对组织目标的认同感，从而提高员工接受和执行目标的自觉程度。

（2）激发被领导者实现组织目标的热情。组织目标的实现，需要员工有为实现组织目标而奋斗的热情。领导者在员工心目中的权威性、暗示性对员工有着极大的感染力。在领导者与被领导者的关系中，不仅存在着一般的组织关系，而且存在着一种感情关系。因此，领导者要注意满足员工的各种需要，特别是满足员工的心理需要。

知识拓展7-1

领导者：卓越与平庸之间只隔一个“哈利规则”

（3）提高被领导者的工作效率。被领导者工作效率的高低、为实现组织目标而做出贡献的大小、才干和能力水平发挥的程度，一方面和员工自身因素有关，另一方面也和领导行为水平、领导影响力的大小有关。因此，领导者应通过自己的行为，为被领导者创造一个有利于提高工作效率的物质环境和心理环境。只有这样，才能提高被领导者的工作效率。

案例分享7-2　　好的领导——把激励做到位

超市行业有一个最特别的存在——于东来，以及他创立的“胖东来”。胖东来有很多传奇，比如人均销售额、利润、坪效等核心指标在中国民营商业企业排名第一；员工工资是当地同行人员工资的几倍，店长年收入上百万元……

胖东来的员工工作努力，不仅仅是因为胖东来的董事长于东来给的工资高，福利待遇好。也是因为于东来曾说过："只有把人留在你的企业、把人心留住，他才会关心这个企业，为这个企业努力，不然他将来根本不打算在这个企业里长待，怎么可能为你效力呢？所以企业家一定要让你企业的每一个员工都能对企业有忠诚度。企业家把自己的心掏出来，企业的员工就会为企业付出血汗和智慧。"

于东来说："我信仰善良、幸福和快乐。"他认为一个快乐善良的人，才能感染他人。因此，企业首先要这样去对待员工，员工才会以最大的善意去对待工作，并将温暖带给顾客。

在胖东来，于东来给员工分股份、分现金。最初是净利润的百分之五十，到后来是百分之九十，最后达到了百分之九十五。时至今日，这个"没有野心"的大老板，坐拥几十亿元的营业额，自己只拿300万元工资，其余利润全部分给员工。

物质上充分激励之后，是精神的激励。在于东来这里就是信任和放权。于东来曾经在公开场合说，我一年的时间有七八个月都在外面自驾游。我和我的高层领导有时几个月都不联系。我把权力放给他们，因为我信任他们。

从胖东来的员工激励和管理方式可以看出，老板的格局，决定了企业的高度。老板愿意和员工分钱，懂得如何放权，企业一定会上下一心，共同做大蛋糕。因此，老板学会运用领导艺术，用好激励机制，就能留住真正能改变企业命运的优秀员工。

案例分享7-2

资料来源　佚名．不懂激励的领导，怎么带好团队？[EB/OL]．[2021-09-10]．https：//www.shangyexinzhi.com/article/4189589.html.

分析提示

问题：于东来是如何激励他的员工的？

7.1.3 领导与管理

管理的活动是多种多样的，它比领导活动的范围要广泛得多，而领导活动只是组织中若干类管理活动中的一种。在实际工作中，管理活动非常复杂，在逻辑顺序上也并非一定按计划、组织、控制、协调和领导等职能依次进行，常常会相互交织、重叠。相应地，管理者不仅包含领导者，还包括其他从事管理工作的人员。

领导与管理是密切相关的，但它们之间又有着明显的区别，是两个不同的概念。

（1）共性。从行为方式看，两者都是一种在组织内部通过影响他人的协调活动，实现组织目标的过程。从权力的构成来看，两者都是组织层级的岗位设置的结果。

（2）区别。从本质上说，管理是建立在合法的、有报酬的、强制性权力基础上的，对下属命令的行为，领导则可能建立在合法的、有报酬的和强制性权力的基础上，也可能建立在个人影响力和专长以及模范作用的基础上，并且两者所担负的工作内容不同。管理与领导的区别见表7-1。

表 7-1 管理与领导的区别

项目	管 理	领 导
确定目标进程	编制计划与预算 • 为达成目标，制订出详细的步骤和计划进度 • 为达成目标，进行资源分配	指明方向，给出战略 • 展现未来的远景与目标 • 提出未来要达到的远景与目标的战略思想
开发实现目标所需的人力和网络结构	组织和配备人员 • 组建所需的组织结构及配备人员 • 规定权责关系 • 制定具体政策和规程指导行动 • 建立系统和方法，监督完工状况	指导人们 • 同协作者沟通，指明方向、路线 • 让人们更好地理解目标、战略，以实现目标后的效益 • 指引人们根据需要组建工作组、建立合作伙伴关系
执行	控制和解决问题 • 通过具体详细的计划，监督进程和结果	鼓舞和激励 • 动员克服改革中的障碍 • 鼓舞、激励在初具条件的情况下，努力克服人力与资源的不足，实现改革
结果	• 具有一定程度的预见性并建立良好的秩序 • 得到各利益所有者，如用户、股东期望的关键效果	• 取得较大进展的改革 • 具备进一步改革，如开发用户期望的新产品的潜力

课堂互动 7-1

答案提示

课堂互动7-1

一般来说，管理者是被任命的。那么领导者也一定是被任命的吗？

7.1.4 领导者的影响力

要实现有效的领导，关键是领导者要在被领导者心目中有崇高的威望，而威望的高低则取决于领导者自身具备的影响力的大小。

所谓影响力，就是一个人在与他人的交往中，影响和改变他人心理的能力。影响力，人皆有之，但是由于交往双方各自的知识、经验、能力、地位、权力等特点与条件不同，交往的环境不同，影响力所起的作用是大不相同的。人们的影响力大小是一个相对比较量。

领导者在与他人交往中的影响力的大小是由许多因素决定的，如地位、权力、知识、能力、品格和资历等因素。作为一位有效的领导者，他必须对权力和影响力有正确的认识。一般人们把权力解释为一个人因有某种地位和素质而获得的一种力量，这种力量可用来影响别人，使别人根据他的劝告、建议或命令办事。

领导者的影响力分为两类：权力性影响力和非权力性影响力。这是两种产生于不同基础之上、发挥不同作用的影响力。

1）权力性影响力

权力性影响力也叫强制性影响力。**权力性影响力**是指由社会赋予个人的职务、地位、权力等所构成的影响力。这种影响力的基础，一是在于领导者法定的地位，正式组织中的上级主管部门赋予某个人以一定的职务和权力，带有法定的性质，使被领导者认为领导者能合法地指挥、支配人们的工作行为，自己必须听命、服从；二是在于其奖惩权，领导者掌握着奖惩权，接受其领导的就给予奖励，拒绝其领导的就予以惩罚，因此，人们只有服从。

权力性影响力的基础决定了其影响力的特点与作用，即对别人的影响带有强制性和不可抗拒性，是以外推力的形式发挥作用的。这种由于职务、权力、地位而产生的影响力完全是外界赋予的，不是由于领导者本身的素质及现实行为所产生的，因此在权力性影响力的作用下，下属的心理与行为一般表现为被动服从，它对人的激励作用是十分有限的。如果领导者只是一味地以权力压服下属，还会带来下属的不满和反抗情绪的增强。

构成权力性影响力的因素主要包括传统因素、职位因素和资历因素。

（1）传统因素。传统因素是指人们对领导者的一种传统认识。自古以来，人们形成了一种观念，认为领导者总是不同于一般人，认为领导者有权力、有才干，比普通人强，从而产生了对领导者的服从感，这就使领导者的言行增强了影响力。这种传统观念所产生的影响力普遍存在，只要你成了领导者，这种力量就自然而来。这是一种观念性因素。

（2）职位因素。它指个人在组织中所担任的职务和所处的地位。具有领导职务的人，社会赋予他一定的权力，而权力使领导者具有强制下属的力量，其凭借权力可以左右被领导者的行为、处境、前途乃至命运，使被领导者产生敬畏感。领导者的职位越高，权力越大，别人对他的敬畏感就越强烈。职位因素造成的影响力是以法定条件为基础的，与领导者本人的素质条件没有直接关系。它是一种社会性因素。

（3）资历因素。资历是指领导者的资格和经历。领导者的资格和经历对被领导者产生的心理影响称为资历因素影响。领导者的资历越深，其影响力越大。它是一种历史性因素。

显而易见，由传统因素、职务因素、资历因素所构成的影响力，都不是因领导者的现实行为产生的，而是外界赋予的。它对下属的影响带有强制性和不可抗拒性。这种权力来自领导者所担任的职务，他有了这个职务，就有了这个职务赋予的法定权力，下属不能随便不接受他的领导。因此，这种权力是一种位置权力或地位权力，它取决于个人在组织中的地位。这种影响力对被领导者的作用主要表现为被动服从。它的核心是权力，它对人的心理和行为的激励作用是有限的。

2）非权力性影响力

非权力性影响力也称为自然性影响力，它与权力性影响力是相对的，与法定的权力无关。非权力性影响力是由于个人自身的品德、才能、学识、专长等因素而对他人产生的影响力。任何一个人，只要他具有高尚的品德、拥有渊博的学识或者表现出某种出众的专长，都会受人爱戴、敬佩，都会有这种影响力。

非权力性影响力取决于个人的品德、行为和学识专长等方面。品德高尚、受人敬佩的人，其言行影响力的强度远在一般人之上。同样，博学多才、知识丰富的人比缺乏真知灼见、低能平庸的人更具有影响力。

由领导者自身因素而产生的影响力不是以外力推动人的行为改变，而是对人们心理的自然感召，使之自愿改变行为。因此，非权力性影响力的特点是自然性，在这种影响力的作用下，人们的心理和行为多表现为自觉自愿、积极主动。同时，在具体活动中，它比权力性影响力具有更大的影响，并起着权力性影响力所起不到的作用。

非权力性的影响力既没有正式的规定，也没有组织授予的形式，它是一种自然性影响力，是靠领导者自身的威信和以身作则的行为来影响他人的。非权力性影响力产生的基础比权力性影响力产生的基础广泛得多。构成非权力性影响力的因素主要包括品格因素、能力因素、知识因素和情感因素。

（1）品格因素。它是指领导者的品行、人格、作风等对人的影响。领导者如果品格高尚，就会得到敬重和认同。不论职位有多高，如果领导者品格不好，他就会威信扫地，失去影响力。

（2）能力因素。它是指领导者的领导能力与才干对人的影响。有才能的领导者会给企业带来成功，使人产生敬佩感，领导者的能力越强，人们对他的敬佩感也越强。

（3）知识因素。它是指领导者的博学多才对下属产生的影响。领导者广博的知识会使人产生信赖感，从而增强其影响力。

（4）情感因素。它是指领导者对人有真挚的感情。领导者的关心帮助会使人们产生亲切感，会增强领导者自身的吸引力。因此，领导者应注意跟下属拉近感情，这样他的影响力就会增强，这种因素也是一种精神因素。

管理育人7-1　以习近平同志为核心的党中央坚强领导，是我们经受考验战胜疫情的根本保证

2020年8月29日，广东陆丰宣布，南塘镇疫情风险等级由中风险调整为低风险。至此，全国中高风险地区清零！

疫来如山，在这场没有先例可循的大考中，在以习近平同志为核心的党中央领导下，我们交上了令人赞叹的“中国答卷”。一步步异常艰辛的挺进，辉映着这场伟大斗争艰苦卓绝的历程。

敏锐洞察、果敢决策，方能赢得先机

2020年1月7日，习近平总书记就对做好疫情防控工作提出要求。1月20日，他又作出重要指示，强调“必须引起高度重视，全力做好防控工作”。

1月22日，习近平总书记果断要求湖北省对人员外流实施全面严格管控。次日，武汉宣布暂时关闭离汉通道。

俄罗斯国际事务理事会专家尤里·库林采夫评价，正是中国这一果敢决断，“为本国、为国际社会赢得了时间，避免了病毒在最初几个月的失控蔓延”。

科学指引、沉着应对，方能力挽狂澜

1月25日，农历正月初一。习近平总书记主持召开中央政治局常委会会议，对疫情防控工作进行再研究、再部署、再动员。

党中央成立应对疫情工作领导小组，向湖北等疫情严重地区派出指导组……一系列重大决策，从中南海传向全国。

船重千钧，掌舵一人。越是危难关头，越是关键时刻，越能彰显领导核心的作用。

多次主持召开中央政治局常委会，作出一系列重要指示，亲赴北京、武汉防控一线调研指导疫情防控工作，科学回答疫情防控根本性、全局性、关键性重大问题……习近平总书记亲自指挥、亲自部署，为疫情防控斗争指明方向。

统一指挥，令行禁止，方能坚如磐石

8月27日，广东省博物馆。广东中山大学附属第一医院的20多名党员医务人员与武汉“再度相逢”。在“众志成城——致敬抗疫者”展览上，他们看到了自己在武汉抗疫期间留下的照片。展开鲜红的党旗，他们再次合影，胸前的党徽熠熠生辉。

武汉市金银潭医院，院长张定宇带领240多名党员，全部坚守在急难险重岗位，没有一个人迟疑、退缩。

曾在2003年奉命赴北京抗击非典的南方医科大学南方医院医疗队队员们，17年后再次扛起重担：“若有战，召必回，战必胜！”

党的力量来自组织。当党中央发出冲锋号角，各级党组织迅速行动，临时党组织在疫情防控一线成立，把广大党员干部、人民群众聚拢在党的旗帜下。

从救治到防控，从生产到物流，层层紧急响应，环环紧密配合；从城市到乡村，一名名党员冲锋在前，一个个基层党组织挺立一线，带领亿万人民全面投身疫情防控，让党旗在战“疫”第一线高高飘扬。

资料来源 邹伟，胡浩，林晖，等. 在磨难中砥砺复兴力量——中国抗击新冠肺炎疫情伟大斗争启示录［EB/OL］.［2020-09-07］. http：//www.xinhuanet.com/politics/2020-09/07/c_1126463173.htm.

感悟：在以习近平同志为核心的党中央坚强领导下，14亿人民万众一心、众志成城，经过艰苦奋战，付出巨大代价，有效遏制了疫情，中国新冠肺炎疫情防控人民战争、总体战、阻击战取得重大战略成果。

7.2 领导有效性理论

管理专家对领导的有效性问题进行了长期的研究，按其发展阶段形成了三种理论：特质论、行为论和权变理论。

7.2.1 特质论

特质论是一种用来识别有效的领导者的个人素质与特征的理论。这种素质与特征主要是指领导者个人所具有的品德、能力、知识、修养和领导艺术等。简单地说，就是什么样的人，干成什么样的事。“英雄造时势”就属于这种观点。这种观点很迷人，在名人传记中被大着笔墨，尤其为那些渴望成为优秀领导者的人所推崇。这种观点的背后还潜藏着一个思想，就是很多优秀品质是遗传的，所以千百年来这些优秀品质都自觉不自觉地被许多人所认同。

管理学家们对于领导者应该具有哪些特质有过许多表述，这里介绍几个有代表性的观点。

1）六种特质理论

六种特质理论是西拉季等人提出的，他们认为，领导者的特质可分为下列六类：体质特征、社会背景、智力、性格、与工作相关的特征和社会特征（见表7-2）。

表7-2 领导者特质的实例

体质特征	社会背景	智 力	性 格	与工作相关的特征	社会特征
年龄 体重 身高 外貌	教育 灵活性 社会地位 同事关系	判断力 果断性 说话流利程度	独立性 自信 支配/依赖 进取性 急性/慢性	成就的需要 创造性 坚持 责任的需要 对人的关心 对成果的关心 安全的需要	领导能力 合作精神 与人共事的技巧 正直诚实 权力的需要

2）十大条件论

十大条件论是美国普林斯顿大学教授鲍莫尔提出的，他认为企业领导人应具有下列十大条件：①合作精神。愿意与他人共事，能赢得别人的合作，对人不用压服，而用说服和感服。②决策才能。能根据客观实际情况而不凭主观想象做出决策，具有高瞻远瞩的能力。③组织能力。善于发现下级的才智，善于组织人力、物力和财力。④恰当地授权。能把握方向，抓住大事，而把小事分散给下级去处理。⑤善于应变。能够随机应变，不墨守成规。⑥勇于负责。对国家、对职工、对消费者以及对整个社会，都有高度的责任心。⑦勇于创新。对新事物、新环境、新技术、新观念，都有敏锐的感受力。⑧敢冒风险。有雄心，对企业发展不利的风险敢于承担，能创造新局面。⑨尊重他人。能听取别人的意见，并能吸取合理的意见，不狂妄自大，能器重下级。⑩品德超人。品德为社会和企业内的人们所敬仰。

3）杰克·韦尔奇的观点

美国通用电气（GE）CEO杰克·韦尔奇在2000年2月9日发表的致股东、客户与员工的一封信中阐明了GE成功的秘诀。这封信中披露了GE多年来筛选领导的四个标准：

（1）旺盛的精力，即要有应付急剧变化节奏的精力。

（2）鼓动能力，即能“激发活力”，就是要有能力使机构兴奋起来，能激励、鼓动人们去行动。

（3）决断力，即要有“锋芒”，有自信去面对棘手的问题，要说“是”或“不是”，而不要说“也许”。

（4）实践诺言，即要“实施”，永远都要兑现承诺，决不让人失望。

4）最新的研究

最新的研究得出了六种人格特质与成功领导者相关，即进取心、领导意愿、正直与诚实、自信、智慧、与工作相关的知识。此外研究表明，高自我监控者（在调节自己行为以适应不同环境方面具有很高的灵活性）比低自我监控者更易于成为群体中的领导者。对上面介绍的研究成果进行比较综合，我们会发现它们彼此之间存在很大的一致性，这也说明成功的领导者确实具有一些不可或缺的人格品质。我们可以得出这样的结论：具备某些人格特质确实能提高领导者成功的可能性，但没有一种特质是成功的保证。如果说还存在领导才能的话，那就是在合适的时间，具备合适的技巧，成为合适的人选。

5）特质论的局限性

（1）没有一种普遍适用的特质可以在所有情境下预测领导力，但在特定情境中，特质可以预测领导力。

（2）在组织规范严明的情境中，领导者的特质表现机会比较少；而在自由度非常大的情境中，领导者的特质表现机会较多。就是说在后一种条件下，特质对领导结果的成败影响较大。

知识拓展7-2

中国企业家的特质

（3）因果关系难以断定。领导者具备自信的特质，是因为自信导致了成功，还是成功铸就了自信？没有人能够说清楚。

（4）特质在预测领导者行为表现方面有效，但无法预测组织的成功。

7.2.2 行为论

特质论在解决领导有效性的问题上没有给出令人满意的答复，行为论就成为新的出路。行为论是一种着重研究领导者如何以自己的不同行为和作风来影响被领导者，以及分析判断领导是否有效的理论。这种观点认为与其说有效的领导来源于具有某种素质的领导者，不如说领导者的行为（就是怎么做）才是关键因素。行为论认为，特质论没有得出什么有价值的理论，就是说，如果没有发现好的领导者在人格上有什么特殊之处的话，那么他们在行为上是否有特殊之处呢？

行为论认为，有效的领导不在于领导者是什么样的人，而在于他怎么做。行为论主要有X-Y理论、管理系统理论、领导行为四分图理论、管理方格图理论等。

1）X-Y理论

领导者的行为和作风对被领导者的影响，与领导者对被领导者的看法有密切的关系。X-Y理论是两种有关领导者如何看待被领导者的理论。美国心理学家麦格雷戈在他的《企业的人性面》一书中，总结提出了两种对立的管理理论：X理论和Y理论。

（1）X理论。其基本观点如下：①多数人天生是懒惰的，他们都尽可能逃避工作。②多数人没有雄心大志，不愿负任何责任，而心甘情愿受别人的指导。③多数人的个人目标都是与组织的目标相矛盾的，必须用强制、惩罚的办法，才能迫使他们为达到组织的目标而工作。④多数人干工作都是为了满足基本的生理需要和安全需要，因此，只有金钱和地位才能鼓励他们努力工作。⑤人大致可以分为两类，多数人都符合上述设想，另一类是能够自己鼓励自己、能够克制感情冲动的人，这些人应负起管理的责任。

（2）Y理论。它是与X理论根本对立的，其基本观点如下：①一般人都是勤奋的，如果环境条件有利，工作如同游乐或休息一样自然。②控制和惩罚不是实现组织目标的唯一方法。人们在执行任务中能够自我指导和自我控制。③在正常情况下，一般人不仅会接受责任，而且会主动寻求责任。④在人群中广泛存在着高度的想象力、智谋和解决组织中问题的创造性。⑤在现代工业条件下，一般人的潜力只得到了部分发挥。

由上可知，X理论和Y理论是两种根本对立的对人性的看法。持X理论的领导者一般采取“严格控制”的专制型领导方式。他们把金钱作为基本的激励手段，将惩罚作为重要的管理原则，也就是人们常说的“胡萝卜加大棒”的管理方式。因而，持X理论的领导者往往只关心组织任务完成与否，而忽视职工的感情和心理需要。Y理论则截然相反，它对人性的看法同“人之初，性本善”的观点有某些近似之处。因而，更多的人对持Y理论的领导者更认同，也就是说，人们一般认为Y理论比X理论更有效。当然，究竟哪种理论更有效还要看工作任务的性质、人员的素质以及所处的环境，不能一概而论。

2）管理系统理论

美国管理心理学家利克特等人对人的行为进行了长期的研究。他们认为，可以把领导行为分为四种基本系统（见表7–3），即从极端专制独裁型到民主参与型。

表7–3 领导行为的四种基本系统

领导作风的变量	第一系统（极端专制独裁型）	第二系统（仁慈的独裁型）	第三系统（民主协商型）	第四系统（民主参与型）
下属对领导者的信心和信任程度	毫无信心和信任	有点信心和信任	有较大的信心和信任	有充分的信心和信任
下属感到与领导者一起讨论重要问题的自由程度	根本没有自由	只有非常少的自由	有较大的自由	有充分的自由
在解决工作问题方面领导者征求和采用下属所提意见和建议的程度	很少采用下属的意见和建议	有时采用下属的意见和建议	一般能听取下属的意见和建议，并能积极地采用这些意见和建议	经常听取下属的意见和建议，并且总是积极地采用这些意见和建议

这四种系统彼此是有区别的，现分述如下：

第一系统，极端专制独裁型。权力集中在最高一级，下属没有任何发言权。上下级之间存在着一种互不信任的气氛。

第二系统，仁慈的独裁型。这种领导者对待下属是采用父母对待子女的方式。权力控制在最高一层，但授予中下层部分权力，在执行过程中奖惩并用。上下级之间的意见沟通是表面的、肤浅的。下属对他们的领导者是非常小心、谨慎和害怕的。

第三系统，民主协商型。重要问题的决策权在最高一层，授予中下层部分权力，有时在一些次要问题上，下级也有决定权。上下级之间有着比较深的沟通与联系，关系比较融洽。

第四系统，民主参与型。让职工参与管理，上下级处于平等的地位，有问题时双方民主协商、讨论，最后决策由最高领导做出。另外，按分工授权的原则，在规定范围内，下级有自行决策权。领导者一般在向下级提出符合企业要求的具体目标后，不过多干预下级如何实现目标的方法，而是给予大力支持。通常，上下级之间有良好的意见沟通和感情联系。

在这四种系统中，第四系统的效果最好，第一系统的效果最差。因此，利克特等人主张第四系统。这一理想主义领导理论有一定的积极意义，它为我们推行民主管理提供了心理依据。利克特的调查结果显示，具有高成就的部门领导者，大部分都靠近第四系统，而成就低的部门领导者大部分都靠近第一系统。当然，事情也不总是这样简单。在一定的条件下，也需要采用第一或第二系统的领导方式。例如，泰坦尼克号在快要沉没的时刻，如何把目标顾客迅速地转移到救生艇上去，就要求主管领导人采取强硬的措施，甚至要用一种残酷的方式来解决问题。在这种紧急情况下，第一或第二系统的领导方式常常会优于第三或第四系统的领导方式。

3）领导行为四分图理论

在对行为科学的研究过程中，许多研究者发现领导行为与工作绩效之间存在着密切的关系。俄亥俄州立大学研究小组把鉴别领导行为的项目分为1 000多个，最后归纳为“抓组织”和“关心人”两大因素。

“抓组织”是以关心组织任务为导向的领导行为，包括组织设计、明确职责和关系、确定工作目标等。

“关心人”是以关心、体贴职工为导向的领导行为，包括建立相互信任的氛围、尊重下级的意见、注意下级的感情和问题。

该研究小组按照这两类因素的内容，设计了“领导行为描述问卷”，每类列举了15个问题，进行问卷调查。调查结果表明，两类领导行为在同一个领导者身上有时一致，有时并不一致，因此他们认为其是两类行为的具体组合。他们用领导行为四分图（如图7-1所示）来鉴别领导行为，评定领导类型。

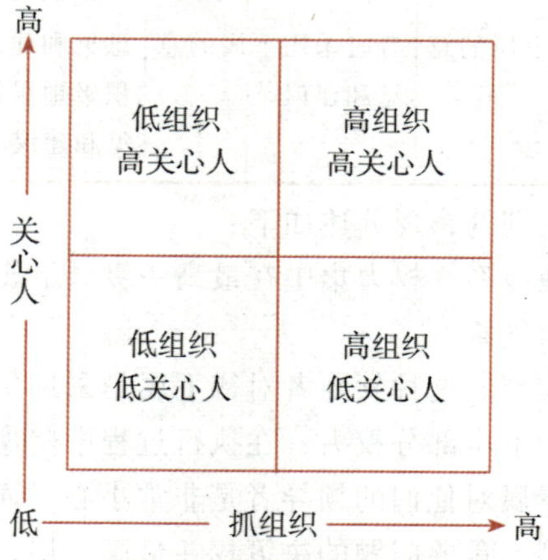

图 7-1 领导行为四分图

这个四分图从两个方面来考察领导行为。同一个领导者，往往是兼具两个维度的组合体。他可能在一个维度（抓组织方面）有较高的得分，而在另一个维度（关心人方面）得分很低。用这一方法可以得出以下四种结果：

（1）高组织、低关心人。属于高组织而低关心人的领导者，最关心的是工作任务。

（2）低组织、高关心人。属于低组织而高关心人的领导者，更重视与下级之间的合作，注重营造相互信任和相互尊重的气氛。

（3）低组织、低关心人。属于低组织而又低关心人的领导者，对组织、对人都不关心，这种领导方式效果最差。

（4）高组织、高关心人。属于高组织又高关心人的领导者，对工作任务和下属需求都比较关心。

知识拓展7-3

解密任正非的领导力

那么，这四种领导行为哪一种最好呢？也不能一概而论。因为在某一情况下，也许高组织、低关心人的领导者最佳；而在另一情况下，可能高组织、高关心人的领导者最佳。因此，要根据具体情况而定。

4）管理方格图理论

在俄亥俄州立大学领导行为四分图理论的基础上，布莱克和莫顿于1964年提出了管理方格图理论。这是一张九等分的管理方格图（如图7-2所示），横坐标表示领导者对生产的关心程度，纵坐标表示领导者对人的关心程度。评价领导者时，就按照这两个方面的行为寻找交叉点，这个交叉点就是这个领导者的领导类型。

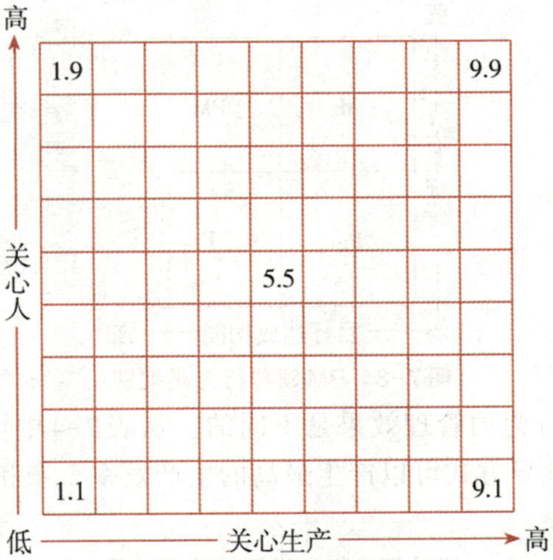

图7-2　管理方格图

例如，某领导者关心人的程度达到9，而关心生产的程度很低，只有1，这样两者交叉点就是1.9。他就是1.9型的领导者。

布莱克和莫顿在提出这个方格图时，列举了五种典型的领导者类型：

1.1型领导者。这种领导者对人和生产都不关心。

9.1型领导者。这是一种任务第一的领导者，只抓生产，不关心人。

1.9型领导者。这是一种俱乐部式的领导者，只关心人，注意搞好人际关系，从而使组织内充满轻松友好的气氛，对生产则不关心。

9.9型领导者。该类型的领导者既关心人又关心生产。这是一种战斗集体的领导方式，因而领导者与员工的关系协调，员工的士气旺盛，生产任务也完成得很出色。

5.5型的领导者。这是一种一般化的领导者，对人的关心一般化，完成生产任务还算过得去。

上述五种类型的领导者哪一种最好呢？大多数学者认为9.9型的领导者最好，剩下依次是9.1型、5.5型、1.9型、1.1型。要实行9.9型管理，需要经过一番努力才能达到。布莱克和莫顿则认为，应该根据环境条件的变化来选择最佳的领导方式，其中以最能达到工作效果的类型为最好。

5）PM领导行为类型理论

日本大阪大学的心理学教授三隅二不二，在各国有关领导行为的理论和量表调查的基础上，提出了在国际上具有一定影响的PM领导行为类型理论。PM领导行为类型理论将领导方式分为两类：一类是以执行任务为主的领导方式（performance directed），简称P型；另一类是以维持群体关系为主的领导方式（maintenance directed），简称M型。

P型的行为特征，是将组织中每一个成员的注意力都引向目标，使问题明确化，拟定工作程序，运用专门的知识评定工作成果等。

M型的行为特征，是维持和睦的人际关系，调解成员之间的纠纷，为少数派提供发言的机会，促进成员的自觉性与自主性，增进成员之间的相互了解和交流。

三隅二不二将领导行为方式分为四种类型：PM，P，M，Pm（如图7-3所示）。

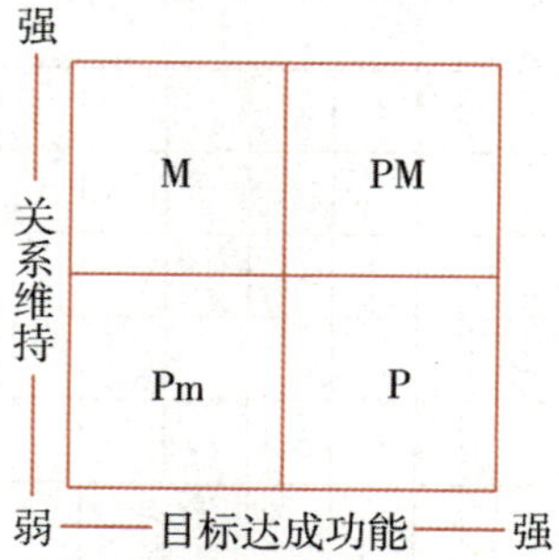

图7-3 PM领导行为类型图

这四种类型的领导行为的管理效果是不同的。从表7-4中可见，PM型的领导，其管理效果最好，用这种领导方式可以产生最高的生产效率，亲和力最高，员工对组织的信赖度也高。

表7-4 四种领导行为类型的管理效果

领导行为类型	生产效率	对组织的信赖度	亲和力
PM	最高	最高	最高
P	中间	第二位	第三位
M	中间	第三位	第二位
Pm	最低	最低	最低

P型领导和M型领导都只能产生中等的生产效率，员工对组织的信赖度以及亲和力也居中间位置。

Pm型的领导，其管理效果最差，用这种领导方式会产生最低的生产效率，员工对组织的信赖度最低，亲和力也最低。

课堂互动7-2

课堂互动7-2

答案提示

子产治郑，民不能欺；子贱治单父，民不忍欺；西门豹治邺，民不敢欺。

——《史记》

问题：分析上述三个人的领导风格。

7.2.3 权变理论

权变理论又称情景论或环境论。领导行为的研究成果表明，领导的有效性不仅与领导者的行为和素质有关，与领导者所处的环境的关系更大。权变理论正是着重研究领导者行为在一定环境下成为有效的那些环境变量的理论，它指明了有效的领导依托环境的变化而变化。这里主要介绍菲特勒模式、途径-目标理论和生命周期论。

1）菲特勒模式

菲特勒是第一个把人格测量与情景分类联系起来研究领导绩效的心理学家。他经过大量的调查和长达15年的研究，提出了一个“有效领导的权变模式”，通常也称为菲特勒模式。菲特勒模式认为，领导效果的好坏受三种环境因素的影响：一是领导者与被领导者的关系；二是工作任务是否明确；三是领导者所处的地位的职权大小与取得各方面支持的程度。对领导者来说，如果这三种环境因素都是好的，那就是最有利的条件；反之，如果这三种因素都不好，那就是最不利的条件。就每个条件来说，也有不同：上下级关系有好坏之分；工作任务有明确与不明确之分；地位、权力有强弱之分。

菲特勒对1 200个群体进行调查分析后证明，在最有利的环境条件和最不利的环境条件下，采用以任务为主的领导方式，效果较好；在处于中间状态的环境条件下，采用以关心人为主的领导方式，效果较好。菲特勒模式指出，要提高领导的有效性，不是改变领导方式，就是改变领导者所处的环境。

根据上述三种环境因素条件的变化和相互搭配的不同，可有八种领导方式（见表7-5）。

表7-5 八种领导方式

顺序号	1	2	3	4	5	6	7	8
领导与被领导的关系	好	好	好	好	差	差	差	差
工作任务是否明确	明确		不明确		明确		不明确	
职权大小与取得各方面支持的程度	强	弱	强	弱	强	弱	强	弱
领导者的领导方式	以关心任务为主	以关心任务为主	以关心任务为主	以关心人为主	以关心人为主	无资料	未发现什么关系	以关心工作为主

比如1号，在领导与被领导的关系较好、任务也较明确、职权又较强的环境下，就应采用以关心任务为主的领导方式。又比如8号，在领导与被领导的关系不好、任务又不明确、职权又比较弱的情况下，应采用以关心任务为主的领导方式。再比如4号，在

领导与被领导的关系好、任务不明确、职权又比较弱的环境下，则应采用以关心人为主的领导方式。

2）途径-目标理论

途径-目标理论是由加拿大多伦多大学教授伊凡斯和豪斯提出的。**途径-目标理论认为，领导的有效性取决于领导者能激励下属达到组织目标的能力，以及使员工在工作中得到满足的能力。**它要求领导帮助员工排除达到目标的障碍，在领导过程中提供或创造各种满足员工需要的机会。

途径-目标理论认为，有四种领导方式可供同一领导者在不同环境下选择。这四种领导方式是：

（1）指令性方式。领导者发布指示，决策时没有下级参与。

（2）支持性方式。领导者对下级友善、关心，从各方面给予支持。

（3）参与性方式。领导者在做决策时征求并采纳下属的合理化建议。

（4）以成就为目标方式。领导者向下属提出挑战性的目标，并相信他们能够达到目标。

途径-目标理论认为，最有效的领导方式必须考虑情景因素，高任务、高关心人的组合并不一定就是最有效的领导方式。例如，当下级觉得他有能力完成任务，很需要荣誉和交往时，领导者就应选择支持性方式；而当工作任务模糊不清、员工无所适从时，领导者应选择指令性方式，给下级做出明确的工作规定和安排；当工作内容已经明确，或者是一些比较熟悉的例行性工作时，如果领导仍然不断地发出指令，就会使员工感到厌烦，引起员工的不满，这时领导最好选择支持性方式。

3）生命周期理论

心理学家卡曼把俄亥俄州立大学的“领导行为四分图理论”与阿吉里斯的“不成熟-成熟”理论结合起来，创造了生命周期理论。

生命周期理论认为，领导者的行为要与被领导者的成熟度相适应，随着被领导者的成熟度逐步提高，领导的方式也要做出相应的改变。这里所说的成熟度，主要是指有成就感、有负责任的意愿和能力、有工作经验和受过一定的教育等。其中，年龄是一个成熟的因素，但不是唯一因素。因为这里的成熟度主要是指心理的成熟度，而不是生理的成熟度。

一般来说，员工成熟度的平均水平有这样的一个发展过程：不成熟→初步成熟→比较成熟→成熟。在这四个阶段中，领导的方式不能一成不变，否则将会影响领导的效果。

卡曼指出，随着员工年龄的增长、技术的提高，由不成熟逐渐向成熟发展，因此领导的方式也应该按照下列顺序逐渐推移（如图 7-4 所示）：高任务低关系→高任务高关系→低任务高关系→低任务低关系。

图 7-4 中横坐标表示以任务为主的工作行为；纵坐标表示以人为主的关系行为。同时引进了第三个因素：成熟度。工作行为表示领导用单向沟通模式来指示下属人员干什么、怎么干等。关系行为表示领导用双向沟通方式来指导下属，并照顾员工的福利。

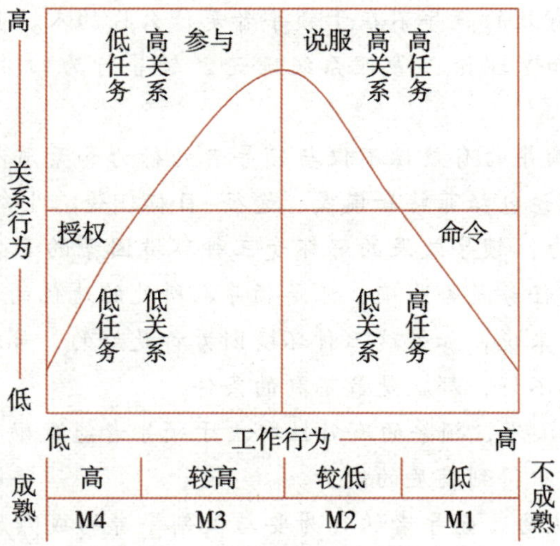

图7-4 领导的方式推移曲线

M1阶段，被领导者的成熟度处于不成熟阶段，他们既无能力又无工作积极性。在这种下属既不胜任工作又不能被信任情况下，应该采用高任务、低关系的领导方式，即指示式领导，也称为命令式领导。

M2阶段，被领导者的成熟度进入初步成熟阶段，他们缺乏能力但有工作积极性，可以采取工作行为和关系行为都略高的方式，即说服式最为有效。领导与下属通过双向沟通方式，相互交流信息，相互支持，应该采用高任务、高关系的领导方式，也称为推销式领导。

M3阶段，被领导者的成熟度处于比较成熟阶段，被领导者有能力但没有工作积极性，这时领导者的工作行为要减少，关系行为要加强，应该采用高关系、低任务的领导方式，也称为参与式领导。

M4阶段，被领导者的成熟度发展到成熟阶段，他们既有能力又愿意完成领导交给的任务，应该采用低任务、低关系的领导方式，也称为授权式领导。这时，领导者不需要做更多的事，给下级以权力，领导只起监督作用，通过充分授权和高度信任来调动下级的工作积极性。

本章小结

★ 本章主要介绍了领导的含义与功能，领导有效性理论——特质论、行为论和权变论。

★ 特质论是一种用来识别有效的领导者的个人素质与特征的理论。这种素质与特征主要是指领导者个人所具有的品德、能力、知识、修养和领导艺术等。

★ 西拉季等人提出领导者的素质可分为下列六类：体质特征、社会背景、智力、性格、与工作相关的特征和社会特征。美国普林斯顿大学教授鲍莫尔认为企业领导人应具有下列十大条件：合作精神、决策才能、组织能力、恰当地授权、善于应变、勇于负责、勇于创新、敢冒风险、尊重他人、品德超人。

★ 行为论认为，有效的领导不在于领导者是什么样的人，而在于他怎么做。行为论主要包括：X理论和Y理论、管理系统理论、领导行为四分图理论、管理方格图理论。

★ 权变理论认为领导的有效性不仅与领导者的行为和素质有关，而且与领导者所处的环境有关。权变理论包括菲特勒模式、途径-目标理论、生命周期理论。

★ 菲特勒模式认为，领导效果的好坏受三种环境因素的影响：一是领导者与被领导者的关系；二是工作任务是否明确；三是领导人所处的地位的职权大小与取得各方面支持的程度。对领导者来说，如果这三种环境因素都是好的，那就是最有利的条件；反之，如果这三种因素都不好，那就是最不利的条件。

★ 途径-目标理论认为，领导的有效性取决于领导者能激励下属达到组织目标的能力，以及使职工在工作中得到满足的能力。

★ 生命周期理论认为，领导者的行为要与被领导者的成熟度相适应，随着被领导者的成熟度逐步提高，领导的方式也要做出相应的改变。随着员工年龄的增长、技术的提高，由不成熟逐渐向成熟发展，因此领导的方式也应该按照下列顺序逐渐推移：高任务低关系→高任务高关系→低任务高关系→低任务低关系。

主要概念和观念

★ 主要概念

领导　权力性影响力　菲特勒模式　途径-目标理论　生命周期理论

★ 主要观念

影响力　领导特质论　领导行为论　领导权变论

基本训练

1）判断题

在线测评7-1

判断题

（1）管理者包含领导者。（　）

（2）根据管理方格图理论，任务第一的领导者是1.9型领导者。（　）

（3）菲特勒模式认为，在环境因素最好或最坏的条件下，应选择以关心人为主的领导人。（　）

（4）根据生命周期论，在M2阶段，当被领导者的成熟度进入初步成熟阶段时，领导者应该采用高关系低任务的领导方式。（　）

2）选择题

（1）领导的基本功能包括组织功能和（　）功能两个方面。

A.计划　B.组织　C.指挥

D.激励　E.协调　F.控制

（2）“英雄造时势”的英雄史观就属于（　）观点。

A.特质论　B.行为论　C.权变论

（3）在六类特质论中，判断力属于（　）。

A.体质特征　B.社会背景　C.智力

D.性格　　　　　　　　E.与工作相关的特征　　　　F.社会特征

（4）领导人对待下属采用父母对待子女的方式，这是（　　）。

A.极端专制独裁型　　　　　　　　B.仁慈的独裁型

C.民主协商型　　　　　　　　　　D.民主参与型

（5）根据途径-目标理论，领导者在做决策时征求并采纳下属的合理化建议，这种领导方式属于（　　）。

A.指令性方式　　　B.支持性方式　　　C.参与性方式　　　D.以成就为目标

（6）构成权力性影响力的因素主要包括（　　）。

在线测评7-2

选择题

A.传统因素　　　B.职位因素　　　C.资历因素　　　D.能力因素

（7）构成非权力性影响力的因素主要包括（　　）。

A.品格因素　　　　　　　B.能力因素　　　　　　　C.知识因素

D.传统因素　　　　　　　E.情感因素

3）简答题

（1）简述Y理论的基本内容。

在线测评7-3

简答题

（2）简述途径-目标理论的基本内容。

（3）论述菲特勒模式的基本内容。

（4）简述生命周期理论的基本内容。

4）分析题

刘邦的用人秘诀

汉高祖刘邦平民出身，文不能书，武不能战，“智不比张良、勇不如韩信、才不敌萧何”。但他善用人才，能够把天下人才都集结在自己的周围，利用秦末暴乱之机，兴汉灭秦，成为中国历史上第一个平民皇帝。刘邦能够得天下，成就汉室大业，除历史的原因外，少不了张良、韩信、萧何等良臣勇将的鼎力相助。

纵观刘邦的用人之术，大致有以下六个方面：

1.知人善任

知人善任，首先在于知人，其次是善任。刘邦非常清楚地知道，一个领导最重要的才能是什么，如何调动部下的积极性，他用韩信带兵，张良出谋，萧何保后，一切工作都安排得有条不紊，他也因此成为这个集团的核心。

2.不拘一格

刘邦有一个很大的优点，就是他不拘一格地使用人才。他把贵族张良、游士陈平、县吏萧何、狗屠樊哙、商贩灌婴、车夫娄敬、强盗彭越等各色各样的人组合起来，使其各就其位，使所有人才都能够最大限度发挥作用。历史证明，他的用人策略是十分英明的。

3.不计前嫌

刘邦的队伍里面，有很多人原来曾经是在项羽手下当差的，因为在项羽的部队里面待不下去跑过来投奔刘邦。刘邦敞开大门，不计前嫌，一视同仁表示欢迎。韩信原来是项羽手下的人，因为在项羽手下不能被重用，来投奔刘邦。

4.坦诚相待

坦诚相待，不仅仅反映了一个人的素质，更是为人处世的一条原则。对于人才，他们不仅需要应得的酬劳，更需要尊重和信任。刘邦之所以能够得到张良、韩信等人的帮助，就是由于刘邦信任对方、尊重对方。

5.用人不疑

做一个领导最忌讳的，就是不信任别人，不会授权，事必躬亲。刘邦一旦决定用某人，便决不怀疑，放手使用。

6.论功行赏

奖励是对一个人所做的贡献的肯定。刘邦夺取天下以后，根据每个人的不同功绩，对功臣论功行赏，不但封赏了萧和、张良、韩信、彭越等一批人，还封赏了他最不喜欢的人——雍齿。

在线测评 7-4

分析题

综上所述，目标坚定，善于运用资源和他人智慧，通达机变，是刘邦成功的法宝。

资料来源 佚名. 刘邦没什么才能，但为什么能把一众牛人管得心服口服呢？[EB/OL].［2022-08-22］. https：//www.163.com/dy/article/HFCAOPPU0552BM97.html.

问题：刘邦的用人之术对领导者的启示是什么？

实践训练

（1）以你所在的班级为例，根据你的观察，班长（或辅导员）在日常的管理工作中是上述哪一种理论（X理论或Y理论）的实践者？请说明理由。

（2）教授本课程的老师采取何种领导风格？是否有效？如果并不有效，你认为采取什么样的风格更为有效？就此问题与任课老师一起讨论，并写出一份书面建议。

言能听，道乃进。
——《史记》

第8章
沟　通

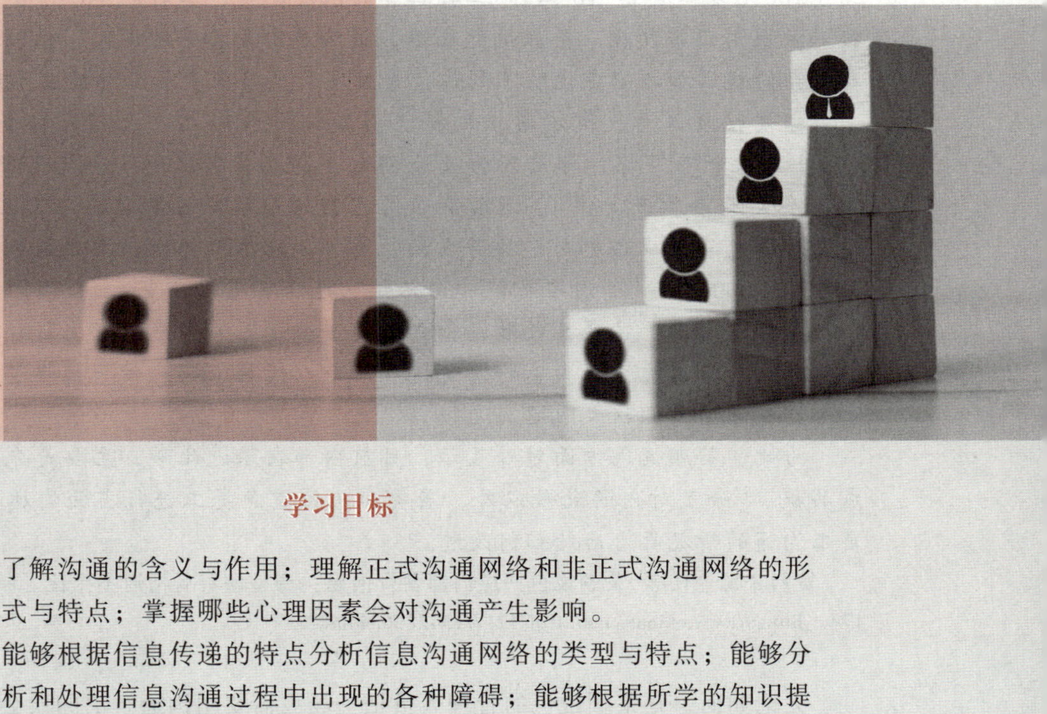

学习目标

知识目标： 了解沟通的含义与作用；理解正式沟通网络和非正式沟通网络的形式与特点；掌握哪些心理因素会对沟通产生影响。

技能目标： 能够根据信息传递的特点分析信息沟通网络的类型与特点；能够分析和处理信息沟通过程中出现的各种障碍；能够根据所学的知识提高信息沟通的有效性，并具有分析某一组织的信息沟通模式的能力。

素养目标： 提高学生的诚实守信意识，具有较强的人际交往能力、竞争意识和团队协作能力。

思维导图8-1

第8章

引例 **茶颜悦色：不该发生的误会**

茶颜悦色的员工和管理层出现了前所未有的对立。近日，在一些社交平台上曝出一份茶颜悦色公司内部群聊记录，其内容显示，部分长沙员工因疫情减工时、降薪，到手工资由原本的5 000元左右降低至2 000元左右、提成仅8元，因而激化了管理层与基层员工之间的矛盾，在茶颜悦色内部群聊中引发讨论。

茶颜悦色官方表示，事发是由于11月份茶颜悦色临时关闭了几十家门店，导致部分员工无法满足正常工时和极少数员工出现0工时的情况。所以在11月的特殊期间对于薪资算法进行了一轮临时调整。茶颜悦色解释称，调整后，即便是0工时的员工也能有1 700元的基本补贴，最低薪资档位的员工即便是只上了10个小时班，也能拿到1 700元基本补贴+10工时*工时薪资的应发薪资，工时满167个小时的伙伴薪资均按以往规则正常发放。茶颜悦色表示，虽然是出于善意的调整，但调整后解释起来极其复杂的规则加之宣贯说明不到位，导致发薪当日很多员工都提出了疑问。

据发帖员工称，这次员工的抱怨引发公司内部大战，有疑似茶颜悦色高层称："为什么工资不够花，那是因为天天蹦迪，高消费怎么够……德不配位，必有灾殃，你有多大本事拿多少钱。"随后茶颜悦色创始人吕良的发言，又在火上浇了一把油。吕良称，工资虽少但公司是按劳发放，员工不能怨天怨地，茶颜悦色在疫情期间一个月亏损2 000多万元，你们回我一句活该，也没有感同身受。

事件发酵后，吕良又致歉，称之前的争吵是因为事先没有把薪资调整的原因和调整后的薪资计算方式跟大家讲清楚，反而个人情绪上头，带头挑起了这场争吵，暴露出个人在沟通上的巨大问题。

为此，茶颜悦色方面对外表示，目前内部在跟进此事，主要是先和员工沟通和达成共识。"除了对内的致歉以外，着重和几位重点员工进行当面沟通，我们会根据和员工沟通的情况再看后续如何改进。"

资料来源 佚名.茶颜悦色回应内部薪资问题：调整薪资后沟通不到位［EB/OL］.［2021-12-17］. https://www.chinaz.com/2021/1217/1342836.shtml.

无论如何，是茶颜悦色的管理人员把一场更需要用沟通解决的误会，硬生生变成了一场闹剧。可见，良好的沟通对企业的管理意义是非常重要的。如同激励员工的每一个因素都必须与沟通结合起来一样，企业发展的整个过程也必须依靠沟通。可以说，没有顺畅的沟通，企业管理者的领导就难以发挥积极作用；没有顺畅的沟通，企业就难以做到机敏的应变。

8.1 沟通概述

在管理的领导职能中，如何使领导者和组织成员齐心协力实现组织目标，并不是简单地贯彻领导方式和激励的基本内容。事实上，管理的领导职能，要真正发挥作用，主要取决于作为组织成员的各方对组织目标及其实施方式的理解，并在多大的程度上达成一致，这关系到管理绩效。沟通和管理绩效的密切相关引出组织的沟通问题。从根本上说，沟通是关于如何使领导方式和激励行为保持一致的问题。

协调组织内部的各种资源和因素，协调组织的外部环境，实现组织内外协调发展，是管理的一项基本要求。协调需要沟通，通过沟通实现协调，沟通既是协调的重要手段，也是协调的重要过程。

8.1.1 沟通的概念

一切组织的存在与发展都必须以成员间的沟通为基础，只要是两个人以上在一起共同活动，就需要用沟通的手段来保证他们的动作协调一致。管理就是要使沟通规范、有序地进行，以保证管理体系的运行处于各部门协调互动的良性发展中。

沟通是指组织内部人与人之间的信息交流，它是组织协调的工具。沟通必须包括两个方面的过程：意义的传递和理解。沟通的核心内容是信息交流，通过信息交流，组织成员之间可以交换观点、意见、情感和态度等信息，以达到共同了解、信任与互相合作的目的。

我们通常把沟通简单理解为信息交换，认为完成了信息交换，沟通就完成了。然而，任何沟通的直接目的都是要信息接收者完全正确地理解这些信息，所以完成信息交换只是沟通的第一步，第二步就是要保证信息被正确理解。所以研究沟通问题要从两个方面入手，即高效率传递和正确理解。

8.1.2 组织中信息沟通的作用

根据一家知名调查机构的统计：企业经营管理中遇到的问题，超过50%是因为沟通不畅或沟通不到位而导致的。沟通困难是企业经营管理中的常见问题，也是企业发展过程中必然要面对和解决的难题 。沟通在管理活动中具有不可替代的功能，是组织健康发展的关键因素之一。下面我们从几个方面介绍沟通对于管理的作用：

1）沟通是加强民主管理，保证科学决策的前提

信息是决策的前提，及时、完整、准确的信息更是科学决策所必不可少的。民主管理最本质的规定是员工的意见能够得到充分、及时的反映，并为管理者所重视，对正确的、有价值的意见予以采纳。显然，民主管理要求组织内部建立起良好的沟通关系。

2）沟通是改善人际关系、建立良好的工作环境的基本手段

通过沟通，员工之间增进了了解，增强了感情，化解了矛盾，互相配合，这样会给员工创造一个令人心情舒畅的工作环境，提高员工的工作积极性。俗话说“三个臭皮匠，顶个诸葛亮”，集体的智慧会高于个体智慧多少倍，这是很难估量的。人们发明“头脑风暴法”进行智力激荡，使个体有限的智慧得到成倍增加，究其实质，也是对沟通的充分利用。在沟通中，通过相互讨论、启发，共同思考和探索，往往能迸发出创意的火花。例如，惠普公司要求工程师们将手中的工作显示在台式机上，供别人品评，以便大家一起出谋划策，共同解决困难。

3）沟通是转变员工态度和行为的重要手段

理解是接受的前提。在组织内部，一切决策都需要下级真正接受、主动行动才能得到有效的贯彻落实。如何才能使员工真正理解、完全接受一项决策，特别是暂时还不能理解和接受的决策呢？例如，改革中采取的一些改革措施，就需要良好的上下沟通，使员工能够理解上级决策、支持上级决策、实施上级决策，如果做不到这一点，上下级对立，员工违心地接受上级的命令，就只能是消极地去执行，也不可能有积极性和创造性。

4）沟通能激发员工的工作热情，提高工作效率

组织内部沟通的良好和顺畅，有利于构建起适宜的人际交往环境，营造充满信任和理解的工作氛围，从而起到振奋员工士气、激发员工工作热情、提高工作效率的作用。

马斯洛的需要层次理论告诉我们，随着人们的生理和安全需要被满足程度的提高，人们的高一层次的需要，如交往的需要、尊重的需要将被唤醒，并成为人们渴望满足的主导需要。当今社会，随着科技的进步，社会生产力已经有了飞速发展，大部分人低层次需要的满足已经达到了较高的水平，人们主导需要的内容已经进入了更高层次，因此我们不难发现，经济因素虽然还是影响人们积极性的重要因素，但人们开始更多地关注人际交往的需要，尊重和被关注成为决定人们工作态度和去留的重要原因。良好的内部沟通，可以有效增进相互理解和支持，形成良好的社会心理环境，使上下左右团结一致成为有效的整体，从而激发全体员工的积极性和协调性，使整体效能得到有效提高。

5）通过与外界沟通，获得组织生存和发展所需要的资源和信息

组织同外部的沟通是组织沟通的重要内容，通过这种沟通，组织可以从外界环境中获得生存和发展所必需的信息。这一点对所有正处在信息化时代中的各类组织都是特别重要的。在群体和组织中，沟通有四种主要功能：控制、激励、情绪表达和信息交流。沟通在管理上的价值非常明显，因而受到了管理学者的重视。

8.2 沟通的过程

从表面上看，沟通就是传递信息的过程，但是实际上，管理学意义上的沟通是一个复杂的过程。

8.2.1 沟通过程模型

沟通的过程包括六个环节：①信息源；②编码；③通道；④接收者；⑤解码；⑥反馈（如图8-1所示）。

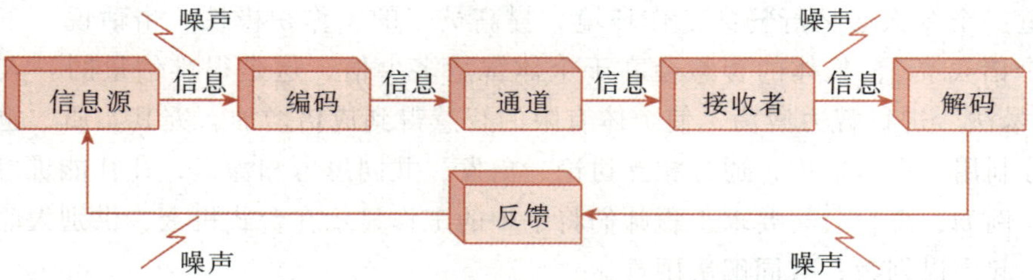

图8-1 沟通过程模型图

就人而言，如果想传递什么想法，那么这个人就是信息源。他首先要对自己要表达的东西进行编码，即怎么说，或者怎么画、唱，甚至使用何种动作等方式。编码出来的东西就是信息了。随之需要选择信息传递的通道，如面对面、电话、网络、纸笔、通过中间人等。接收者接收到信息的同时就必须进行转译（把接收到的信号翻译成自己能够明白的形式）以理解此信息的含义，这就是解码。弄明白所接收到信息的意义后要有所表示，即表明信息收到后是怎样理解的。在组织内的沟通过程通常应该是这样一个完整的过程。

8.2.2　沟通的类型

按照不同的标准，沟通的类型有如下几种分类：

1）按照信息流通的方向分类

按照信息流通的方向，沟通可以区分为自上而下的沟通、自下而上的沟通和水平沟通。

（1）自上而下的沟通。这种沟通在组织中最常见，传统组织的沟通主要局限于这种形式。上级向下级传达指示，如分配任务、介绍工作、进行奖惩等。

（2）自下而上的沟通。员工向上级反映情况、汇报工作、接受上级的一些问询调查等，以及下级对上级管理层、人员、管理方式等方面进行评定等，都属于自下而上的沟通。随着管理的人性化，被管理者素质的提高，这种自下而上的沟通将越来越多。

（3）水平沟通。组织中同一层级的群体之间和同一群体中不同成员之间的沟通都属于水平沟通。如果信息传递的内容和意义在同一层级群体间的理解与上级一致，则水平沟通会提高信息传递效率，促进群体成员间行为的协调。反之，则可能会带来冲突，导致信息混乱，进而造成群体成员行为的混乱。

2）按照信息的载体分类

按照信息的载体不同，沟通可分为语言沟通和非语言沟通。语言沟通又可分为书面沟通和口头沟通两类。

（1）书面沟通。它是用文字编码进行信息交流的沟通方式，如通知、通告、报告等。这种通过书面记录的方式固定下来的沟通方式的优点是信息的内容便于保存和核对，对于需要长期保存结果的沟通来说是非常合适的。另外，书面沟通更为严谨、逻辑性强、条理清晰，可以被信息接收者反复检索确认。但是，这种沟通在实施时又是比较烦琐的，不如口头沟通来得便捷。比如，花费1小时写成的文稿如果通过口头沟通，往往只需要15分钟就可将信息传递完毕。而且，书面沟通的效果在很大程度上还受制于沟通双方对文字的驾驭和理解能力。

在进行书面沟通时，经常不能像口头沟通那样得到对方的反馈信息，因此最好对沟通的结果及时加以检查，以确认沟通的效果。

（2）口头沟通。它是运用口头表达进行信息交流的沟通方式，如谈话、游说和演讲等。口头沟通是所有沟通方式中最简捷的沟通方式，传递速度快并且能够及时获得反馈信息，立即确认沟通的效果。此外，在以这种方式进行沟通时，可以同时运用语调、姿态等辅助信号，帮助对方加深理解。

当然，这种沟通方式除了信息传递速度上的优势和能够及时了解沟通结果等长处外，也存在一些缺点。例如，沟通结果不能保存，这对于一些需要长期保存结果的沟通来说，是非常不利的。同时，口头沟通很容易受到噪声的干扰，如果沟通中传递的渠道过长，中间传递者过多，很容易造成信号失真。

（3）非语言沟通。在交往过程中，人们常常通过面部表情、手部动作等身体姿态来传达各种情绪或意图，这就是**非语言沟通**。非语言沟通是通过某些媒介而非语言或文字来传递信息的。

在沟通过程中，我们除了通过身体姿态、物的操纵传递丰富的情感信息外，还可以通过服饰打扮以及双方距离的调整来传递和解读沟通者比较隐蔽的信息。如正规的穿戴可能暗示着沟通者非常重视这次交流，双方距离的变化预示着彼此间交流的投机程度等。

个体之间的空间距离也表达着意义。**空间距离**是指人与人之间交际时的空间间距。人与人之间存在着一条看不见但实际存在的界限，这就是个人领域的意识。每个人都需要有属于自己的一定空间，并维护它，使之不受侵犯。在个体空间内，人会产生安全感、舒适感和自由感。当然，个体空间具有伸缩性，不同的人需要的个体空间的范围不同，这与人们的心理、文化、地位以及人与人之间的关系等因素有关。

美国人类学家爱德华·霍尔博士划分了四种区域或距离，各种距离都用与对方的关系相称。

①亲密距离。这是人际交往中的最小间隔或几无间隔，即我们常说的“亲密无间”，其近范围约在15厘米之内，彼此间可能肌肤相触、耳鬓厮磨，以至相互能感受到对方的体温、气味和气息。其远范围是15～44厘米，身体上的接触可能表现为挽臂执手，或促膝谈心，仍体现出亲密友好的人际关系。

就交往情境而言，亲密距离属于私下情境，只限于在情感上联系高度密切的人之间使用。在社交场合、大庭广众之前，两个人（尤其是异性）如此贴近，就不太雅观。在同性别的人之间，往往只限于贴心朋友，彼此十分熟识而随和，可以不拘小节，无话不谈。在异性之间，只限于夫妻和恋人之间。因此，在人际交往中，一个不属于这个亲密距离圈子内的人随意闯入这一空间，不管他的用心如何，都是不礼貌的，都会引起对方的反感。

②个人距离。这是人际交往中稍有分寸感的距离，较少有直接的身体接触。个人距离的近范围为46～76厘米，正好能相互亲切握手，友好交谈。这是与熟人交往的空间。陌生人进入这个距离会构成对别人的侵犯。个人距离的远范围是76～122厘米。任何朋友和熟人都可以自由地进入这个空间，不过，在通常情况下，较为融洽的熟人之间交往时保持的距离更靠近远范围的近距离（76厘米）一端，陌生人之间谈话则更靠近远范围的远距离（122厘米）一端。

人际交往中，亲密距离与个人距离通常都是在非正式社交情境中使用，在正式社交场合则使用社交距离。

③社交距离。这已超出了亲密或熟人的人际关系，而是体现出一种社交性或礼节上的较正式关系。其近范围为1.2～2.1米，一般在工作环境和社交聚会上，人们都保持这

种程度的距离。

社交距离的远范围为2.1～3.7米，表现为一种更加正式的交往关系。公司的经理们常用一个大而宽阔的办公桌，并将来访者的座位放在离桌子一段距离的地方，这样与来访者谈话时就能保持一定的距离。如企业或国家领导人之间的谈判、工作招聘时的面谈、教授和大学生的论文答辩等，往往都要隔一张桌子或保持一定距离，这样就增加了一种庄重的气氛。

在社交距离范围内，已经没有直接的身体接触，说话时，也要适当提高声音，需要更充分的目光接触。如果谈话者得不到对方目光的支持，就会有强烈的被忽视、被拒绝的感受。这时，相互间的目光接触就是交谈中不可缺少的感情交流形式了。

④公众距离。这是公开演说时演说者与听众所保持的距离。其近范围为3.7～7.6米，远范围在7.6米之外。这是一个几乎能容纳一切人的“门户开放”的空间，人们完全可以对处于空间的其他人“视而不见”，不予交往，因为相互之间未必发生一定联系。因此，这个空间的交往，大多是当众演讲之类，当演讲者试图与一个特定的听众谈话时，他必须走下讲台，使两个人的距离缩短为个人距离或社交距离，这样才能够实现有效沟通。

显然，相互交往时空间距离的远近是交往双方是否亲近、是否喜欢、是否友好的重要标志。因此，人们在交往时，选择正确的距离是至关重要的。

人际交往的空间距离不是固定不变的，它具有一定的伸缩性，这依赖于具体情境，交谈双方的关系、社会地位、文化背景、性格特征、心境等。

了解交往中人们所需的自我空间及适当的交往距离，就能有意识地选择与人交往的最佳距离，而且通过空间距离传递的信息，还可以很好地了解一个人实际的社会地位、性格以及人们之间的相互关系，更好地进行人际交往。

语言沟通与非语言沟通的比较，见表8-1。

表8-1 语言沟通与非语言沟通的比较

方式			沟通内容	目的
面对面（2人）	语言沟通	口头	指示和要求	上下级意见交流
		书面	工作要求、表面规范	考察报告、通报情况
	非语言沟通		手势、表情	感情交流、工作示范
小组	语言沟通	口头	部门会议	解决问题的会议
		书面	日程表	会议的建议
	非语言沟通		停顿、沉默	收集真实感情

知识拓展8-1

四种空间距离

3）按照沟通的途径分类

在组织沟通中，如果按沟通的途径分类，可将沟通的类型分为正式沟通与非正式沟通。

正式沟通是按照组织构建的正式渠道进行的信息传递和交流。例如，汇报制度、例会制度以及组织之间的公函往来等。正式沟通的优点是权威性强、信息不易被扭曲，它是组织沟通的主要形式。

非正式沟通是指在正式沟通形式之外的信息传递和交流，形式灵活多样，如员工之间的私下交流、小道消息等。非正式沟通是正式沟通的有力补充，有时还能起到正式沟通不能起到的效果。例如，意见的征询、人际关系的调整，采用非正式沟通的效果要比正式沟通好许多。但是，组织中的非正式沟通往往也是小道消息形成和扩散的主要渠道，它对组织的作用可能是正向的，也可能是负向的，应该引起管理者的注意。

4）按照信息沟通的方向分类

按照信息沟通的方向进行划分，有单向沟通、双向沟通和单向、双向沟通三种。

（1）单向沟通。电台、电视台播音员向听众传达信息，或者一般商业广告信息传播，传播者同接收者之间没有视觉/听觉方面的信息沟通，完全是单向的信息灌输。这种沟通保证了信息不受任何干扰，使信息完整而快捷地传达到接收者。这种没有反馈回授的信息传播，称为单向沟通。单向沟通因为缺乏反馈回授信息，所以属于不完整的沟通。

（2）双向沟通。这是指信息传播者直接面对接收者，传播者不仅可以看到接收者的表情、状态，传播者与接收者之间还可以按不同方式互相交流，进行实质意义上的沟通。双方都可以根据交流沟通状况变通沟通内容和方式。这是依赖反馈信息进行的完整沟通，反馈信息对双方行为方式的干预作用特别明显。例如，谈话、座谈会、咨询等都属于双向沟通。

（3）单向、双向沟通。这是一种介于单向沟通和双向沟通之间的中间型沟通。除采取补充手段外，一般情况下，信息传播者从信息接收者那儿回授信息是不完整的，只能部分获得回授。例如，老师根据学生懂了或是疑惑的表情来调整自己的授课内容和表达方式，这种沟通属于“独白”。因回授信息有限，对传播者的行为调整要求很高，有时会形成调整困难，尤其是初次上课的老师，开始可能会产生课堂适应困难，在过分紧张时如果有意创造机会，增加回授信息量，如对学生提问等，对调节教师心态、稳定教师情绪能够起到良好的效果。

管理育人 8-1　**支持袭警员工，维他奶政治立场惹争议**

2021年7月1日，在香港回归祖国24周年纪念日的晚上，一男子持刀袭击巡逻警员后自杀身亡。经证实，袭警犯罪嫌疑人是维他奶集团采购部主任梁某。随后，维他奶发布通告称：梁某“不幸逝世”，并“致以深切慰问”。维他奶的行为，激怒了广大网友。多位明星发布声明终止与维他奶的合作，多地线下超市下架此品牌商品。7月6日下午，维他奶国际集团有限公司执行主席罗友礼发文称，已辞退私自撰写内部通告的员工。维他奶虽然反应迅速，多次回应表态，但屡屡忽略舆情焦点，态度倨傲，推卸责任，表里不一，非但没有成功消除负面影响，反而呈现给大众自私冷漠、毫无担当的企业形象。

资料来源　佚名.支持袭警员工，维他奶政治立场惹争议［EB/OL］.［2021-09-06］. https://baijiahao.baidu.com/s?id=1710133518608583276&wfr=spider&for=pc.

感悟：当代中国消费者有着清晰的国家意识及强烈的民族情感，品牌应树立政治风险意识，避免因缺乏政治常识导致相关举措触及国家利益、民族利益而引发政治风波。同时，面对敏感政治事件，品牌需审时度势，坚决、恰当地表达自身的政治立场，引导消费者形成对其政治立场的积极认知。

8.2.3　沟通的网络

信息沟通网络既可以反映一个群体的结构，也可以表明组织中的权威系统。不同的沟通网络对于群体活动的效率具有不同的影响，甚至会影响群体成员的心理和组织的心理气氛。

信息沟通网络多种多样，按沟通渠道可将其归纳为两类，即正式沟通网络和非正式沟通网络。

1）正式沟通网络

正式沟通网络是指由组织正式规定的信息沟通渠道所形成的沟通结构形式。正式沟通网络有五种基本类型（如图8-2所示）。

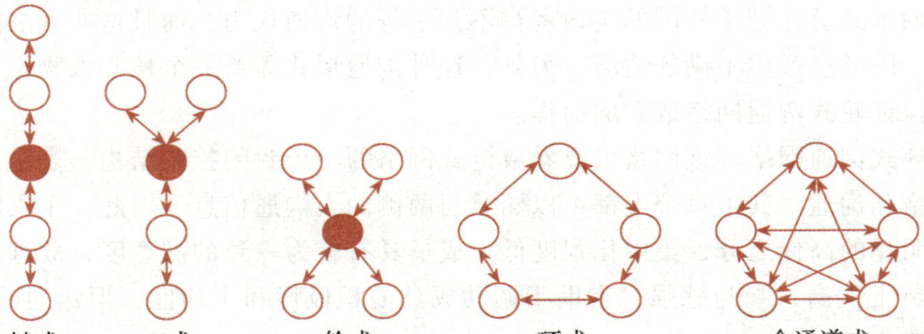

图8-2　正式沟通网络的五种基本类型

（1）链式沟通网络。在这样的网络中，没有中心，信息的传递是以一对一的方式进行的。由于信息源的单一性，因此不会出现政出多门现象，不会出现多元信息导致的混乱。但另一方面，一个信息要传递出去，可能要通过许多的这种两两传递的环节，这样不仅传递速度很慢，会导致办事拖拉，而且因为信息在传递过程中要通过许多中间人，所以存在信息失真的情况，最后以讹传讹。在这种信息沟通的渠道里，信息的传递没有一定的方向，有时也会造成传递的中断，形成信息堵塞，给工作带来不便。军队的信息网络就是这种形式，对军队而言，信息的准确性是最重要的，因此通过责任到人的记录机制，保证信息传递过程中会不出现失真。

（2）Y式沟通网络。这是一个纵向沟通网络，其中只有一个成员为信息沟通的核心，成为沟通的媒介，代表两个主管人员分别向下传递信息，或者下级向两个上级传递信息。这种信息沟通网络集中化程度高，解决问题的速度快。其中交会点是沟通的中心，它接收的信息量大，成为信息反馈的媒介。

如果将这个网络颠倒过来，并稍作改动，就成为图8-3这样一个模式。

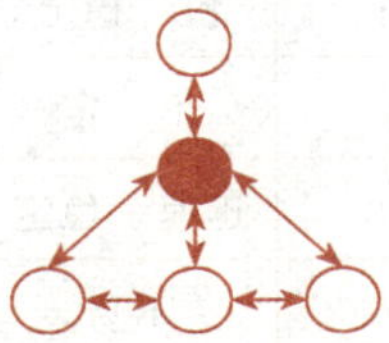

图8-3　倒Y式沟通网络

这个模式表示一个组织中主管人员通过第二级层次（如秘书或其他中间人物），与三个下级发生沟通联系。这种现象在组织中十分常见。秘书获得了最多的情报信息，即主管领导的指示要经过秘书传达到下面，下面的意见反映也要先集中到秘书这里再向上反映。这种组织结构很容易出现领导被架空、权力转移到秘书手中的现象。

（3）轮式沟通网络。这里存在着一个信息中心，在沟通时，处于中心外围的沟通者只能通过信息中心接收和发送信息。在这样的沟通渠道中，每个信息只要通过两个点就能传递给信息的接收者，所以这种形式有利于信息的高速沟通和流向控制。同时，我们也不难发现，轮式沟通网络中处于信息中心位置的人，对信息传递的质量和信息的传递与否有着很大的决定权，从信息中心传递出去的信息是经过他处理以后的信息，所以他有权力对信息加以筛选，他还有权力和机会选择信息的接收者，因此很容易形成行政专断。这样的形式会让处于外围的沟通者得不到平等的沟通权力，而且这些人之间也无法进行沟通，因此会产生不满的情绪。另外，这种沟通形式需要一个核心人物，这个权威的存在是保证轮式沟通网络成立的前提。

（4）环式沟通网络。该网络可以看成链式网络的一个封闭控制结构，表示成员之间的一次联络和沟通，其中每个人都可以同时与两侧的人沟通信息。因此，个人的心理满足程度无明显的高低之分，集中化程度低，成员具有较为一致的满意度，故这种沟通网络中的成员士气高，参与感强，有助于调动成员的积极性和主动性，但沟通的速度慢，精确性不够。

（5）全通道式沟通网络。在这种沟通形式中，信息的流转非常快捷，每个人获得信息的机会几乎相等，所以组织中的人会产生很高的满意度。采用这样的信息沟通形式，信息的传递没有方向，容易引起混乱。因为任何信息都很可能在非常短的时间内流传出去，从而造成接收者信息负担过重的后果。

从上述几种沟通的网络结构来看，每种沟通形式都有其优缺点，管理者应采用哪种形式取决于其所关注的变量。轮式沟通是效率最高的沟通网络形式，由于形成了信息中心，因此有利于权威的出现，但另一方面也因为会减弱中心以外成员之间的相互沟通，从而造成人们的满意度降低。当我们必须在满意度和效率之间作选择时，可能轮式沟通网络结构是一种较好的选择。就信息的准确性而言，链式沟通网络结构最佳。而全通道式沟通网络会使成员获得最大满意度。正式沟通网络形式比较，见表8-2。

表8-2　**正式沟通网络形式比较**

沟通网络类型	解决问题的速度	信息准确度	组织化	领导人的产生	士气	工作变化弹性
链式	较快	较高	慢、稳定	较显著	低	小
Y式和倒Y式	较快	较低	不一定	会易位	不一定	较小
轮式	快	高	迅速、稳定	显著	很低	较小
环式	慢	低	不易	不发生	高	大
全通道式	最慢	最高	最慢、稳定	不发生	最高	最大

2）非正式沟通网络

在组织和群体中，除了正式网络传递信息以外，还有非正式网络存在，并传播各种信息。所谓非正式沟通网络是指群体中未经批准的信息的自由传播渠道所形成的沟通结构形式。这种情况称为小道消息。美国一项研究表明，组织中有75%的人首先是通过小道消息来知晓相关事件的。研究发现充当小道消息联络员的人只占很小的比例，而且人员不固定。大家普遍感兴趣的信息主要在部门之间传播。小道消息传播的信息大部分是正确的。

美国管理心理学家戴维斯对非正式沟通网络进行了研究，他曾在一家皮革公司对67名管理人员进行过一次调查，采取顺藤摸瓜的方法对小道消息进行研究，发现非正式沟通有四种方式，即单线式、流言式、偶发式和集束式（如图8-4所示）。

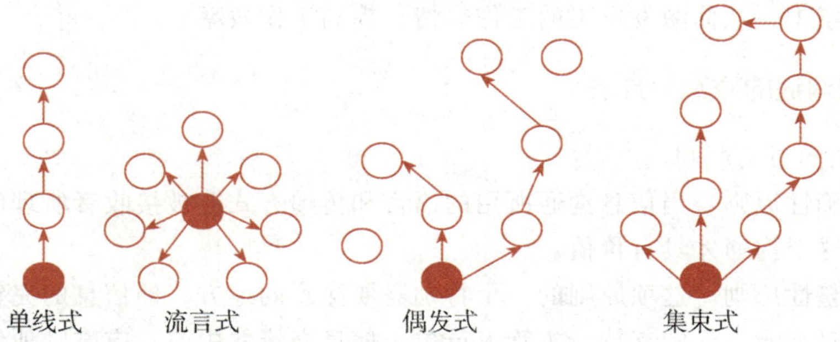

图8-4 非正式沟通的四种基本方式

（1）单线式。其传播模式表示信息发送者通过一连串的人把消息传播给最终的接收者。

（2）流言式（或称闲谈式）。其传播模式表示一个人主动把小道消息传播给其他一些人。

（3）偶发式。其传播模式表示信息发送者由偶然的机会将消息传给他人，他人也随机遇而传播并非有意传播。

（4）集束式。其传播模式表示信息发送者有选择地将消息告诉自己的朋友或有关人，有关人员得到消息后也照此传播。

小道消息的存在不是因为存在喜欢散布谣言的人（长舌妇），而是因为客观环境条件和主观需要同时具备。所谓环境条件，就是环境无法提供正规的来自正式渠道的信息，同时这类信息又是人们渴望知晓的重要的信息。这样，小道消息就出现了。小道消息生成的两个条件在组织里通常都是存在的。所以，在一个组织里想要彻底消除小道消息几乎是不可能的，只能限制和弱化它的消极影响。

小道消息有过滤和反馈两种机制。通过过滤和反馈，管理者可以了解到什么信息对员工是重要的。另外，小道消息的特别之处在于，它能够把正式沟通中的信息转化为自己群体的特殊用语，从而满足人们的需要。例如，管理者开会，会议精神是“加强管理，严格纪律”。这个信息传到有下岗焦虑员工那里，就变成“上边要找毛病收拾人了，被抓到的就要下岗了”。

小道消息不能消除，同时又常常制造麻烦，想办法尽量减少其危害就变得很现实

知识拓展8-2

从微信朋友圈看企业内部非正式沟通

了。下面介绍一下这方面的建议：

（1）公布进行重大决定的时间安排。

（2）公开解释那些让人觉得不一致或隐秘的决策和行为。

（3）对于当前的决策和未来的计划，强调其积极的一面的同时，也指出其不利的一面。

公开讨论事情的最差结局，肯定比大家私下猜测所引起的焦虑程度更低。

8.3 沟通管理

组织内部沟通的良好和顺畅，有利于构建起适宜的人际交往环境，营造充满信任和理解的工作氛围，从而激发员工的工作热情，提高工作效率。

8.3.1 组织沟通的原则与方法

1）组织沟通的原则

（1）准确性原则。当信息沟通所用的语言和传递方式能被接收者所理解时，才是准确的信息，这个沟通才具有价值。

（2）完整性原则。这项原则的一个特别需要注意的地方，即信息的完整性部分取决于主管人员对下级工作的支持。主管人员位于信息交流的中心，应鼓励他们运用这个中心职位和权力，起到这个中心的作用。但在实际工作中，有些上级主管人员忽视了这一点，往往越过下级主管人员而直接向有关人员发布指示、下命令，使下级主管人员处于尴尬境地，并且违反了统一指挥的原则。如果确实需要这样做，则上级主管应事先同下级主管进行沟通，只有在时间不允许的情况下，采用这个方法才是必要的。

（3）及时性原则。在沟通的过程中，不论是主管人员向下沟通信息，还是下级主管人员或员工向上沟通信息以及横向沟通信息，除了要遵守准确性、完整性原则外，还应注意及时性原则。这样可以使组织新近制定的政策、组织目标、人员配备等情况尽快得到下级主管人员或员工的理解和支持，同时可以使主管人员及时掌握其下属的思想、情感和态度，从而提高管理水平。

（4）非正式组织策略性运用原则。这一原则是指，只有当主管人员使用非正式组织来补充正式组织的信息沟通时，才会产生最佳的沟通效果。

2）组织沟通的方法

（1）发布指示。在指导下级工作时，发布指示是重要的内容。指示可以使一个活动开始、变更或中止，它是使一个组织正常运转的必要环节。

（2）会议制度。指导与领导工作的实质是处理人际关系，而人与人之间的沟通是人们思想、情感的交流。采取开会的方法就是提供交流的场所和机会。

（3）个别交谈。它就是指领导者用正式或非正式的形式，在组织内外同下属或同级人员进行个别交谈，征询谈话对象对组织中存在问题和缺陷的看法，对别人或对别的上级，包括对主管人员自己的意见。这种形式大部分都是建立在相互信任的基础上的，无拘无束，双方都感到很亲切。

8.3.2 信息沟通中的障碍

在管理实际中，沟通障碍是普遍存在的，而且往往困扰着管理者，使他们的管理效率下降。信息沟通的障碍会阻止信息的传递或歪曲信息，这些障碍可能来自信息发送者，也可能来自信息接收者，或者来自环境因素，但无论障碍来自何方，均会破坏整条信息沟通链的连续性和有效性。由于沟通是人与人之间的沟通，所以沟通必然会受人的性格、气质、态度、情绪、见解、处世方式、思想观点、文化水平、工作经验、思维能力等各种主观因素的影响。组织结构造成的职位差别是沟通的客观障碍，特别是在等级森严的组织内，往往只能实现下行的单向沟通，而上行沟通就比较困难。沟通方式的障碍主要表现在沟通方式选择不当所造成的沟通低效和沟通无效。此外，沟通还会遇到语言、信息超载、环境“噪声”的干扰等障碍。

1）编码与解码过程中的误差

编码者在对信息编码时应该充分考虑信息接收者的经验背景，因为经验背景的不同会使解码还原时出现困难和错误。使用不同的语言会使沟通很难进行，这是人们熟知并会自觉避免的。但事实上，即使是使用相同的语言，沟通的效果也会有很大的差异，对于这一点，沟通双方往往不能予以足够的重视。比如对某些内容的概括及术语的使用，发送者如果不考虑接收者的情况，而只是依照自己的知识结构进行编码，那么当双方的经验背景不相重叠时，接收者解码就会出现错误，无法正确理解信息发送者的真实意思。

案例分享8-1　　失败的沟通

某公司质管部经理在质量管理的总体目标、步骤、措施等方面与公司主要领导人有不同看法。一天上午，质管部经理接到公司副总的电话，通知他去北京参加一个为期10天的管理培训班，而质管部经理则认为自己主持的质改推进计划正在紧要关头，一时脱不开身。公司领导应该是知道这个情况的，他们做出这样的安排显然是不支持甚至是阻挠自己的工作。因此，质管部经理不仅拒绝了领导的安排，还发了一通脾气；而公司副总也十分恼火，认为质管部经理太刚愎自用。最后，双方不欢而散。

问题：你认为这里出现沟通失败情况最主要的原因是什么？

案例分享8-1

分析提示

2）专业术语的滥用

专业术语的滥用也是导致组织中信息传递不顺畅的一个重要原因。大量受到很好教育的工作人员，他们有不同的专业背景，在不经意之间使用术语（在国内经常出现英语），结果，由于经历和位置的不同，导致误读现象出现。

另外，一些人大量使用外语或者晦涩的术语，会给人以故作高深、装模作样的浅薄感，从而影响沟通效果。

3）发信者的信息过滤行为

过滤是指信息发送者有意操纵信息，有选择地发送信息。其原因主要是自我保护，个别的时候也会出现为了保护他人而操纵信息的现象。只要组织中有层级存在，这种信息过滤现象就无法杜绝。如报喜不报忧，严重的还可能出现编造信息的情况。

4）信息超载

个体信息处理能力是有限的，当个体面对大量的超过自己处理能力的信息的时候就应付不了了，这种现象就称作信息超载。信息超载现象在我们这个时代太普遍了，大家似乎天天都在面对。我们处在信息大爆炸时代，信息泛滥已是常态。我们的苦恼不是缺乏信息，而是面对大量的信息不知如何处理。与信息超载对应的还有信息无力现象。信息多，自己却无法从中寻找到有价值的部分，或者搜寻成本太高，以致无法承受，这种现象就称为信息无力。经济学有一个“边际效用递减”原理，简单地说，就是东西少的时候价值变大，多了价值就变小了，继续多下去，就可能变成祸害了。如今的信息就有这个味道，多到让人苦恼。人们对付信息泛滥的另一招就是信息麻木现象，也就是视而不见、听而不闻，对许多信息不做出任何反应，好像它们根本不存在一样。

今天管理面对一个新问题，就是在组织内如何减少信息泛滥，信息在许多企业里边已经成灾，文山会海已不仅仅是官僚政府的专利。

5）心理因素对沟通的影响

在沟通中，人们的情绪状态、认知特点等心理活动特点，也会影响沟通的效果。

（1）情绪状态。人的情绪状态对人的注意水平有着重要影响，平和的情绪状态对沟通是不利的，因为这时信息的发送者很难吸引接收者的注意。在平和的情绪状态中，信息的接收者容易分心和关注点散漫。所以，有经验的沟通者一般都很注意情绪的调节。例如，在演讲者出场时，用音乐或鼓动的方法制造一个激动的情景，对演讲者的顺利开场显得特别重要。

（2）知觉的选择性。人们常常处于信息的海洋中，人们不可能对所有信息刺激都做出反应，大部分的信息是被人不自觉地回避掉了，这是不以人的意志为转移的心理活动规律，即所谓“视而不见、充耳不闻”。接收者往往无意识地根据自己的需要、兴趣、意向有选择地接收信息，并把其他信息过滤掉。信息发送者则不经意间把自己的兴趣、期望、理解带进信息中。人们看到的不是客观事实本身，而是对自己所看到的东西进行解释，并称之为事实。

（3）空间位置。空间距离越远，越不利于沟通，这是常识性的问题，但是随着信息技术的进步，地域上的距离对沟通的阻碍正日益减少，而空间位置的作用正引起更多人的注意，这样的研究也正在增多。在两人或小组会谈中，相互间的距离、座位的安排，对双方的心理会产生十分微妙的影响，需要引起人们的注意。图8-5描述了双人会谈中座位的安排与双方心理距离的关系，由左往右，心理距离由大变小。由此可知，沟通效果也由左到右依次增大。同样，在谈判、商务用餐、会议等各种场合中，座次的安排由于其隐含的信息会引起人们心理的变化，所以在实际安排中应该十分小心。

（4）心理落差现象。在上下级的沟通中，由于双方地位不同，往往会出现一种被称为“巨大性”和“微小性”的心理障碍，在这种沟通中，处于高级地位或主管地位的人，在他的下级心目中有一种“巨大性”的心理形象，反过来，下级对自己有一种“微小性”心理，这种差距称为心理落差。这两种相反的心理效应会造成一些信息曲解。如下级对上级的话会“非常重视”，产生放大效应，把不重要的话看得很重要，将含义简单的话解读出很多意思来，认为领导者都是“微言大义”。

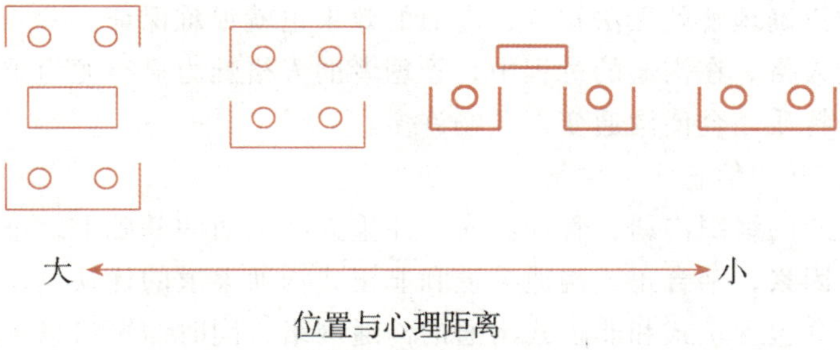

图8-5 沟通位置与心理距离

（5）沟通恐惧（焦虑）。有沟通恐惧的人通常占总人口的5%～20%。这种沟通恐惧有特异性，比如，有的人有面对面沟通恐惧，在人前紧张得不行，不敢说话，说了也词不达意，很痛苦；还有的人有书写沟通恐惧，让他写点东西非常难，有写作障碍。当然，还存在其他沟通形式的恐惧现象。如电话沟通恐惧，平时在其他场合可以滔滔不绝，可是一拎起电话就语塞，不知道说什么。事实上，许多人都或多或少地存在某种程度的沟通恐惧现象，一般不必太介意，能克服更好，不能就规避，这都属于正常现象。

在组织中同样存在各种沟通恐惧现象，出于沟通效率和人文关怀角度考虑，给这些人规避其恐惧的沟通方式的机会，甚至权力，这样组织内的沟通、协调可能更顺畅。

8.3.3 如何提高信息沟通的有效性

无论是计划的制订、工作的组织、人事的管理、部门之间的协调，还是决策的落实，都离不开沟通。实践证明，良好的企业必然有良好的沟通。

1）培养良好的人际沟通技能

（1）改进沟通态度。只有双方坦诚相待时，才能消除彼此间的隔阂，从而求得对方的合作。另外，在信息沟通过程中还要以积极的、开放的心态对待沟通，要愿意并且有勇气用恰当的方式展示自己的真实想法，在沟通过程中顾虑重重，可能会导致很多误解。

（2）学会表达。正确表达是沟通的前提，无论是书面沟通还是口头沟通，都需要我们能正确表达自己的意思和想法。空洞和缺乏逻辑的文章，混乱的语义表达，都会使沟通失去基础。因此，平时要注意学习，加强书面和口头表达能力的训练。同时，在表达时必须充分考虑对方的知识背景，用对方能够理解的语言进行表述，切忌卖弄学问，弄巧成拙，影响沟通效果。

（3）学会倾听。让自己静下心来倾听别人的想法，是需要一定的毅力的，尤其是当别人的地位比自己低、想法与自己相左时，倾听会显得更为困难。倾听是沟通成功的重要基础之一。沟通经常是双方思想的交换，没有倾听，就不能很好地交换信息，也就不会有透彻的沟通。积极倾听要做到专心、客观和完整。听的时候要有明确的目的，这样才能抓住对方所说的要点，完整而准确地理解对方的意思和想法。

（4）积极反馈。反馈是检查沟通是否顺利的主要方法。作为信息的传递者，要注意接收者的反馈；而信息的接收者，也应该积极主动地自觉对信息发送者进行反馈，以便检查意思、想法究竟是否得到了正确的传递。相反，如果双方都不注意反馈，那么思想和想法是否被正确理解就无法知晓，沟通的效果也就很难保证。

（5）健全人格。在沟通的过程中，管理者的人格魅力显得尤为重要。令人信服、有亲和力的人格特质，会使沟通变得顺畅许多。

2）设计合理的信息沟通网络

为实现有效的组织沟通，管理者应在注重人际沟通的基础上，进一步考虑组织的行业特点和环境因素，结合正式沟通渠道和非正式沟通渠道的优缺点，通过对组织结构的调整，设计一套包含正式和非正式沟通的沟通网络，同时缩短信息传递的链条，以便使组织的信息沟通更加迅速、及时和有效。

3）采用恰当的沟通方式

针对不同的沟通需要，应采用不同的沟通方式。

（1）沟通的速度。利用口头的和非正式的沟通方法，比书面的和正式的沟通速度快。

知识拓展8-3

你真的会沟通吗?

（2）反馈性能。面对面交谈，可以获得立即的反馈。

（3）可控性。选择少数可以信赖的人，利用口头传达某种信息，则能有效控制信息。

（4）接受效果。以正式书面通知，可以使接收者十分重视。

4）对管理者进行培训

在组织内部，对管理者的培训能使他们更多地了解沟通的重要性和掌握沟通技巧，有助于组织有效沟通的实现。例如，管理者通过学习课程所介绍的案例，进行角色扮演，掌握一定的沟通技能，并通过在实践中运用这些技能，使这些技能不断得到强化。

案例分享8-2 **小沙弥误对云水僧**

无相禅师是新罗国圣德王金兴光的第三子，于公元728年来唐，安史之乱时随唐玄宗入蜀，奉玄宗之命规划、督建了大慈寺，建成96院、1万余尊佛像，使大慈寺成为当时蜀中最大的佛寺。

有一位云水僧听人说无相禅师禅道高妙，想和其辩论禅法，适逢禅师外出，侍者沙弥出来接待，道："禅师不在，有事我可以代劳。"

云水僧道："你年纪太小不行。"

侍者沙弥道："年龄虽小，智能不小喔！"

云水僧一听，觉得还不错，便用手指比了个小圈圈，向前一指。侍者摊开双手，画了个大圆圈。云水僧伸出一根指头，侍者伸出五根指头。云水僧再伸出三根手指，侍者用手在眼睛上比了一下。

云水僧诚惶诚恐地跪了下来，顶礼三拜，掉头就走。

云水僧心里是这么想的：我用手比了个小圈圈，向前一指，是想问他，你胸量有多大？他摊开双手，画了个大圈，说有大海那么大。我又伸出一指问他自身如何？他伸出五指说受持五戒。我再伸出三指问他三界如何？他指指眼睛说三界就在眼里。一个侍者尚且这么高明，不知无相禅师的修行有多深，想想还是走为上策。

后来，无相禅师回来，侍者就叙述了上述经过，道："报告师父！不知为什么，那位云水僧知道我俗家是卖饼的，他用手比个小圈圈说，你家的饼只这么一点大。我即摊开双手说，有这么大呢！他伸出一指说，一个一文钱吗？我伸出五指说，五文钱才能买一个。他又伸出三指说，三文钱可以吗？我想他太没良心了，便比了眼睛，怪他不识货，不想，他却吓得逃走了！"

无相禅师听后，说道："一切皆法，一切皆禅！侍者，你会吗？"

侍者茫然，不知怎么回答。

资料来源 根据网络资料整理。

问题：你如何评价这个小故事？

案例分享8-2

分析提示

本章小结

★本章主要介绍了沟通的含义与作用、沟通的过程、沟通的类型、沟通的网络、组织沟通的原则与方法、信息沟通中的障碍以及提高信息沟通的有效性的策略。

★沟通是指组织内部人与人之间的信息交流，它是组织协调的工具。沟通的作用：沟通是加强民主管理，保证科学决策的前提；沟通是改善人际关系、建立良好的工作环境的基本手段；沟通是转变员工态度和行为的重要手段；沟通能激发员工工作热情、提高工作效率；通过与外界沟通，获得组织生存和发展所需要的资源和信息。

★沟通的过程包括7个环节：信息源、编码、信息、通道、接收者、解码、反馈。

★按照信息流通的方向分类，沟通可以分为自上而下的沟通、自下而上的沟通和水平沟通；按照信息载体的不同，沟通可分为语言沟通和非语言沟通，语言沟通又可分为口头沟通和书面沟通两类；按沟通的途径，可分为正式沟通与非正式沟通；按照信息沟通的方向进行划分，有单向沟通、双向沟通和单向、双向沟通。

★信息沟通网络多种多样，按沟通渠道可将其归纳为两类，即正式沟通网络和非正式沟通网络。正式沟通网络是指由组织正式规定的信息沟通渠道所形成的沟通结构形式。正式沟通网络有五种基本类型：链式、Y式、轮式、环式、全通道式。非正式沟通网络是指群体中未经批准的信息的自由传播渠道所形成的沟通结构形式。

★组织沟通的原则：准确性原则、完整性原则、及时性原则、非正式组织策略性运用原则。信息沟通中的障碍：编码与解码过程中的误差、专业术语的滥用、发信者的信息过滤行为、信息超载、心理因素对沟通的影响。提高信息沟通有效性的方法：培养良好的人际沟通技能、建造合理的信息沟通网络、采用恰当的沟通方式、对管理者进行培训。

主要概念和观念

★ 主要概念

沟通　非语言沟通　空间距离　正式沟通网络　非正式沟通网络　信息超载

★ 主要观念

沟通过程　沟通网络　沟通障碍

基本训练

在线测评 8-1

判断题

1）判断题

（1）在一个组织里想要彻底消除小道消息几乎是不可能的。（　）

（2）流言式传播模式表示信息发送者有选择地将消息告诉自己的朋友或有关的人。（　）

（3）个人距离通常在正式社交情境中使用。（　）

在线测评 8-2

选择题

2）选择题

（1）按照信息载体的不同，沟通可分为（　）。

A.语言沟通和非语言沟通　　B.正式沟通与非正式沟通

C.单向沟通与双向沟通　　D.自上而下的沟通和自下而上的沟通

（2）信息的流转非常快捷，组织中的人们会产生很高的满意度。这种沟通方式是（　）。

A.链式　　B.Y式　　C.轮式

D.环式　　E.协调　　F.全通道式

（3）（　）传播模式表示一个人主动把小道消息传播给其他一些人。

A.单线式　　B.流言式　　C.偶发式　　D.集束式

（4）美国人类学家爱德华·霍尔博士划分了四种区域或距离，即（　）。

A.亲密距离　　B.个人距离　　C.群体距离

D.社交距离　　E.公众距离

在线测评 8-3

简答题

3）简答题

（1）论述组织中信息沟通的作用。

（2）信息沟通中的障碍表现在哪些方面？

（3）简述心理因素对沟通的影响。

（4）试述如何提高信息沟通的有效性。

4）分析题

联想集团的绩效沟通

联想集团的绩效管理是个人、团队双指标体系共存的方式，这是联想集团绩效管理平衡的措施之一。对于不便于把指标细化到每一个人身上的部门来讲，联想集团认为这部分业务刚好也是异常强调团队协作的业务，团队业绩的好坏直接影响着个人绩效。

指标的设置是绩效考核的关键。因此，联想集团在设置指标时除了根据不同的业务设置不同的考核指标外，还强调指标的界定一定要十分清楚，描述要让员工看得明白，特别是设置指标时一定要和员工进行沟通。

如果把绩效管理比喻成一张错综复杂的渔网，沟通就是捏在渔夫手中的收网线，联想集团深信这一点。联想集团的绩效沟通不只停留在事前让员工知道为什么考核和如何考核上，也不只停留在事后分析上，更重要的是事中的纠正和完善上。

比如，2020年第四季度最后一个月，李雪莲（化名）领导的一个销售团队的考核目标发生了改变，原因是联想集团市场部门发现远程教育迅速崛起，伴随而来的肯定是大规模的采购，这对联想集团来说是一笔很大的生意，但在制定第四季度考核的时候并没有发现这种现象，于是和员工沟通后删改绩效考核指标成为必然。当然，并不是在发生变化的时候绩效沟通才开始进行，员工随时可以向人力资源部门反映问题，人力资源部门也随时期待着和员工面对面讨论绩效。

在联想，绩效考核结果出来后一定要与员工进行沟通，因为这直接关系着员工的积极性和下一阶段工作的正确与否，结果出来后没有沟通而导致员工怨恨主管甚至企业的例子数不胜数。联想集团也非常害怕收上来的绩效面谈报告是人力资源部门闭门造车的结果，为此，每次绩效考核结束，联想集团都会对员工进行无记名调查，确认是否得到了绩效面谈的机会，绩效考核的知晓率是考核联想集团人力资源工作者的重要绩效指标之一。

如果有员工对绩效考核成绩或者排序有意见，员工有权向部门总经理或人力资源部提出申诉，如果申诉经调查属实，企业一定会对该员工进行重新评定。

联想集团以其灵活的管理和流畅的沟通，带来了制度的灵活，使组织可以更好地应对内外部变化，引导员工的行为活动，并与组织的目标一致，实现高绩效。不断修正和沟通的绩效也让联想集团能够在赛马中识别好马，发掘人才。

资料来源 佚名.绩效管理中如何做到个人、团队双指标体系共存［EB/OL].［2021-07-23].http://www.chinahrd.net/blog/417/1216601/416629.html.

在线测评 8-4

分析题

问题：你如何评价联想集团的绩效沟通？该案例给你什么启示？

实践训练

（1）在班级中把每10人分成1组，每组指定1个组长。由组长选1个简短的故事，然后把这个故事讲给第二个人，再由第二个人讲给第三个人，依此类推。最后由第十个人讲给组长。组长组织大家一起分析，看在整个信息传递的过程中发生了什么，并分析原因。

（2）走访你所在学校的相关部门，了解学校的信息沟通系统情况，并分析系统中存在的问题，写出一份调研报告。

赏罚不信，则禁令不行。

——《韩非子》

第9章
激　励

学习目标

知识目标： 理解激励的含义与基本形式；掌握内容型激励理论、过程型激励理论、行为改造型激励理论的含义、主要论点及适用条件。

技能目标： 能够按照所掌握的激励原则，合乎规范地对人的行为进行激励；能分析马斯洛的需要层次论的贡献和局限，并且能够根据该理论的内容具体分析人们的各种需要；能够根据组织的实际情况采取可行的激励措施。

素养目标： 培养用辩证的思维分析问题、解决矛盾的能力，激发学生的使命感和责任心。

思维导图9-1

第9章

引例　华为的人才激励制度

华为作为一家全球领先的信息与通信解决方案供应商，一直是众多企业学习的标杆，在2021年《财富》世界500强中排名第44位。华为如此迅猛的发展离不开产品和服务的高水准、高质量，也离不开华为内部的管理模式，尤其是其人才激励制度。那么华为制定了何种激励制度吸引并留住人才，从而让人才成为推动企业不断发展的“助推器”的呢？

第一，薪酬激励，即给人才以有竞争力的薪酬、福利、奖金和股票期权。华为总裁任正非说过：“不能让雷锋吃亏”，因此，高额待遇一直是华为吸引人才的重要手段。华为的薪资在同行业内位居前列，并且，员工在华为就职后，只要努力工作、业绩好，满足公司的要求，就会获得在其他企业很难得到的股票等回报，这也使得每年校招启动后，会有大批一流学府的优秀毕业生“争相涌入”华为寻求职位，给华为带来了稳定、高质量的备选人员。尤其是员工持股制度的推行，使得华为与员工的关系得到了根本改变。员工与华为从原来的雇佣关系变成了伙伴式的合作关系，这种关系让员工对企业有了极强的归属感，使员工将自己视为企业真正的主人，自觉地把自己的前途与命运与华为的前途与命运紧紧地联系在一起。

第二，发展激励，即为员工提供良好而又多样的学习与成长平台和职业发展与内部创业机会。华为内部创建了华为大学，为全球十几万华为员工提供全方位、多角度的培训，在员工不同的成长时期，有不同的培训课程，除专业培训课程外，还有众多非专业培训课程。此外，华为还为员工建立了双通道发展路径，共有14个职业大类，可任由员工自由选择，不同职业大类可选择转换。内部人才市场机制支撑自由流动，使得华为员工可以根据自身情况选择合适的道路，进一步打破了员工的“职场天花板”阻碍。

第三，未来激励，即通过华为的战略、组织和品牌影响力，给人才以丰富的未来想象空间。多年来，华为一直是行业内的领军企业，“第一”的名片吸引了大量的优秀人才不断加入，再加上华为在业内发展势头良好、规模不断扩大，稳定、迅速的发展能够给予员工较为确定的“前景”，进一步增强了华为对优秀人才的吸引能力。

从以上三点我们可以看出，华为为吸引和留住人才可谓“下了血本”，这样的人才激励方式一定会带来大量优秀人才。

资料来源　佚名. 跟华为学人才管理：打破企业发展的“瓶颈［EB/OL］.［2021-03-25］. http://www.chinahrd.net/blog/417/1216601/416142.html.

华为成功的原因很多。上述案例表明，华为的成功离不开其独特的员工激励机制。本章在介绍激励的作用、激励的原则、激励的形式的基础上，重点介绍激励理论（包括内容型激励理论、过程型激励理论和行为改造型激励理论）。

9.1 激励概述

激励贯穿于管理过程的始终。一切管理活动的首要任务都是促使人们发挥潜能，以帮助完成组织、部门的任务和目标。管理者必须掌握和运用正确的激励手段，不断开拓新的激励方式，充分发挥激励的作用，这样才能成为有效的管理者。

9.1.1 激励的含义及作用

在管理的领导职能中，领导者方面描述的是管理者如何指挥和协调部下为实现目标而努力的过程。对领导的对象——组织成员或下属来说，响应管理者领导行为的出发点，是他们内在的个体需求差异。因此，要实现组织的活动目标，必须设法让组织成员做出有效的贡献。这意味着管理者不仅要根据组织活动的需要和个人素质与能力的差异，将不同的人安排在不同的工作岗位上，为他们规定不同的职责和任务，还要分析他们的行为特点和影响因素，创造并维持一种良好的工作环境，以调动他们的工作积极性，改变和引导他们的行为。

1）激励的含义

所谓**激励**，就是激发人的动机，使人有一股内在的动力，朝向所期望的目标前进的心理活动过程。激励的定义中有三个关键因素：强度、方向和坚持性。强度指的是个体试图付出多大的努力。方向是指付出的努力必须和组织目标相一致，这对组织才有意义，所取得的成果才可称为绩效。坚持性是指个体努力能维持多长时间。受到激励的个体可以长时间地从事一项工作，直到实现他们的目标。

美国管理学家贝雷尔森和斯坦尼尔为激励下了如下定义：“一切内心要争取的条件、希望、愿望、动力等都构成了对人的激励……它是人类活动的一种内心状态。”这种激励过程可用图9-1来描述。

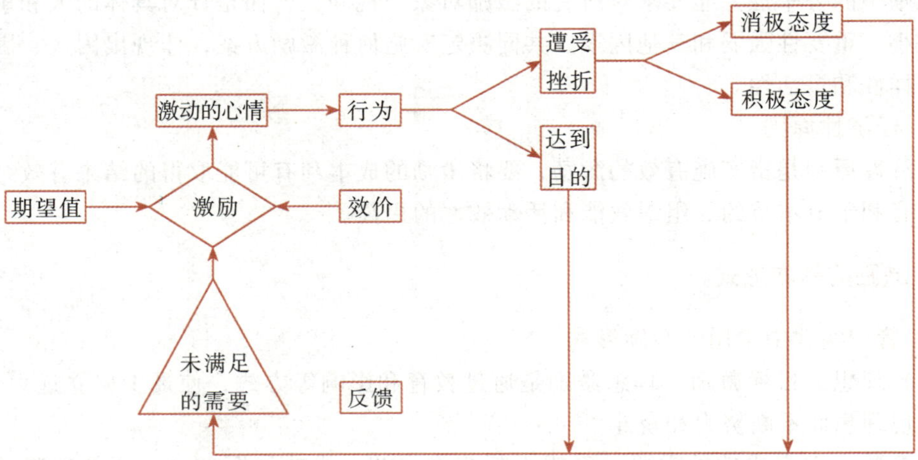

图9-1　激励过程

2）激励的作用

在组织中，激励的作用主要表现在以下三个方面：

（1）提高员工工作的自觉性、主动性和创造性。一般来讲，个人目标与组织目标是一致的，二者统一的程度越高，员工的自觉性乃至主动性、创造性就越能得到充分发挥。

（2）激发员工工作的热情和兴趣。通过激励，员工对本职工作产生强烈、深刻、积极的情感，并以此为动力，激发自己用全部精力为达到预定目标而努力。

（3）使员工保持持久的干劲，提高工作绩效。激励可以激发员工的干劲并使其具有工作的坚韧性，为实现目标而坚持不懈地努力。一般来说，在目标一致、客观条件基本相同的条件下，工作绩效与能力和激励水平之间可用一个数学公式来表示：

工作绩效=f（能力×激励）

工作绩效取决于能力和激励水平的高低。能力固然是取得绩效的基本保证，但是不管能力多强，如果激励水平低，就难以取得好的成绩。

9.1.2 激励的原则

为了取得良好的激励效果，激励必须遵循以下几个原则：

1）物质利益原则

马克思主义认为，人具有自然属性，是自然界的产物，又主宰自然界，人的需求是以物质需求为基础的。激励应给予激励对象合理的物质报酬。

2）公平原则

公平原则要求组织在进行激励时，首先应做到组织内部公平，即个人的所得与付出相匹配，与组织内其他成员相比较协调；同时，组织还应尽可能从更广泛的领域和范围追求激励中的社会公平。

3）差异化原则

激励中的公平性并非要求对所有的激励对象一视同仁，而是针对具体的人和事，按贡献大小、重要性强弱和其他因素，共同决定实施何种激励方案，体现出因人、因事而异的多样性和灵活性。

4）经济性原则

经济性原则是指实施有效的激励，要将激励的成本和有可能取得的结果有效结合起来，要有利于成本节约、组织效能和活动效率的提高。

9.1.3 激励的基本形式

1）管理实践中常用的激励形式

（1）理想、目标激励。理想激励是通过教育和影响等方式，使员工树立远大理想，并为实现理想而不断努力和奋斗。

大多数人都有成功的需要，希望不断获得成功，成功的标志之一便是实现预定目标。为激励对象确定一个合适的目标，并为其实现目标提供全面的支持，往往能取得很好的激励效果。就目标激励而言，除了个人目标具有很好的激励作用外，组织目标也会激发员工的斗志和工作热情。

(2) 组织、制度和榜样激励。组织激励是指运用组织责任和权利对员工进行激励。行为科学研究表明，大多数人都愿意承担责任，希望有自我控制权，因此在实际工作中，可以创造条件开展民主管理，尽可能让员工参与决策。

组织的多项规章制度都与一定的物质利益相联系，对员工的消极行为具有约束作用。但是，规章制度也为员工提供了行为规范和社会评价标准，与员工的自我肯定、社会舆论的认可相联系，具有综合的激励作用。

俗话说，“榜样的力量是无穷的”。大多数人虽不甘落后，但却不知从何做起，或者在困难面前举步不前。树立先进典型和进行领导者的宣传示范，可以使广大员工找到一个参照标准并进行自我鞭策，树立克服困难、取得成功的信心。

(3) 荣誉激励，如发奖状、证书、记功、通令嘉奖、表扬等。如果我们承认马斯洛自我实现的需要是人类最高层次的需要，那么声誉才是一种终极的激励手段。经济学家从追求利益最大化的理性假设出发，认为经营者追求良好声誉是为了获得长期利益。

(4) 成就激励。其最重要的表现形式就是合理晋升。内部晋升与选拔的好处：一是当员工看到自己的工作能力与业绩得到肯定或报偿时，其士气与绩效都会提升。二是内部候选人已经认同了本组织的一切，包括组织的目标、文化、缺陷等，比外部候选人更不易辞职。三是可以激发员工的奉献精神，而且可以给其他员工一个同样的期望。但是，优先从内部选拔人才，需要建立一系列制度来维持。

(5) 关怀激励。“卓有成效的企业福利需要和员工达成良性的沟通”。要想真正获得员工的心，组织首先要了解员工的所思所想、内心的需求。员工的需求也随着人力资源市场情况和自身条件的改变在不断变化。

2) 当代若干激励实务

20世纪90年代以来，西方企业在多种激励理论的基础上，提出了一些形式新颖的激励计划，竭力改善企业员工的满意度和绩效，值得参考。这些计划主要包括绩效工资、分红、员工持股、总奖金、知识工资和灵活的工作日程等。

(1) 绩效工资。企业突出绩效工资意味着员工是根据他的绩效贡献而得到奖励的，因此这种工资一般又称为奖励工资。它实际上是激励的期望论和强化论的逻辑结果，因为增加工资是和工作行为挂钩的。通用汽车公司就曾大力推行这种激励计划。公司管理层在取消员工的年度生活补贴后，建立了一种绩效工资制度，通过涨工资刺激员工完成工作任务。公司管理层分别对员工人数的上限10%、上中部25%、中部55%和下限10%强化工资差别。

(2) 分红。它是指在特定的单位中，当员工和管理人员打破预先确定的绩效目标时，分配给他们奖金的一项激励计划。这些绩效目标可以是细化了的劳动生产率、成本、质量、顾客服务或者利润等。和绩效工资不同的是，分红鼓励团队工作，因为全体员工都在为经营单位的利益做贡献。绝大多数公司都制定了精确的指定绩效目标和奖金的核算方法。

(3) 员工持股计划（employee stock ownership plans，ESOPs)。这是指给予员工以企业的股权，允许员工分享改进的利润绩效。相对而言，员工持股计划在小企业的管理中比较流行，但也有大企业采用这种激励计划。员工持股计划实际上是公司以放弃股权的代价来提高生产率。绝大多数企业主管发现这种激励形式的效果很不错。员工持股计划使得员工们更加努力工作，因为他们是所有者，要分担企业的盈亏。但要使这种激励计划有效进行，管理人员必须向员工提供全面的公司财务资料，赋予他们参与主要决策的权利，以及给予员工包括选举董事会成员在内的投票权。

（4）总奖金。它是以绩效为基础的一次性现金支付计划。单独的现金支付旨在提高激励效果。这种计划在员工感觉他们的奖金真正反映了公司的繁荣时才有效，不然，效果会适得其反。

（5）灵活的工作日程。其主要指取消固定的每周上班5日、每日工作8小时的工作制的限制。修改的内容包括4日工作制、灵活的工作时间以及轮流工作。执行4日工作制就是每周上班4天，每天工作10小时，而不是5日工作制中的每天从上午8点到下午5点的8小时工作。这一激励的目的是满足员工想得到更多闲暇时间的需要。灵活的时间就是让员工自己选择工作日程。轮流工作是让两个或两个以上的人共同从事某项40小时工作周的工作。这一激励计划意味着公司同意使用兼职员工，这在很大程度上是为了满足带小孩的母亲的需要，同时又消除了员工因长期从事某项工作而导致的枯燥和单调。

9.2 内容型激励理论

20世纪50年代以来，关于激励的研究硕果累累，关于激励的理论可以分为3种，即内容型激励理论、行为改造型激励理论、过程型激励理论。尽管这些理论还不完美，但是对我们理解激励问题是非常有价值的。

内容型激励理论：该理论涉及人的需要、欲望和要求等，解释人为什么做出这样或那样的行为。该理论的影响非常大，但有人认为有迎合大众价值观之嫌。总之，该理论满足了人们解释世界的需要。内容型激励理论有需要层次论、X和Y理论、ERG论、成就需要论、双因素论等。

行为改造型激励理论：重点研究如何改造和转化人的行为，以实现变被动为主动、变消极为积极。行为改造型激励理论主要包括强化论、目标设置论、归因论、挫折论。

过程型激励理论：也称媒介型理论，与强化理论截然不同，它探讨人的心理机制，人如何做出不同的选择，人怎样看待激励过程。过程型激励理论主要有亚当斯的“公平论”、弗隆姆的“期望论”等。

了解激励问题就不得不先搞清楚“需要”这个概念，内容型激励理论就是围绕着需要概念展开的。

9.2.1 需要概述

1）需要的定义

需要是个体缺乏某种东西时的一种主观状态，它是客观需求的反映。这种客观需求既包括人体内的生理需求和高级的心理需求，也包括外部的、社会的需求。

人是自然属性和社会属性的统一体，对其自身和外部生活条件有各种各样的要求。当某种生理或心理因素缺乏时就会导致生理或心理上的匮乏状态。当这种匮乏状态达到一定程度，必须进行调节时，个体就会感到需要的存在，进而产生恢复平衡的要求。首先是生理平衡。人必须不断补充一定的物质和能量才能生存，如食物、水、热量等，这些物质与能量的吸入量由人体内复杂的生理系统进行调节，维持着人的生理平衡状态。以饮食调节为例，人的生理调节机制时刻检测着食物和水的数量、时间和界度。当达到某种临界值时，人便产生某种生理需要，受到激发从而产生饮食行为。其次是心理平衡。人的生理失调主要在于有机体内部的刺激，而心理失调主要在于有机体外部的刺激，这种外部刺激既有物质的，又有精神的。当心理失去平衡时，个体就会产生心理上的需求，如有爱的需要、求知的需要、审美的需要等。

2）需要的特征

人的需要具有以下几方面的特征：

（1）对象性。需要总是指向某种具体的事物。换句话说，需要总是和满足需要的目标联系在一起。例如，人饿了就要寻找食物，渴了就要寻找水，冷了就要寻找衣服等。需要一旦实现，就能给人们带来生理或心理上的满足。离开了目标和对象，就无从观察和研究人是否具有某种需要。

（2）紧张性。需要是个体在生活中感到某种欠缺而形成的某种心理状态。当某种需要产生后，便会形成一种紧张感、不适感或烦躁感等，从而在人脑中形成某种需求。

（3）驱动性。人为了消除生理或心理上的紧张，会去寻求满足需要的力量，推动着人们去行动，以求得生理或心理上的平衡。

（4）层次性。人的需要是有层次的，先是满足最基本的生活需要，然后是满足社会和精神需要，人们的需要总是不断地由低级向高级发展。

（5）发展性。人的需要随着社会生产力的发展和物质、文化生活水平的提高而发展。这不仅体现在需要的标准不断提高上，而且体现在需要的种类日益复杂多样上。

3）需要的种类

（1）按需要的内容可以分为生理需要和心理需要。生理需要是在自然界种族繁衍过程中形成的，是人类为了维持生命和种族繁衍而产生的需要，如对食物、水、空气、性和安全等的需要。

心理需要是在人类历史发展过程中形成的，是人们为了提高自己的物质和文化生活水平而产生的社会性需要。它是人所特有的高级需要，包括爱与被爱、尊重、自我实现等方面的需要。

（2）按时间的顺序可以分为天然需要和社会需要。天然需要是人类最原始、最根本的需要，如对食物、水、空气、睡眠等的需要。它同生理需要是一致的。

社会需要是人们为了参加社会活动、进行社会交往而产生的对客观条件的需要。它是在社会生活实践中产生和发展起来的，并受社会因素的制约，是人所特有的高级需要。

（3）按需要的对象可以分为物质需要和精神需要。物质需要是人类对衣、食、住、行以及社会交往中的物质产品的需要，既包括生理需要，也包括社会需要。如对食品、饮料、住房等的需要，既是生理需要，又是物质需要；对烟、酒、礼品、首饰等的需要，既是物质需要，又是社会需要。

精神需要是人们对精神生活和社会交往中所涉及的有形或无形产品的需要。人的精神需要大多属于社会需要。如对知识、艺术、道德等的需要，既是精神需要，也是社会需要。

（4）按生活顺序可以分为生存需要、享受需要、发展需要。生存需要是人类为了维持自身生存而产生的对基本生活用品的需要。生存需要大多属于生理需要，是人类最基本的需要。如果这种需要得不到满足，就会引发严重的社会问题。

享受需要是人们为了提高生活质量、增添生活乐趣而产生的对各种娱乐、享受消费品的需要，如对彩电、电脑、金银首饰等的需要。

发展需要是人们对发展自己的体力和智力、提高个人才能所必需的产品的需要，如对书籍、体育器材等的需要。

9.2.2 几种典型的内容型激励理论

1）马斯洛的需要层次论

人类的需要一直是心理学家们研究的对象，并产生了有关需要的不同理论。其中，马斯洛的需要层次论影响较大。

马斯洛对人类行为的动力从理论上和原则上作了系统的整理，提出了人类动机最著名的理论之一——需要层次论。马斯洛把人的多种多样的需要归纳为五大类，并按照它们发生的先后次序分为五个等级（如图9-2所示）。

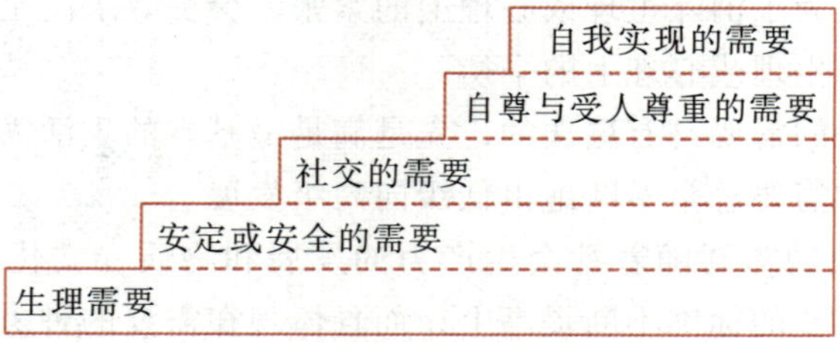

图9-2 人类需要的层次关系

在马斯洛看来，只有当低层次的需要得到满足之后，高层次的需要才能到来，但任何一种需要都不会因为下一个高层次需要的出现而消失，只是高层次需要产生后，低层次的需要对行为的影响会变小而已。各层次的需要呈现出相互依赖与重叠的关系（如图9-3所示）。

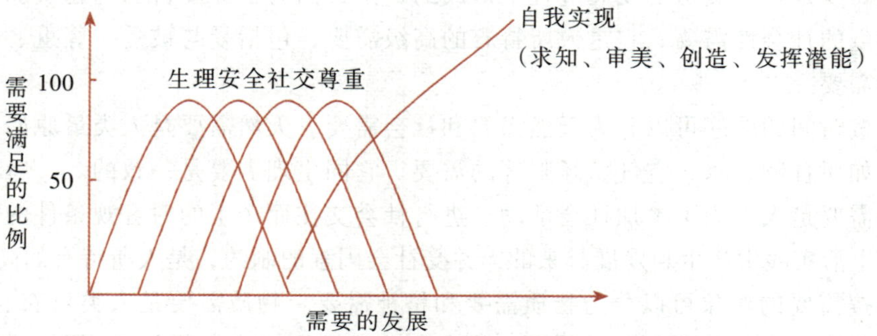

图9-3 五种层次需要的心理发展关系

（1）生理需要。这是人类最原始的基本需要，包括饥、渴、性和其他生理机能的需要，是推动人们行为的最强大的动力。马斯洛认为人的生理需要是最重要的，只要这一需要还没得到满足，人就会无视其他需要或把其他的需要搁置一边。

（2）安全需要。当一个人的生理需要得到满足后，就想满足安全的需要。其要求获得生命和财产安全，要求避免职业病的侵袭，希望解除严酷监督的威胁，要求避免意外事件的发生等。个人寻求生命、财产等个人生活方面免受威胁、孤独、侵犯并得到保障的心理就是安全需要。马斯洛认为整个有机体是一个追求安全的机制，人的感受器、效应器、智能和其他能量主要是寻求安全的工具。

（3）社交需要。马斯洛认为社交需要含有两方面的内容：一个是爱的需要，即人都希望伙伴之间、同事之间的关系融洽或保持友谊和忠诚，希望得到爱情；人人都希望爱别人，也渴望得到别人的爱。另一个是归属的需要，即人都有一种归属感，都有一种要求归属于一个集团或群体的感情，希望成为其中的一员并得到关心和照顾。社交需要比生理需要更细致，它和一个人的生理特性、经历、教育、宗教信仰都有关系。

（4）尊重需要。当社交需要得到满足后，人还希望自己有稳定的地位，要求个人能力、成就得到社会的承认等。马斯洛认为，尊重需要得到满足，能使人充满信心，对社会满腔热情；尊重需要一旦受到挫折，就会使人产生自卑感、软弱感、无能感，会使人失去生活的基本信心。

受尊重的需要还同个体的感觉即自己对这个世界是否有用有关，也与有关事物如衣服、汽车、教育、旅游和接待重要人物等能否增进自我形象有关。

（5）自我实现（self-actualization）的需要。它是指实现个人的理想、抱负，发挥个人的能力与极限的需要。也就是说，人必须干称职的工作，是什么样的角色就应该做什么样的事，音乐家必须演奏音乐，画家必须绘画，诗人必须写诗，这样才会使自己得到最大程度的满足。马斯洛还指出："为满足自我实现的需要所采取的途径是因人而异的。有人希望成为一位理想的母亲，有人可以表现在体育上，还有人表现在绘画或发明创造上……"简而言之，自我实现的需要是指最大限度地发挥一个人的潜能的需要。

马斯洛把生理需要和安全需要归为低级需要，而把社交需要、尊重需要和自我实现需要归为高级需要。低级需要属于缺乏性需要，它从外部使人得到满足，人一旦得到满足，在相应时间段它便失去了行为动因作用。高级需要从内部得到满足，就是需要满足来源于个体的认知和感受，也就是说个体的主观因素是很重要的。高级需要是发展性需要，它的激励作用不因满足而降低，反而可能增强。

马斯洛的理论有三个基本假设：第一，所有人天生在自己的潜意识里就有这五种需要。随着个人的成长，这些潜意识就逐步地呈现出来并影响人的行为。第二，五种需要排列成一定层次。心理正常的人会遵循由低向高发展的规律，否则便不正常。第三，任何时候影响人的行为的需要都不止一个，而是多个。

马斯洛的理论得到了普遍接受，尤其在实际管理工作中更是被广泛认可。需要层次论与管理制度和措施对应表见表9-1。

表 9-1 需要层次论与管理制度和措施对应表

需要层次	诱因（追求的目标）	管理制度和措施
生理需要	薪水、健康的工作环境、各种福利	身体健康（医疗设备）、工作时间（休息）、住宅设施、福利设备
安全需要	职位的保障、意外的防止	雇佣保证、退休金制度、健康险制度、意外保险制度
社交需要（归属与爱的需要）	友谊（良好的人际关系）、团体的接纳、与组织一致	协商制度、利润分配制度、团体活动制度、奖金制度、娱乐制度、教育训练制度
尊重的需要	地位、名分、权力、责任、与他人薪水之比的相对高低	人事考核制度、晋升制度、表彰制度、奖金制度、选拔进修制度、委员会参与制度
自我实现的需要	能发展个人特长的组织环境、具有挑战性的工作	决策参与制度、提案制度、研究发展计划、劳资会议

2）奥德弗的ERG论

奥德弗（Alderfer）的ERG论是在进行大量的试验研究基础上形成的。他把马斯洛的需要层次压缩为三种，认为人只有生存（existence）的需要、相互关系（relatedness）的需要和成长发展（growth）的需要。

（1）需要层次。其包括：①生存的需要。其类似于马斯洛需要层次论中的生理和安全的需要。它包括多种形式的生理和物质的欲望，如饥、渴和住处。②相互关系的需要。其类似于马斯洛需要层次论中的社交和尊重的需要。它包括所有在工作场所中与他人之间的人际关系。个人的这种需要要在与他人分享和交流感情的过程中得到满足。③成长发展的需要。它类似于马斯洛需要层次论中的某些自尊需要和自我实现需要。它包括个人在工作上的创造性或个人成长的努力。成长发展需要的满足源于个人所从事的工作，人们不仅需要发挥自己已有的才能，而且还需要培养新的才能。

（2）主要论点。其包括：①各个层次的需要得到的满足越少，则这种需要越为人们所渴望。例如，满足生存需要的工资越低，人们越渴望得到更多的工资。②较低层的需要越是能够得到较多的满足，对较高层的需要就越渴望。例如，工人的生存需要越是得到满足，对人际关系和工作成就的需要就越强。③较高层的需要越是满足得少，则对较低层的需要的渴求也就越多。例如，成长的需要得到的满足越少，则对人与人之间关系的需要越强。

（3）奥德弗的“ERG论”与马斯洛的需要层次论的区别。

其一，马斯洛的需要层次论是建立在满足—上升的基础上的。也就是说，一旦较低层需要得到满足，人们将进到更高一层的需要上去；而奥德弗的理论不仅体现在满足—上升的方面，也体现在挫折—回归（frustration regression）这一方面。挫折—回归解释了较高层的需要未得到满足或受到挫折的情况，并且把更强烈的欲望放在一个较低层的需要上。比如，成长需要受到挫折，就会对人与人之间关系的需要产生更大的希望。

其二，马斯洛的需要层次论认为，人的需要是严格地按照由低到高逐级上升的，不存在越级，也不存在由高到低的下降；奥德弗的“ERG论”则提出，人的需要并不一定严格按由低到高发展的顺序，而是可以越级的。比如，有的人在生存需要得到满足后，就可以直接上升到成长发展的需要；一旦需要遇到挫折也存在由高到低的下降，如一个人得不到很高的报酬，就很有可能下降到只要多得几块钱就可以了。

其三，马斯洛认为，人有五种需要，它们是生来就有的，是内在的；奥德弗则认为，人只有三种需要，其中有生来就有的，也有经过后天学习得来的，例如，成就的需要就是后天学习得来的。

有证据表明，不同文化中的人对需要种类的排列顺序是不一样的。例如，西班牙人和日本人把社交需要放在生理需要前面。这与“ERG论”是一致的，但这不意味着它是普遍适用的。总之“ERG论”在需要理论中是一种比较有效的理论观点。

3）麦克利兰的成就需要论

20世纪50年代初期以来，美国哈佛大学心理学家戴维·麦克利兰（David McClelland）对成就需要这一因素作了大量的调查研究，提出了成就需要论（Theory of Need for Achievement）。

（1）需要种类。成就需要论不讨论人的基本生理需要，主要研究在人的生理需要基本得到满足的条件下，人还有哪些需要。麦克利兰认为，人还有成就需要、权力需要和友谊需要这三种。

第一，成就需要（need for achievement）。它是指追求卓越、实现目标、争取成功的内驱力的需要。具有挑战性的成就会引发人的快感，增加奋斗的精神，对行为起主要的影响作用。

第二，权力需要（need for power）。它是指使他人的行为发生改变的需要。具有高权力需要的人喜欢承担责任，努力影响他人，喜欢竞争性强、重视地位的环境。与有效的绩效相比，他们更关心威望和对其他人的影响力。

权力是管理成功的基本要素之一，个人的权力在不同阶段的表现不同，它有一个发展过程。一般的变化是依赖别人—相信自己—控制别人—自我隐退。权力有个人权力和社会权力之分。

第三，友谊需要（need for friendship）。它是指建立友好和亲密人际关系的欲望。这样的人喜欢合作性强而非竞争性的环境，渴望有高度相互理解的关系。负有全局责任的管理者将友谊看得比权力更重要。

（2）主要论点。其包括：①这三种基本需要的排列层次和所占比重在不同的人之间是不同的，个人行为主要取决于其中被环境激活的那些需要。②具有高成就需要的人的特点是：事业心强，比较实际，敢冒一定风险；这种人把个人成就看得比金钱更重要，从成就中得到鼓励超过物质鼓励的作用，把报酬看作衡量成就大小的工具。③具有高成就需要的人对企业和国家有重要作用。一个企业拥有这种人越多，它的发展越快，获利越多；一个国家拥有这种人越多，就会越兴旺发达。据麦克利兰的调查，英国1925年的国民经济情况很好，当时英国所拥有高成就需要的人数，在被调查的25个国家中名列第5位。第二次世界大战以后，英国经济走了下坡路，1950年再作调查时，英国所拥有高成就需要的人数，在被调查的39个国家中名列第27位。④高成就需要者不一定是优秀的管理者，尤其在一个大型组织中。他更感兴趣自己如何做好，而不是如何影响他人做好。大型组织中的总经理不一定是高成就需要的人。⑤合群需要和权力需要与管理者的成功有密切关系。最优秀的管理者有高的权力需要和低的合群需要。⑥通过教育和培训可以培养出具有高成就需要的人才，如举办学习班、宣传高成就需要人物的业绩、交流经验等。

知识拓展9-1

麦克利兰的激励理论及横向比较

4）赫兹伯格的双因素论

双因素论也叫激励-保健理论，由美国心理学家弗雷德里克·赫兹伯格提出。赫兹伯格调查了203名工程师和会计师，他想了解他们想从工作中得到什么。他让他们详细描述在工作中感到非常好和非常坏时的情形，然后对调查结果进行归纳。赫兹伯格总结出，人们对工作满意时的回答和对工作不满意时的回答大相径庭。内部因素，如工作富有成就感、工作成绩得到承认、工作本身、责任大小、晋升、成长等，与工作满意有关。当被调查者对工作满意时，他们倾向于把这些特征归于自己。当他们对工作不满意时，则倾向于抱怨外部因素，如公司政策、行政管理、监督者、与主管的关系和工作条件等。从这个分析结果能看到归因论的影子，把成功归于自己，把失败归于外部因素。

双因素论的主要观点：

（1）改变了传统的关于满意与不满意的观念。统计资料表明，满意的对立面不是不满意，这与人们通常认为的不一致（如图9-4所示）。赫兹伯格认为，消除工作中的不满意因素并不必然带来工作的满意。满意的对立面是没有满意，不满意的对立面是没有不满意。他将带来满意的因素称为激励因素，导致不满意的因素称为保健因素。缺少保健因素，员工会感到不满意，有了它不会感到满意，而是没有不满意；有了激励因素，员工会感到满意，没有它，不会感到不满意，而是没有满意。

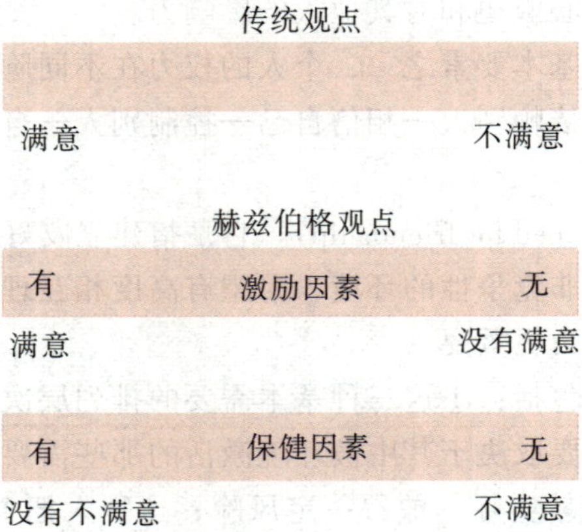

图9-4　满意与不满意观点对比

（2）并非所有的需要都得到满足就能起到激励作用，只有那些被称为激励因素的需要得到满足才能激发人的积极性。

（3）激励因素是以工作为核心的。如成就、认可、工作本身、责任和晋升，它们都是内部因素，是内部奖励。

对双因素论的质疑：

（1）赫兹伯格运用的程序受到方法论的限制。归因论告诉我们，当事情令人满意时，人们倾向于把功劳记在自己身上；反之，则把失败归因于外部因素。所以，赫兹伯格得出的结论可能只是人们事后对所发生事情的解释，是一种事后理由，而非事情发生的原因。

（2）双因素论在一定范围内是有效的，能解释各种满意度，但它不是真正的激励理论。

（3）与以前的结论不一致，它忽视了环境变量。

（4）赫兹伯格假设满意和生产率之间有一定的关系，但他所用的方法只考察了工作满意度，没有考察生产率。

知识拓展 9-2

累死你的不是工作，而是不快乐的工作

课堂互动 9-1　　谁更快乐

有两个石匠在切割花岗岩。一个人问他们在干什么。A石匠嘟囔着："我正在把该死的石头切成方块。"B石匠自豪地说："我加入了建造世界第一高楼的队伍。"

问题：谁更快乐？

课堂互动 9-1

答案提示

管理育人 9-1　　老乡鸡董事长手撕员工联名信

正月十五晚，老乡鸡餐饮有限公司董事长束从轩在发给员工的鼓励视频中，亲手撕掉了多名员工写的申请不要工资的联名信，并喊话员工："我就算是卖车卖房，也要千方百计地确保16 328名员工有饭吃、有班上。"

2020年1月23日，武汉封城后，老乡鸡关闭了武汉100多家直营门店，上千名员工留守武汉。老乡鸡公关总监郑洲表示，截至目前，老乡鸡已经关闭了全国400多家门店（全国门店总计800多家），闭店数量超过一半。

束从轩表示，因为疫情冲击的影响，老乡鸡保守估计损失达5亿元，但当前最重要的是不给"抗疫"添麻烦。

束从轩指出，武汉团队的防疫措施做得很好，封城后主动关闭了所有门店，最大限度减少了疫情传播风险，数千名留守武汉的员工目前无一人感染。且自1月27日开始，团队坚持为武汉多家医院的一线医护人员免费送三餐，平均每日送出1 000余份。

束从轩鼓励员工在家宅也要宅出精气神，积极在家上班、在群上岗、在线培训，"这种躺着把钱赚的日子也不多了，疫情结束后，有你们忙的，不管白猫黑猫，活下来就是好猫，这场抗疫之战必将胜利！"

资料来源　佚名.老乡鸡董事长手撕员工联名信：卖车卖房也要确保员工有饭吃有班上［EB/OL］.［2020-02-20］. https://baijiahao.baidu.com/s?id=1658051591806425783&wfr=spider&for=pc.

感悟：从机遇的角度来说，一个企业如果能够有效激励、凝聚人心的话，那么企业一定能蒸蒸日上。老乡鸡借助这个时机，可以成功地凝聚人心，让员工从心底去尊重与敬佩企业的领导人，真正激发起员工对企业的忠诚，这无疑是一件非常好的事情。

案例分享9-1　　最好的激励，来自工作本身

有位老教授退休之后，买了一栋花园别墅，期望晚年过上清净的生活。入住后，他发现有群孩子每天在窗下踢球玩耍，吵得他不得安宁。

怎么办呢？老教授想了个办法，他跟孩子们说："只要你们每天过来玩，我就给你们每人10元钱。"

案例分享9-1

分析提示

孩子们很高兴，就每天过来玩。过了10天，老教授对孩子们说："最近经济不景气，只能每人5元了，希望你们继续玩下去。"

就这样，老教授隔三差五降低奖励金额，孩子们嘴上不说，但心中有所不满，直到有一天，老教授只给了每人1元钱。

孩子们很生气，就再也不来玩儿了。

问题：上述案例说明了什么？

9.3 行为改造型激励理论

行为改造型激励理论注重对人外在行为影响的研究，在实际中的运用既简便，又行之有效。所以尽管给人以简单化之嫌，但还是受到广泛运用。行为改造型激励理论包括归因论、目标设置论、强化论、挫折论。

9.3.1 归因论

人们做完一项工作之后，往往喜欢寻找自己或他人取得成功或遭受失败的原因。这样做的结果对人以后的行为产生非常大的影响，这种现象称为归因。最早提出归因（attribution）论的是海德（F.Heider）。他认为，人们具有理解世界和控制环境两种需要，使这两种需要得到满足的最根本手段就是了解人们做出某种行为的原因，并预言人们将如何行为。

他认为，行为的影响因素有两种，即主体和环境。运气、工作难易等都是环境原因。如果把行为的原因归于环境，个人对其行为结果可以不负什么责任。人格、动机、情绪、能力、努力等都是个人原因。如果把行为的原因归于个人，则个人要对其行为结果负责。在海德的基础上，美国心理学家维纳（B.Weiner）对行为结果的归因进行了系统探讨，并把归因分为三个维度：内在归因和外在归因、稳定性归因和不稳定性归因、可控归因和不可控归因；又把活动成败的具体影响因素归纳为六种，即能力高低、努力程度、任务难度、运气好坏、身心状态、外界环境。如果将三个维度和六种因素结合起来，就可组成成就动机归因模式，见表9-2。

表9-2 成就动机归因模式

分类	稳定性		内在性		可控性	
	稳 定	不稳定	内 在	外 在	可 控	不可控
能力高低	+		+			+
努力程度		+	+		+	
任务难度	+			+		+
运气好坏		+		+		+
身心状态		+	+			+
外界环境		+		+		+

维纳还研究了行为成功、失败的不同归因对人的情绪的影响，见表9-3。

表9-3 原因维度与情绪反应的关系表

归因倾向 \ 产生的影响			行为结果	
			成 功	失 败
原因维度	内在	内在因素：能力、努力、品质、人格等	使人感到满意和获得尊重	使人感到内疚和无助
	外在	外在因素：任务难度、机遇、环境等	使人产生惊奇和感激之情	使人气愤和产生敌意
	稳定	稳定因素：能力、任务、要求、法律等	有助于提高今后工作的积极性	会降低今后工作的积极性
	不稳定	不稳定因素：努力、机遇、外界条件等	以后工作的积极性不确定	可能会提高以后工作的积极性
	可控	可控因素：努力、注意力等	有助于产生积极的情感	归咎于客观任务和内疚、羞愧
	不可控	不可控因素：运气、健康等	产生惊奇的心情	感到遗憾

由于归因论是从结果来阐述行为动机的，因此它的理论价值与实际作用主要表现在三个方面：一是有助于了解心理活动产生的因果关系；二是有助于根据行为及其结果来推断个体的心理特征；三是有助于根据特定的行为及其结果来预测个体在某种情况下可能做出的行为。

9.3.2 目标设置论

目标设置论（Goal Setting Theory）是美国马里兰大学管理学和心理学教授埃德温·洛克（Edwin Locke）于20世纪60年代提出的。他认为，凡是把一个具体、艰巨的目标接受下来作为自己的目标的人，比没有接受这样目标的人绩效更好。所谓具体，是指可以测定的；艰巨，是指不容易完成的、具有挑战性的。换句话说，明确的目标能提高绩效；人一旦接受了困难的目标，会比容易的目标带来更高的绩效；有反馈会比没有反馈带来更高的绩效。

具体的、艰巨的目标比笼统的目标如“尽最大努力，好好干”等效果更好。具体的目标本身就是一种内部激励。它使人有把握感、效果感，从而为恰当地分配、安排自己的工作提供了可能。此外，当这个具体目标实现了，人能从中得到成就感；相反，没有具体目标，人就无法享受工作结果所带来的快乐。因为目标笼统，自然就没有完成、实现这类心理感受。

被接受的目标越艰巨，绩效水平越高。这个假设成立的前提是目标必须被接受。人一旦接受了一项艰巨的具体任务，他就会想方设法努力完成，在这种情况下，人们付出的努力肯定比在完成容易任务时要多，自然绩效也就随之提高。当然，经过努力难以完成时，某些情况下目标就可能被放弃和降低。

在人们向目标努力的过程中如果得到做得如何的反馈，人们会做得更好。根据反馈人们可以随时调整自己，以使工作方法更有效，不偏离目标。另外，工作进展程度信息让人看到了自己的工作成效，这能给人以鼓舞并增强其信心，使人看到希望。但有时过多失败的信息反馈可能会让某些人气馁，所以并不是所有的反馈都有积极作用。

如果员工有机会设置自己的目标，他们会更努力工作吗？参与式目标是否比指定式目标更有效？答案是不确定的。参与式目标的优势是使困难的目标更容易被员工接受，通常目标越困难，被接受的难度越大。由于目标是员工自己参与制定的，因此员工更易接受，并可能投入更多的努力。也就是说，员工参与目标制定可以使困难的目标更容易被接受，并提高采取行动的可能性。还有一种说法，如果是外行，则参与式方法比指示式方法更好。如果是内行，则最好采用指示式方法，这样效率更高，更节省时间。当然，如果目标的被接受性是一个大问题的话，则另当别论。

目标设置论是放之四海皆准的普遍真理吗？明确而艰巨的目标永远会带来更高的绩效吗？事实并不是这样。除了前面谈到的反馈因素以外，目标承诺、适当的自我效能感和民族文化也会影响目标和绩效的关系。每个人都必须接受并始终忠于目标是目标设置论的前提，有人自行降低或放弃目标，则此理论假设不成立。自我效能感是指一个人对他能胜任一项工作的信心。自我效能感越高，对自己获得成功就越有信心。在遇到困难或消极反馈时，自我效能感低的人更容易降低努力程度或干脆放弃；相反，自我效能感高的人会更努力迎接挑战。民族文化在此指在一种文化背景下形成的具有一定普遍性的人格特征。下列文化特征是目标设置论成立的条件：下属有相当的独立性（在权力距离上得分低），管理者和下属都寻求具有挑战性的目标（在不确定性规避上得分低），而且双方都认为绩效是重要的（在生活数量上得分高）。

9.3.3 强化论

强化论（Reinforcement Theory）亦称学习论（Learning Theory），或操作论（Operant Theory）。

1）正强化与负强化

一种刺激物能够使一种行为重新出现的频率得到保持和提升，那么，这种刺激物就是正强化物，这个过程就是**正强化**。正强化通常就是奖励。负强化与正强化正好相反，使某种行为重新出现的频率降低的刺激物就是负强化物，这个过程就是负强化。惩罚就是负强化。在奖励或惩罚对人的行为重新出现的频率没有影响时，就不是强化物了，而事实上这种情况经常出现。所以，奖励和惩罚并不完全等同于强化。**强化就是加强一种刺激物与一种行为重新出现的频率之间的联系。**

在管理上，专家一般主张以表扬为主的正强化，尽量少用惩罚。原因有两方面：一是人们都不喜欢受到惩罚，遭到惩罚的人会感到痛苦，给他人带来痛苦的管理不符合时代理念。二是惩罚常常会带来不良后果。例如，遭到惩罚的人怀恨在心，在有机会时可能会做出报复行为。惩罚还可能使一些人采取阳奉阴违的手法来对付管理者，他们并没有改掉不良行为，而是转入地下状态。惩罚的使用频率如果很高，它的效果会下降。人们会表现出冷漠、麻木，以此来抵抗惩罚给人带来的痛苦。

2）自我强化

强化大都来自外部，人们不能对强化实施控制，被强化者是被动的。班杜拉的理论告诉我们，人们可以自己奖励自己。就是说人可以对自己实施强化，这种强化叫作自我强化。自我强化有两个特点：自己可以自由支配正强化物；自己制定标准，好坏自己来衡量。

自我强化物有两种，一种是有形的物质，另一种是无形的、纯精神的。例如，觉得自己工作任务完成得非常好，买瓶好酒奖励自己一下，酒就成了积极强化物。女性则可能选择逛商店，买衣服，乐在其中。当然，人们还可以自我陶醉、自我欣赏，觉得自己很优秀。这就是在精神上的自我奖赏。尽管强化物可以自己自由支配，但如果未给自己设立目标，那就不能实行自我强化。研究发现：个人目标的设置不仅要艰巨、具体，而且是要短期的。这样自己的行为才有章可循，计划对自身的行为才容易起到约束作用。如果目标时间跨度太大、太笼统，由于难以实行，又没有阶段性成果出现，会使人感到希望渺茫，同时也无法对自己实施奖励，给自己加油打气，结果就很难维持自己的积极性，容易半途而废，不能坚持到底。

有些研究表明，凡是能够从事自我强化活动的人，对自己的工作更热心，比不进行自我强化的人工作得更好。前面介绍的双因素论告诉我们，能从工作中获得快乐的人工作积极性更高。一个经常感觉达成了目标的人，认为自己很优秀，自信心会得到提高，对工作有一种控制感、掌握感。这种感受又叫内在性激励。如果一个人既得到了组织给予的奖励，又有自己的内在激励，那么他的工作积极性就可想而知了。

总之，强化论是行为主义心理学流派的一个主要理论，这个学派持环境决定论观点，认为人的行为是环境的结果。其重要研究成果就是通过实施强化来影响和塑造人的行为。这个理论没有关注人的认知活动和人格特征等人的内在精神因素，这是它的最大不足。尽管有这样的缺陷，但由于强化论简单实用，尤其在控制人的行为上是有价值的，所以直到今天仍有生命力。

9.3.4 挫折论

在管理上研究挫折很有意义。员工遇到挫折是必然现象，作为管理者是无法回避的。挫折对人的情绪和行为有巨大影响，直接关系到组织的绩效。所以管理者需要了解挫折问题，在工作中正确对待员工的挫折现象，并使组织绩效得到保证。

1）挫折和挫折成因

挫折是指个体从事有目的的活动，遇到外部环境或内部自身的障碍或干扰，使其需要和动机不能获得满足时的情绪状态。挫折是一种社会心理现象。

引起挫折的因素很多，各种因素所引起的挫折强度也不尽相同。概括起来，这些因素可以分为两类：一类为客观因素，包括环境、社会及个人诸多方面的客观条件的限制；另一类为个人的主观因素，包括各种形式的内在冲突。

环境的限制会对人们的动机形成阻碍，使人们达不到目的，从而引发人们的挫折感。例如，地震等自然灾害会使人们日常生活中的许多动机无法实现，甚至生命安全也受到威胁。

社会因素也常常是挫折的诱因。可以说，作为社会的成员，社会上一切宗教的、政治的、法律的、道德的、经济的、习俗的、人际关系的因素，都可能使我们的动机遇到阻碍而无法实现自己的目的，引发挫折感。

挫折也可能来自个人的各种客观条件的限制。例如，由于个人健康状况不佳或生理上有缺陷，不能胜任某种工作，或知识经验不足，在工作中遭遇失败等。

除了各种客观条件的限制外，挫折也可能由各种各样的内在冲突引发。我们在日常生活中所遇到的冲突，概括起来主要有以下三种类型：

第一，趋避冲突。当同一个目标既能够满足我们的需要，对我们有吸引力，同时又会给我们心理上带来威胁，对我们有某种伤害性的时候，我们趋近这一目标和逃避这一目标的动机同时存在，并相互冲突，这就是趋避冲突。它是我们日常生活中遭遇最多而又最难解决的一种冲突。

第二，双趋冲突。当我们在有目的的活动中同时存在两个目标，并且两个目标对我们具有相近的吸引力，使我们有相近强度的趋近动机，但又由于各种原因的限制，使我们“二者不可兼得”，必须放弃其中一个目标的时候，就会在心理上产生难以做出取舍的内在冲突，这就是双趋冲突。

第三，双重趋避冲突。当同时有两个目标与我们发生联系，而每一个目标既可以有益于我们，同时又会不利于我们的时候，就出现了双重趋避冲突。比如，当我们面临两种工作选择，一种有利于事业而不利于生活，另一种则有利于生活而不利于事业的时候，我们就面临着这种双重趋避冲突。

2）挫折耐受力

挫折耐受力也叫挫折容忍力，是指一个人忍受挫折，保护自己心理健康，维持正常适应性的能力。

任何一个人，无论他多么足智多谋，在现实生活中都会不可避免地碰到这样那样的困难，遭受或大或小的挫折。但是挫折在不同的人身上所产生的心理影响却可能迥然不同。不同的人对挫折的耐受力会有天壤之别。有些人可以忍受经常的、严重的挫折，对引起挫折的客观条件限制可以表现出坚韧不拔、百折不挠的毅力；而有些人往往稍遇挫折就意志消沉，通常在他人看来是正常的困难也会使其颓废沮丧，甚至一蹶不振。

挫折耐受力的高低由两方面的因素决定：一个是人的身体条件；另一个是成长过程

中经受挫折的经验与价值观的稳定程度。

大量的心理学研究证明，身体条件好的人要比身体条件差的人具有更高的挫折耐受力。身体健康、强壮，高级神经活动过程强而平衡，则挫折耐受力较高；相反，体弱多病、神经类型属于典型的弱型或强而不平衡型的人，挫折耐受力较低。

另一方面，如果一个人在成长过程中经常身处逆境，生活风浪的冲击会提高他应对困难生活、摆脱心理冲突的能力。此外，在成长过程中受到良好教育、价值观念统一而稳定的人，也可以百折不挠，表现出超人的挫折耐受力。

3）挫折后的行为表现与心理防卫机制

（1）挫折后的行为表现。由于受挫折的人各有特点，所以其受挫折后的行为表现也各有不同。其一般有两类：有的人采取减轻挫折感和满足需要的积极适应的态度；有的人却采取消极甚至是对抗的态度，如攻击、冷漠、幻想、退化、固执等。

①攻击。它是一种常见的对挫折所采取的公开对抗的行为。这种行为又可分为直接攻击和转向攻击两类。直接攻击是把攻击行为直接指向阻碍达到目标的人或物。转向攻击是指当不能直接攻击阻碍自己达到目标的人或物时，把攻击行为转向某一替代的人或物。例如，有人在工作单位受到批评，不敢直接顶撞上司，便回到家里骂老婆、打孩子。

②冷漠。当一个人受到挫折后压力过大，无法攻击或攻击无效，或因攻击而导致更大的痛苦时，他便将愤怒的情绪压抑下来，采取冷漠行为。从表面上看来，似乎对挫折漠不关心，冷漠退让，但是内心的痛苦可能更甚，严重的可能变为忧郁型精神病人。

③幻想。它是人受到挫折后的另一种退缩式反应，是个人遭受挫折后退缩脱离挫折的情况，把自己置于一种想象的情境，企图以非现实的虚构方式来应对挫折或解决问题。

④退化。它是指个体遇到挫折时会做出与自己年龄、身份不相符的行为，是一种反常的现象。一般说来，随着年龄与经历的增加和受社会生活的影响，人们由儿童时代的任意发泄，逐步学会控制和在适当的时机做出适当的情绪反应。但是有的人在遇到挫折时会失去控制力，而像小孩子一样哭闹、暴跳如雷，或蒙头大睡，甚至装病不起。这种行为属于幼稚退化。

⑤固执。个体在生活环境中遇到挫折时，需要有一种随机应变的能力，才能顺利解决所遇到的问题。但在某些情况下，如个体一再遇到同样的挫折，他可能会采取一种一成不变的反应方法，即使以后情况已改变，这种已有的刻板性反应方法仍会继续盲目出现。这种现象就叫固执。

（2）心理防卫机制。前面提到，人要生存，就不免遭受挫折，产生各种各样的内心冲突，特别是在实现某种目标的动机十分强烈时，这些妨碍需要满足的冲突会使我们产生强烈的焦虑情绪。焦虑是一种使人强烈紧张、不安、烦恼、恐惧的有害情绪体验，它会严重影响人的心理功能的充分发挥，危害人的心理健康。为了避免痛苦的焦虑体验，避免这种有害情绪对我们的心理造成进一步的伤害，当某种冲突导致焦虑出现时，我们会自然地、无意识地运用歪曲、夸大、补偿、否认、升华等方法来平息内心的焦虑，继续维持自我同外部世界的满意关系。心理活动中这种避免焦虑、恢复情绪平衡与稳定的自我保护倾向，就是精神分析学家所说的心理防卫机制。

任何人，无论他是正常人还是心理疾病患者，心理活动中都有防卫机制的存在。人们要摆脱由各种内外因素所导致的焦虑情绪的折磨，必须针对外部世界和内心世界中所发生的由自我介入的一切事件，用自己独有的方式去做出自己能够接受的解释，以减少内心的不安，逃避对自我的否定，保持情绪的平衡。鲁迅先生笔下的人物阿Q在遭受挫折时经常采用的一种自我调节方式，被人们称为阿Q精神胜利法，就属于心理防卫机制。当然，人们在遭受挫折后如果仅限于在精神世界里寻求解脱方法，那就真是阿Q了。

具体来说，人们在日常生活中所运用的心理防卫机制主要有以下几种形式：

①压抑作用。每一个人在一生中都会有令人难堪或痛苦的经历，都可能有过足以让自己无地自容的欲望和冲动。有时，我们的意识可能会不堪忍受这些经历、欲望和动机所导致的强烈焦虑、困扰和痛苦。在这种情况下，心理防卫机制就会发生作用，将这些不能忍受的经历、欲望或动机压抑到无意识当中去，使我们的意识经验觉察不到。这种形式的心理防卫机制，就是压抑作用，也称动机性遗忘。

②合理化作用。它也叫文饰作用，是人们日常生活中运用最多的心理防卫机制之一。当人们的行为或动机的结果不符合社会公认的价值标准，或是自己的意愿、目的不能实现时，为了减轻因自己的价值得不到确立所产生的焦虑情绪，人们会为自己寻找一个“合理的”解释，以使自己的所作所为看起来合乎逻辑或与社会要求不相违背。这就是所谓的合理化作用。

比如，考试成绩不理想的时候，人们常常倾向于寻找“客观”原因，不是抱怨题出得偏，就是说考试时感冒了，而不承认是自己的能力问题。

合理化作用有时也被称为“酸葡萄和甜柠檬机制”。自己得到的就说好，得不到的就说不好。

③补偿作用。当一个人存在某些方面的不足时，如形象不佳或身体残疾，为了弥补由这些不足所带来的自我价值缺失，会在其他方面加倍努力，力求出类拔萃，取得心理上的平衡，保持自我价值确立感。这种自我防卫机制就是补偿作用。例如，眼睛近视、体质弱而无法在运动场上驰骋的学生，常常会在学习上加倍努力，使成绩名列前茅。

④升华作用。日常生活中常常有这样的现象：对于许多社会所不允许的欲望或动机，若是直接表现，将会受到严厉的责罚和自我谴责，导致痛苦的情绪体验；但是若以社会允许的方式表现出来，却可以受到社会的欢迎，自己的良心也可以得到慰藉。这种以社会允许的方式来表现社会所不接受的欲望或动机，既释放心理能量又不用担心受到责罚的心理防卫机制，就是升华作用。有人认为，由压抑到升华，是许多伟大的文学、艺术作品产生的直接原因。

与升华作用密切相关的一种特殊的激励现象是负激励。

激励通常是正面启发、引导、鼓励，从而使激励对象的行为与组织目标一致，促进组织目标的达成。但有些情况下，对激励对象的侮辱、打击等使其受挫折的手段却比正面激励更能激发他的斗志和激情，结果会出现你说他不行他偏要证明自己行的现象。

正常情况下，给予一个人自尊和价值感会引导和激发他继续努力，而在一些特定情况下的特定人，剥夺其自尊和价值感反而对他的激发力更大。这是人为制造挫折而产生的升华作用，是挫折论在管理上的应用。

⑤投射作用。投射也是人们经常运用的心理防卫机制之一。对于自己身上所具有的带有强烈的自我价值否定性的欲望、动机、态度和个性特点，人们的意识常常是不能接受的。人们不能忍受自我价值被严重否定时所导致的焦虑情绪。因此，心理防卫机制会产生作用，使人们无意识地将这些自己所不期望的东西投射到他人身上，使自己觉得是他人具有这些欲望、动机、态度和个性特点，而不是自己具有，由此来消除自我价值被否定的恐惧，维持自己的心理平衡。日常生活中所说的“以小人之心，度君子之腹”，就是典型的投射作用。

⑥反向作用。通常情况下，个人行为的方向与其动机的指向是一致的。行为会直接反映人们的需要和动机，但是当人们具有了某种与社会期望不相符合的动机时，这种动机就会导致强烈的受责罚的焦虑情绪。为了避免焦虑，人们不是直接做出与这种动机相对应的行为，而是做出与这种动机相反并与社会期望相符合的行为。这样就可以掩盖自己原有的动机，消除由此产生的焦虑。这种行为表现与社会期望保持一致而与始发动机相反的心理防卫机制，就是所谓的反向作用。

⑦自居作用。在现实生活中，有些人由于缺乏某些显示自我价值的重要特征，如美貌、成功、地位等，会将自己比拟成某个貌美、成功或高地位的人，借此在心理上分享他人的优点，消除因自我价值得不到确立所产生的焦虑，维护心理上的平衡。个体为了消除由于缺乏某些显示自我价值的重要特征产生的焦虑，而把自己比拟成在这些方面具有优势的某个人的现象，称为自居作用。自居作用严重到一定程度，会有典型的精神病症状。伟人妄想精神分裂症患者就是例子。

课堂互动9-2　　狐狸与葡萄

伊索寓言中有这样一个故事：狐狸看到一架子成熟了的葡萄，非常想吃，但跳来跳去都没有够着架上的葡萄，狐狸不得不放弃，临离开的时候嘟囔道：“这些葡萄其实是酸的，不好吃。”

问题：这是上述哪种心理防卫机制？

课堂互动9-2

答案提示

9.4 过程型激励理论

过程型激励理论与内容型激励理论和行为改造型激励理论相比，着重细节过程，要搞清楚人的行为是怎样产生和演变的，其内心经历了怎样的过程。需要理论能告诉我们员工在追求什么，但没有向管理者提供有效的影响和控制员工行为的手段和工具。理解了员工为什么这样做并不能提高工作绩效，管理者还需要知道提高员工工作积极性的具体方法。过程型激励理论就试图在这方面提供帮助。内容型激励理论告诉管理者员工为什么这样做，过程型激励理论则帮助管理者解决怎样做的问题。

9.4.1 期望论

期望论（Expectancy Theory）是由维克多·弗隆姆（Victor Vroom）提出的，尽管有批评意见，但大多数研究支持了这个理论。围绕期望论的很多批评也是针对整个认知性理论的。例如，所有认知性理论成立的前提性假设都是：人是理性的（rational）。所谓理性人假设，就是说正常人在做出决策时，总是希望得到最大报偿。换句话说，人不会做对自己不利的事，趋利避害是人的天性。理性人假设有时也称为经济人假设，事实上理性人（经济人）最早起源于享乐主义哲学和亚当·斯密（Adam Smith）的经济理论。心理学的研究确凿地告诉我们，尽管在大多数情况下人是趋利避害的，但人是理性和非理性的复合体却是科学结论。基于此，在理解和使用认知理论时必须意识到这一点。

期望论认为，一种行为倾向的强度取决于个体对这种行为可能带来的结果的期望强度以及这种结果对行为者的吸引力。当个体认为努力能带来良好的绩效时，他会付出更大努力，因为良好的绩效能带来好的结果（奖金、加薪、晋升等）。期望理论的模式如图 9-5 所示。

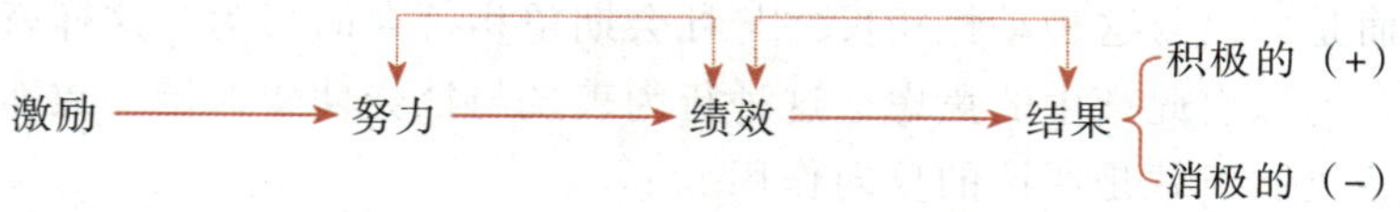

图 9-5 期望理论的模式

影响人积极性的第一个因素是努力与绩效之间的关系，弗隆姆称之为期望（expectancy）。**期望**是指一个人认为他自己的努力带来一定绩效的可能性有多大。如果答案是肯定的，员工就会很努力；相反，员工就不会有积极性。这里还有个问题需要澄清：员工所创造的绩效不完全是客观的，因为组织中的绩效都需要领导或业已存在的评估体系来加以确认，所以领导是否公正就成了绩效评估的第一个变数，组织针对绩效的评估体系也可能注重其他方面，如忠诚、创造性或勇气等。这可能意味着更大的努力不一定能带来好的绩效评估结果。如果情况是这样的，即员工认为无论自己多么努力，也不能获得好的绩效评估结果。最终结果可想而知，那就是员工的积极性降低。

影响人积极性的第二个因素是绩效和结果之间的关系，弗隆姆称之为媒介性（instrumentality）。媒介性指人认为他做出的一定绩效同一定的结果之间的联系如何。当媒介性是正值时，意味着你认为你做出的绩效会带来相应的期望结果；反之，媒介性就是负值。只有当媒介性是正值时，个体才会付出更大的努力。好的绩效一定会得到奖励吗？研究发现二者之间的关系不是明确的。原因在于，除了绩效，还有其他东西能赢得组织奖励，如资历、合作性、和上司的关系等，如果这些因素在影响奖励的获得上是更重要的，就会降低员工的积极性。

影响人积极性的第三个因素是效价（valence），即所得到的结果（outcome）是否有吸引力，自己是否满意。弗隆姆将**效价**定义为，人们所预计的一定的结果所带来的满足和不满足的程度。并不是所有由绩效带来的效价都是正的，都会给人带来满意。如果低的绩效也能带来高的效价，那是管理的最大失败。另外，管理者容易犯两种错误：一是认为所有员工都想得到同样的东西（假定相似性偏见），忽视了差别化奖励的激励效果。二是员工想得到“东”，管理者却奖励他“西”。例如，员工想要晋升，管理者却给他加薪；员工想得到一份更具挑战性的工作，管理者却仅仅给几句表扬。在这两种情况下，员工的激励水平都不会高。

弗隆姆用一个公式表示激励与几个影响因素之间的关系：

$$F=E\times\sum VI$$

E是期望值，V是效价，I是媒介性，F是激励。效价V被媒介性I权衡，其总和乘以期望值E就得出激励水平F。

弗隆姆认为绩效是个人努力的结果，而事实上影响绩效的因素不只有努力，个人的能力、环境所提供的机会都是不可或缺的，如图9-6所示。

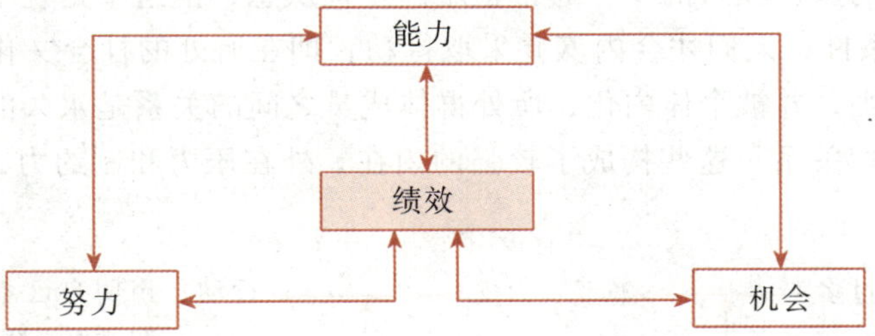

图9-6　绩效维度

案例分享9-2　　**员工为什么离职？**

浙江的一家电商公司由于储备了一批口罩，在春节期间赚得盆满钵满。

春节过后，老板按照之前的提成比例，给销售部门超过100万元的巨额奖金，销售员们非常开心。

但是其他部门的员工就很不爽，因为春节期间销售员们几乎不用工作，只是因为运气好，就拿到很多钱，完全是躺赢；而公司编辑部运营多个新媒体账号，春节期间仍然每天发文，大年初一她们还在家里辛苦写稿，却一分钱奖金都没有得到。

两个月后，编辑部的几位员工陆续离职，销售员们的心思也不在公司核心业务上了，总想着怎么碰上个风口再赚一笔……

问题：这个案例说明了什么？

案例分享9-2

分析提示

9.4.2　公平论

个人的满意度不只与本人有关，还与他人有关。也就是说，人们的满意度是由自己的结果与别人得到的结果相比较决定的。公平论（Equity Theory）就是这样一种激励理论，它由斯塔西·亚当斯（Stacy Adams）提出。他根据认知失调论推导出公平论，认为如果人有了不公平的感觉，就会造成心理不平衡，从而产生痛苦、焦虑，为此人就会设法降低不公平感。这里讲的不公平感只是人主观的感受，不是指客观上是否公平。个人得到的结果和投入的比例与他人所得到的结果和投入的比例二者之间的比较，决定了个人公平感，也就是满意度，其公式为：

$$\frac{\text{个人结果(outcome)}}{\text{投入(input)}}=\frac{\text{他人结果}}{\text{投入}}$$

二者相似他就会感到满意，不相似则会产生心理失衡，也就是不满意。在这里，结果可以是多种多样的，如工资、表扬、工作条件等；投入因素也很多，如劳动、年龄、经验、教育、资历、社会地位等。这个理论更具有合理性。按照公平论，当一个人看到他人得到的结果比自己多时，他并不一定会感到不满意，因为他人的投入比自己多。如果个人比值小于他人比值就会有被剥夺感，因而产生不满意感。反之，个人的比值大于他人的比值会怎样？也会不满意吗？个人会有内疚感吗？会采取行动消除不公平感吗？人们认为通常不会，即使答案是肯定的，其心理失衡程度和采取行动的动机强度都较弱。所谓不公平感，大多是由于自己的比值小于他人的比值，相反则不成立。

自己得到的多，投入的少，通常很难产生愧疚感，但这不是说不可能，只有具备图9-7中的两个条件，人们才会内疚并采取行动，即在所处的社会文化背景中存在强烈的公平或公正准则，并被个体内化；所处群体成员之间的关系是永久的，彼此有着除工作以外的其他密切关系。这些构成了较强的内在、外在压力和制约力，使图9-7中的所述成为可能。

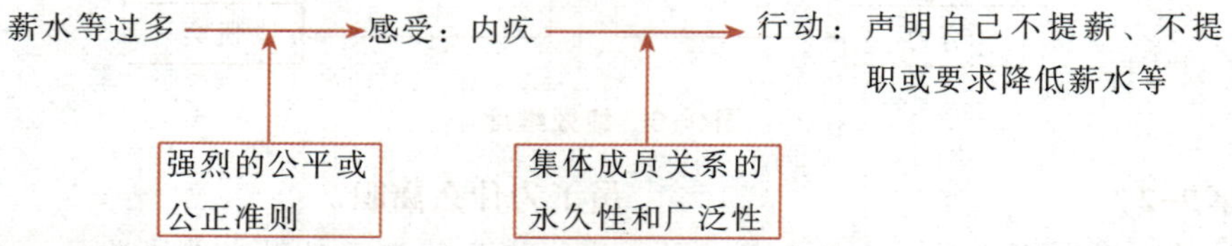

图9-7　产生内疚感的条件及结果

如果因为自己的结果与投入之比小于他人的比值而产生了不满意感，人就会采取行动来减少或消除不满意感所带来的心理不平衡。根据公平公式分析，人们可以使用以下方法：

（1）减少投入。人们能够减少的投入主要是少出力和降低工作质量。换句话说，就是失去了工作积极性。自然，这对管理者而言是最不愿看到的。

（2）改变结果。其可以向主管申诉，要求增加工资等，也可以另谋高就，炒老板鱿鱼。如果减少投入的方法无法实施，比如计件工资制，就可以增加产量而降低质量；如果是计时工资制，就可以既减少数量又降低质量。

（3）改变认知。有时由于存在外在监控，加之压力大，减少投入行不通，那么只有跟自己玩阿Q的精神胜利法了。如夸大对方的投入，或者温习一下老庄哲学，参悟佛学真谛，还可以想想“吃亏是福”的祖训。另外，可从其他方面拉来点结果，使自己的心理天平重新获得平衡。如想想自己的工作环境好、压力不大、可以有一些业余爱好甚至“子孝妻贤”之类来聊表安慰。

（4）改变比较对象。不和比自己获得结果多的人比，找那些不如自己的人比，有道是“前面骑马我骑驴，后面还有推车的”。

采用哪种办法取决于两个因素：一是经济原则，代价最小者优先；二是可行性原则，办法要行得通。在不同的社会制度和文化背景下经济性和可行性不同。

本章小结

★本章主要介绍了激励的基本形式和激励理论的基本内容。激励理论可以划分为三种：内容型激励理论、过程型激励理论、行为改造型激励理论。

★所谓激励，就是激发人的动机，使人有一股内在的动力，朝向所期望的目标前进的心理活动过程。激励的原则包括：物质利益原则、公平原则、差异化原则、经济性原则。管理实践中常用的激励形式有理想、目标激励，组织、制度和榜样激励，荣誉激励，成就激励，关怀激励。

★内容型激励理论主要包括马斯洛的需要层次论、奥德弗的ERG论、麦克利兰的成就需要论、赫兹伯格的双因素论。

★行为改造型激励理论包括归因论、目标设置论、强化论、挫折论。

★过程型激励理论包括期望论、公平论。

主要概念和观念

★ 主要概念

激励　需要　自我实现的需要　正强化　负强化　强化挫折　挫折耐受力　期望　效价

★ 主要观念

内容型激励理论　过程型激励理论　行为改造型激励理论　归因理论　挫折论　目标设置论　强化论　期望论　公平论

基本训练

1）判断题

在线测评 9-1

判断题

（1）目标设置论属于内容型激励理论。（　　）

（2）马斯洛认为所有人天生在自己的潜意识里就有五种需要。（　　）

（3）“二者不可兼得”的冲突属于趋避冲突。（　　）

（4）工作满意带来工作绩效的提高。（　　）

2）选择题

（1）行为改造型激励理论主要包括（　　）。

A.双因素论　B.强化论　C.归因论　D.挫折论

（2）需要的特征包括（　　）。

A.对象性　B.紧张性　C.驱动性

D.层次性　E.协调性　F.发展性

（3）对书籍、体育器材等的需求属于（　　）。

A.生存需要　B.享受需要　C.天然需要　D.发展需要

（4）ERG论是由（　　）提出来的。

A.马斯洛　B.奥德弗　C.麦克利兰　D.埃德温·洛克

（5）日常生活中所说的“以小人之心，度君子之腹”，就是典型的（　　）。

在线测评 9-2

选择题

A.合理化作用　　B.反向作用　　C.投射作用

D.升华作用　　E.自居作用

(6) 重细节过程，要搞清楚人的行为是怎样发生和演变的理论是（　　）。

A.内容型激励理论　　B.过程型激励理论

C.行为改造型激励理论　　D.学习型激励理论

在线测评 9-3

简答题

3）简答题

(1) 简述激励的基本形式。

(2) 试述奥德弗的ERG论与马斯洛的需要层次论的区别。

(3) 简述麦克利兰的成就需要论的主要观点。

(4) 减少或消除不满意感的方法有哪些？

4）分析题

小米人才激励的最高境界：让员工成为“粉丝”

这些年小米的高速增长可以说是中国商界的一个“奇迹”，“去KPI化”“去中心化”“粉丝文化”，这些都是小米在管理上有些“离经叛道”的主张。谈到小米的“粉丝文化”，其实，除了用户之外，小米的员工也是自己企业的“忠实粉丝”。

小米的“粉丝文化”首先让员工成为产品品牌的粉丝。每一位小米员工入职时，都可以领到一台工程机，要当作日常主机使用；其次，让员工的朋友也成为用户，每位小米员工每月可以申领几个F码（F码，Friend Code，朋友邀请码，在小米网站上拥有优先购买资格），送给亲朋好友，让他们也使用起来；最后，要和用户做朋友。小米内部不仅要求让员工成为粉丝，甚至还尝试让粉丝成为员工。小米新媒体运营团队，很多都是从粉丝中招聘过来的。不少用户在现场体验过小米之家的服务后，会选择申请来小米工作。他们说小米的服务和其他公司不一样，像对待朋友一样，用心而且氛围轻松。小米之家杭州站的店长本来就是一名资深米粉，后来加入小米，并做到了店长的职位。

小米引入“粉丝文化”，本质上是寻找有共同价值观的员工，同时采用合理激励的方式维护这种共同价值观。公司采用各种方式促使员工的个人利益与公司利益趋同。员工的个人利益包括物质利益、工作满足感、归属感等。当员工成为粉丝后，他们会认同公司的文化与自身在公司中的价值，成为公司的追随者。同时，他们将公司视为“偶像”，为了使公司变得更好，他们将努力发挥自身的才能，甚至可以牺牲部分个人利益以谋求公司的发展；而公司为了留住这些忠实的粉丝，也会向他们支付合理的报酬，进一步加深与他们的联系，最终实现个人与公司的双赢。

在线测评 9-4

分析题

资料来源　佚名：小米人才激励的最高境界：让员工成为“粉丝”[EB/OL]．[2021-04-01]．https://zhuanlan.zhihu.com/p/361615777.

问题：小米“粉丝文化”的本质是什么？根据本章所学的相关内容评价小米的激励措施。

实践训练

(1) 作为一名学生，你认为授课教师的哪些做法可以更好地激励你？反过来，学生是否也能够激励老师？如何激励呢？

（2）王思成是北京某老牌国有企业的一位领导，如何留住员工并激发他们的工作积极性对他来说是一个越来越难的问题。原因之一就是：北京是一个开放城市，各种外企及高科技企业很多，它们能提供相对较高的待遇，对本企业员工的想法和观念影响很大。实际上，王思成所遇到的问题在我国企业有一定的普遍性。如何运用有关激励理论来提高这些国有企业员工的积极性呢？请就此写一份书面作业。

防患于未然。

——《周易》

第10章 控　制

学习目标

知识目标： 理解控制的含义与主要内容；了解控制的各种类型的特点；掌握预算控制和非预算控制的含义与内容；了解各种预算控制和非预算控制的方法。

技能目标： 掌握完整的管理控制工作过程所包括的步骤，能够为实现某一具体计划实施适当的管理控制；能够根据组织活动具体的控制需要选择适当的控制方法。

素养目标： 提高学生的社会责任感，引导学生积极践行社会主义核心价值观。

思维导图10-1

第10章

引例　华为："以客户为中心"的产品质量控制

"为客户服务"是华为存在的唯一理由，这是华为的基本假设，同时也是华为核心价值观的基础。华为是如何围绕"以客户为中心"的价值观来优化自己的流程从而实现对产品质量控制的呢？

这得益于华为引入的IPD流程（集成产品开发流程），它使华为"以客户为中心"的价值观落地到了企业的实践当中，帮助华为从"以技术为中心"转向"以客户为中心"。简单地说，IPD就是采用团队评审的方式来验收每一个阶段产品开发的情况，并决定是否进入下一个阶段。

华为IPD流程的作用主要体现在以下三个方面：

1.改变产品研发方式

在IPD流程变革之前，华为的产品开发模式和很多公司一样是串行的。当时公司的产品开发完全由开发部负责。开发部根据市场部反映的客户需求、竞争对手的产品情况以及技术的发展等要素决定开发什么样的产品。开发部的产品开发工作快要完成时，市场部开始介入，开展市场宣传和销售工作。当产品卖给客户之后，服务部门会深度介入，帮助客户安装产品，并为客户提供售后服务。产品开发工作是按照产品从研制到销售到服务等的先后顺序进行的。这种产品开发方式无法把各个部门所掌握的客户需求一次性地落实在产品当中，在产品销售、制造、安装和服务等各个环节发现没有考虑到客户需求时，会再回过头去修改产品。当产品变得复杂以后，过去产品开发的方式存在的问题就会逐步显现出来。

IPD变革给华为带来的第一个转变就是把这种创新的工作方式改成了并行：在决定做一个产品时，各个部门坐在一起确定产品要做成什么样子。这样产品在开始做时，就会考虑到技术的先进性、客户需求的满足度、可制造性、可采购性和可服务性等。这种并行工作方式大幅提高了满足客户需求的效率。过去这些年，华为的产品在市场上竞争力很强，这种并行的工作方式是其最主要的原因。这种方式可以使华为更快地从各个方面满足客户的需求，自然其产品就更受客户欢迎。

所以华为的"以客户为中心"，不但是建立在自己的价值观和企业的策略基础上，还实实在在地落在企业的流程当中。

2.模块化开发

将IPD流程落地后，产品开发每完成一个阶段，在走入下一个阶段之前，都必须经过严格的评审和验收。这种验收使得产品开发中各个阶段的接口非常清晰，从而使产品开发走向模块化。这是华为产品开发中的一个重大飞跃，从而使华为的产品可拆分和可重构。为一个产品开发的技术或平台可以被所有产品直接采用。华为只要开发出新技术，其他过去通过IPD开发的产品和技术可以迅速地被拿出来，像模块一样与新技术组合成新的产品。

3.质量管理的飞跃

在引入IPD流程之前，华为产品的质量是测出来的。最初华为的生产部设立了测试部门，专门负责测试从生产线上生产出来的产品，最大限度地把问题截留在公司内，而不是发给客户。这样做了一段时间后发现，测试部只能解决生产中的问题，没有办法解决产品开发当中的遗留问题。而IPD流程为做好开发过程中的质量管理提供了有效的管理工具。在IPD的产品管理团队当中，专门设置了质量代表这个角色，质量代表在产品研发过程中负责把住质量关，从而进一步提升了华为质量管理的水平。质量代表不仅参与产品开发质量的过程控制，同时参与产品设计，把质量观念和质量方法赋能给产品管理团队的所有同仁，让大家一起来管好产品质量。

资料来源 王维滨：从技术至上到客户至上，华为经历了什么？[EB/OL].[2022-04-18]. https://www.sohu.com/a/539067967_300134.

通过上述案例，我们可以体会到控制的重要性，控制工作通过纠正偏差的行动与其他三个职能紧密地结合在一起，使管理过程形成了一个相对封闭的完善的系统。可以说没有控制，管理就不完整。

根据前几章的介绍，我们知道，管理的目的是有效地实现组织目标，为此就要进行计划、组织、领导、控制。计划工作是为整个组织确定目标，做出总体规划和部署；组织工作是通过内部结构设计和组织关系的确定，在组织中进行部门划分、人员配备和权力分配，确定组织内各部门、岗位的职责，以保证计划的落实和目标的实现；领导工作是管理者运用职权和威信施加影响，以充分发挥每一个组织成员的积极性，指导、协调、激励各类人员努力实现组织目标；控制工作则是检查、监督、确定组织活动进展情况，对实际工作与计划之间所出现的偏差进行纠正，从而确保整个计划及组织目标的实现。没有有效的控制，实际工作就有可能偏离计划，组织目标也有可能无法实现。因此，控制是一项重要的管理职能。

10.1 控制的含义与意义

在计划的实施过程中，由于组织内外因素的影响，计划的实际执行情况与计划所应达到的标准和目标之间，必然会存在一定的偏差。组织要保证有效地执行计划，就需要控制职能。

控制与我们日常的工作、学习和生活息息相关，无论是在家庭、单位还是在其他地方，每个人都会受到各种控制的影响。

10.1.1 控制的含义

无论计划制订得如何周密，由于各种各样的原因，人们在执行计划的活动中总是会或多或少地出现与计划不一致的现象。可见，管理中的计划、组织、领导和协调等其他职能，必须伴随有效的控制，才能真正发挥作用。控制是组织中各个层次的管理者必须承担的主要职责。

所谓控制，就是按既定计划、标准和方法对工作进行对照检查，发现偏差，分析原因，进行纠正，以确保组织目标实现的过程。

这一定义可以通过下面三层含义进行理解：

（1）控制是管理过程的一个阶段，它使系统以一种比较可靠的、可信的、经济的方式进行运转。从本质上讲，控制必须同检查、核对或验证联系起来，这样才有可能使控制根据计划过程事先确定的标准来衡量实际工作。

（2）控制是一个发现问题、分析问题、解决问题的全过程。组织开展业务活动，由于受外部环境、内部条件变化和人的认知问题、解决问题能力的限制，实际执行结果与预定目标完全一致的情况是不多的。因此，对管理者来讲，重要的不是工作有无偏差，而是能否及时发现偏差，或通过对进行中的工作的深入了解，预测到潜在的偏差。发现偏差，才能进而找出造成偏差的原因、环节和责任者，采取有针对性的措施纠正偏差。

（3）控制的根本目的，在于保证组织活动过程和实际结果与计划内容及计划目标相一致，最终保证组织目标的实现。

10.1.2 控制的基本特征

控制的基本特征包括以下三个方面：

1）目标性

同其他管理工作一样，控制工作也具有明确的目标性。管理控制无论是着眼于纠正执行中的偏差还是调整计划以适应环境的变化，都是紧紧地围绕组织的根本目标进行的。控制工作的意义就体现在，通过发挥“纠偏”和“调适”两方面的功能，促使组织更有效地实现其根本目标。

2）整体性

管理控制覆盖组织活动的各个方面：人、财、物、时间、信息等资源，各层次、各部门、各单位的工作，以及企业生产经营的各个不同阶段。因此，需要把整个组织的活动作为一个整体看待，使各方面的控制协调一致，以达到整体的优化。

3）动态性

管理控制不同于一般的机械、物理控制。后者是一种高度程序化的控制，具有稳定性，组织则不是静态的，其外部环境和内部条件随时都在发生着变化，从而决定了控制对象、控制标准和方法不可能固定不变。管理控制应具有动态的特征，这样才能够保证和提高控制工作的灵活性和有效性。

10.1.3 控制的必要性

由于企业管理的现实很难达到理想状态，所以无论计划制订得如何周密，由于各种各样的原因，在执行计划的活动中总是会或多或少地出现与计划不一致的现象。管理控制的必要性主要是由下列原因决定的：

1）组织环境的不确定性

组织的目标和计划是组织对未来一定时期内的努力方向和行动步骤的描述。任何组织的目标和计划都是在特定的时间、环境下制订的，如果组织的实际行动能按计划执行，那么也就无须进行控制了。但是由于组织内外部的一切每时每刻都在发生着变化，这些变化必然要求组织对原先制订的计划进行调整，从而对经营的内容做出相应的调整。

2）管理权力的分散

只要组织达到一定规模，主管人员就不可能直接地、面对面地组织和指挥全体员工的劳动。这便是组织管理层次形成的原因。组织分权程度越高，控制就越有必要；每个层次的主管都必须定期或非定期地检查直接下属的工作，以保证授予他们的权力得到正确的利用，即利用这些权力使组织的业务活动符合计划与企业目标的要求。如果没有控制，没有为此而建立的相应控制系统，管理人员就不能检查下级的工作情况，即使出现不负责任的权力滥用或活动不符合计划要求等其他情况，管理人员也无法发现，更无法采取及时的纠正行动。

3）工作能力的差异

由于组织成员是在不同的时空进行工作的，他们的认识能力不同，对计划要求的理解可能存在差异；即使每个员工都能完全正确地理解计划的要求，但由于工作能力的差异，他们的实际工作结果也可能在质和量上与计划要求不符。某个环节可能产生的这种偏离计划的现象，会对整个组织活动的进行造成冲击。因此，加强对这些成员的工作控制是非常必要的。

10.1.4 控制与计划的关系

控制就是按照计划标准衡量计划的完成情况和纠正计划执行中的偏差，以确保计划目标的实现，或适当修改计划，使计划更加适合实际情况。

要理解控制职能的含义，需要把控制职能与计划职能联系起来。计划和控制是同一个事物的两个方面，二者密不可分。一方面，有目标和计划而没有控制，人们可能知道自己干了什么，但无法知道自己干得怎么样，存在哪些问题，哪些地方值得改进。另一方面，有控制而没有目标和计划，结果更加难以想象。人们将不知道要控制什么，也不会知道怎样控制。

所以，计划和控制彼此依赖，计划越明确、全面和完整，控制工作就越好进行，效果也就越好；而控制越准确、全面和深入，就越能保证计划的顺利执行，并能更多地反馈信息以提高计划的完成质量。

有效的控制方法首先就是计划方法，如预算、政策和规划等，选择控制方法和设计控制系统时必须考虑到计划的特点；计划工作本身必须有一定的控制，如对计划的程序、计划的质量等实施控制；控制工作本身也必须有一定的计划，如对控制的程序、控制的内容等都必须进行一定的计划。

10.1.5 控制的意义

恰当地运用内部控制，有利于组织改善经营，提高工作效率及经济效益。内部控制是否健全，也是企业经营成败的一个关键。

1）控制是组织适应环境的重要保障

组织计划的执行和目标的实现往往需要经过一个较长的过程。在计划实施过程中，组织的内部条件和外部环境可能会发生一些变化，如组织内部人员和结构的变化、政府可能出台新的政策和法规等。内外部环境的变化不仅会妨碍计划的实施，甚至可能使原来的计划、标准与变化后的环境不相适应。因此，有效的控制系统不仅能够防止偏差的累积，还能够帮助管理人员预测和把握内外部环境的变化，并对这些变化带来的机会和威胁做出及时、正确、有力的反应，在必要时，对原有的计划和目标做出调整，甚至重新制订计划和目标，从而将组织活动调整到与内外部环境相适应的状态。

2）控制能够有效提高管理水平

任何组织在其发展过程中，都会不可避免地犯一些错误，出现一些失误。控制可以发现管理活动中存在的问题，并且使得这些问题得到解决。因此，控制是提高组织管理水平的有效手段。

3）控制是强化成员责任心的重要手段

要使员工尽职尽责，切实地负起责任来，就必须让员工知道他们的职责是什么，他们的绩效如何评价和考核，以及在评价的过程中有效的绩效标准是什么。通过控制，可以不断地对下级的工作进行评估，并进行连续不断的激励，从而使其更好地负起责任来，高效地完成所承担的任务。

4）控制是限制偏差积累的有效手段

实际情况的复杂性和未来的不确定性使组织的实际工作难免与计划存在偏差。虽然小的偏差和失误不会立即给组织带来严重的危害，但在组织运行一段时间后，随着小差错积少成多和累积放大，往往会造成实际工作显著偏离计划目标，最终对计划目标的实现造成威胁，酿成灾难性后果。防微杜渐、及早地发现工作中潜在的错误和问题并进行处理，有助于确保组织按计划的要求开展工作。有效的管理控制系统应当能够及时地获取偏差信息，采取矫正偏差措施，以防止偏差的累积影响到组织目标的顺利实现。

10.2 控制的类型、内容与原则

10.2.1 控制的类型

从不同的角度，可以把控制分为不同的类型：

1）前馈控制、同期控制与反馈控制

根据控制信息获取的方式和时点不同，可将控制划分为前馈控制、同期控制和反馈控制三类。

（1）前馈控制。它亦称事前控制或预先控制，是在工作正式开始前对工作中可能产生的偏差进行预测和估计并采取防范措施，将可能的偏差消除于产生之前的控制方式。

前馈控制的优点：一方面，前馈控制是在工作开始之前进行的，可以防患于未然，避免偏差发生造成的实际损失；另一方面，前馈控制是在工作开始之前针对某项计划所依赖的条件进行的，不针对具体人员，因而不易造成直接的冲突，易于被员工接受并付诸实施。

事前控制比事后解决重要。有的人可能认为能够解决问题是一件很了不起的事情，因为这证明其在危机发生后能化险为夷，是其有能力的体现。但如果永远都在事后解决问题，那么其最终只能是在一个问题出现后去救火，而不是在问题未发生时就将其消灭，这样最多也只能成为一个“救火队员”，而不能成为一个优秀的管理者。因为优秀的管理者最重要的一点便是，不会坐等问题发生后再去解决，而是从根本上杜绝问题的发生。优秀的管理者侧重事前控制，喜欢做计划、进行调研，常常在问题出现之前就预见问题发生的可能性，并采取相应的措施预防问题的发生。

（2）同期控制。它也称同步控制或现场控制，是与实际工作同步进行的。同期控制是基层主管人员的主要控制方法，因此也是控制工作的基础。同期控制的优点是具有指导作用，有助于提高工作人员的工作能力和自我控制能力。

产品的质量不是检测出来的。如果等到产品出来以后再做检测或者再处罚做出残次品的员工已经太晚了，因为成本已经消耗了。要想取得高质的产品和优质的服务，必然要控制生产过程，务必使生产按照理想的状况进行下去。员工往往都是按照企业所提供的流程和工具进行工作的，因此，为了实现目标，公司要尽最大的努力将流程和结果之间不匹配的地方清除。同步控制要求做到对“每一个步骤、每一个环节甚至每一个人的控制”；同时，同步控制更强调制度化管理和标准化生产，因为这样将会有效避免同一个错误不断发生，尽可能将企业的损失降到最低。

知识拓展10-1

反馈效应

（3）**反馈控制**。它又称事后控制，是在工作结束或行为发生之后进行的控制活动。反馈控制的主要弊端是，在矫正措施实施之前，偏差、损失已经产生了。因此，事后控制往往只能“亡羊补牢”。

课堂互动10-1

魏文侯问名医扁鹊：“你们家兄弟三人都精于医术，到底哪一位最好呢？”

扁鹊答说：“长兄最好，中兄次之，我最差。”

文侯再问：“那么为什么你最出名呢？”

扁鹊答说：“我长兄治病，是治病于病情发作之前。由于一般人不知道他事先能铲除病因，所以他的名气无法传出去，只有我们家的人才知道。我中兄治病，是治病于病情初起之时。一般人以为他只能治轻微的小病，所以他的名气只及于本乡里。而我扁鹊治病，是治病于病情严重之时。一般人都看到我在经脉上穿针管来放血、在皮肤上敷药等大手术，所以以为我的医术高明，名气因此响遍全国。”

文侯说：“你说得好极了。”

问题：根据上述故事说明哪种控制的效果比较好。

课堂互动10-1

答案提示

2）间接控制与直接控制

按照控制的原因与结果分类，控制可以分为间接控制与直接控制。

（1）间接控制。它是指着眼于发现工作中的偏差，分析产生的原因，并追究个人责任，使其改进未来的工作。

间接控制的优点在于它能纠正管理人员由于缺乏知识、经验和判断力所造成的管理上的失误和偏差，并能帮助主管人员总结经验、吸取教训，增加知识、经验，提高判断能力和管理水平。

（2）直接控制。它是通过提高管理人员的素质来开展控制工作的。直接控制的优点是：

第一，管理人员管理素质的提高能够使决策和计划更加科学，对计划和目标的理解更加准确、深刻，为开展有效的控制工作奠定了良好基础。

第二，可以提高管理人员的控制技能，更加及时、准确地发现偏差，并及时采取矫正措施。

第三，直接控制有助于培养管理人员的自我控制意识，提高自我控制能力，增强控制工作的主动性和自觉性。

第四，有效的直接控制可以减少间接控制发生的费用和导致的损失。

3）制度控制与文化控制

从领导的角度出发，控制可分为制度控制和文化控制。

（1）制度控制。通过制度进行控制，主要应把握好组织框架内授权的运用。管理者通过授权给下属，领导成千上万的员工个体和员工团队，做出直接影响到他们工作的关键性业务决策。他们进行财务预算，安排工作负荷，管理库存，解决质量问题以及开展各种类似活动。

（2）文化控制。面对日趋成熟的消费者和竞争激烈的市场环境，企业必须领导员工主动去寻求机遇，对消费者的需求做出反应。但是对一些机遇的寻求也会使得企业面临极大的风险，或引发一些可能影响企业道德的行为。

4）正式组织控制、群体控制和自我控制

根据整个组织控制活动的来源不同，可以将控制分为正式组织控制、群体控制和自我控制三种类型。

（1）正式组织控制。正式组织控制是由管理人员设计和建立起来的一些机构或人员来进行控制，组织可以通过规划指导成员的活动，通过审计监督来检查各部门或各个成员是否按规定进行活动，并提出具体更正措施、建议和意见。

（2）群体控制。群体控制是基于群体成员的价值观念和行为准则，由非正式组织自发发展起来和维持的。群体控制可能有利于达成组织目标，也可能给组织带来危害，所以要对其加以正确引导。

（3）自我控制。自我控制即个人有意识地按某一行为规范进行活动。这种控制成本低、效果好，但它要求上级给下级以充分的信任和授权，还要把个人活动与报酬、提升和奖励联系起来。

实行自我控制的单位或个人不仅能自己检测、发现问题，还能自己订立标准并采取行动纠正偏差。例如，目标管理就是一种让底层管理人员和工人参加工作目标的制定，并在工作中实行自主安排、自我控制的管理制度和方法。

5）外在控制与内在控制

根据力量来源的不同，控制可分为外在控制与内在控制。

（1）外在控制。外在控制是指为了一个单位或个人的工作目标和标准的制定，以及为了保证目标和标准的顺利实现而开展的控制工作，由其他单位或个人承担，自己只负责检测、发现问题和报告偏差。例如，上级主管的行政命令监督、组织程序规则的制约等，都是这种外在强加的控制。

（2）内在控制。内在控制与外在控制不同，内在控制不是“他人”的控制（它既不是来自上级主管的“人治”，也不是来自程序规则的“法治”），而是一种自动控制或自我控制（称为自治）。

案例分享10-1　　　　　　决堤一定修堤吗

春秋时期，楚国令尹孙叔敖在苟陂县一带修建了一条南北水渠。这条水渠又宽又长，足以灌溉沿渠的万顷农田，可是一到天旱的时候，沿堤的农民就在渠水退去的堤岸边种植庄稼，有的甚至还把农作物种到了堤中央。等到雨水一多，渠水上涨，这些农民为了保住庄稼和渠田，便偷偷地在堤坝上挖开口子放水。这样的情况越来越严重，一条辛苦挖成的水渠，被弄得遍体鳞伤、面目全非，还因决口而经常发生水灾，变水利为水害了。

面对这种情形，历代苟陂县的行政官员都无可奈何。每当渠水暴涨成灾时，便调动军队去修筑堤坝，堵塞堤洞。后来宋代李若谷出任知县时，也碰到了决堤修堤这个头疼的问题，他便贴出告示说，今后凡是水渠决口，不再调动军队修堤，只抽调沿渠的百姓，让他们自己把决口的堤坝修好。这布告贴出以后，再也没有人偷偷地去决堤放水了。

问题：这个故事给我们什么启示？

案例分享10-1

分析提示

10.2.2 控制的内容

控制的内容主要包括以下几个方面：

1）对人员的控制

组织的目标是要由人来实现的，员工应该按照管理者制订的计划去做。为了做到这一点，必须对人员进行控制。对人员进行控制最常用的方法就是直接巡视，发现问题马上进行纠正。另一种方法是对人员进行系统化的评估。通过评估，对绩效好的予以奖励，使其维持或加强良好的表现；对绩效差的采取相应的措施，纠正出现的偏差。

2）对财务的控制

为保证企业获取利润，维持企业正常的运作，必须进行财务控制。这主要包括审核各期的财务报表，以保证一定的现金存量，保证债务的负担不致过重，保证各项资产都得到有效的利用等。预算是最常用的财务控制标准，因此也是一种有效的控制工具。

3）对作业的控制

所谓作业，是指从劳动力、原材料等物质资源到最终产品和服务的转换过程。组织中的作业质量在很大程度上决定了组织提供的产品和服务的质量，而作业控制就是通过对作业过程的控制，来评价并提高作业的效率和效果，从而提高组织提供的产品或服务的质量。组织中常用的作业控制有生产控制、质量控制、原材料购买控制、库存控制等。

4）对信息的控制

随着人类步入信息社会，信息在组织运行中的地位越来越高，不精确的、不完整的、不及时的信息会大大降低组织的效率。因此，在现代组织中对信息的控制显得尤为重要。对信息的控制就是建立一个管理信息系统，使它能及时地为管理者提供充分、可靠的信息。

5）对组织绩效的控制

组织绩效是组织上层管理者控制的对象，组织目标的达成与否都从这里反映出来。无论是组织内部的人员，还是组织外部的人员和组织，如证券分析人员、潜在的投资者、贷款银行、供应商以及政府部门，都十分关注组织的绩效。要有效实施对组织绩效的控制，关键在于科学地评价、衡量组织绩效。一个组织的整体绩效很难用一个指标来衡量，生产率、产量、市场占有率、员工福利、组织的成长性等都可能成为衡量的标准，关键是看组织的目标取向，即要根据组织达成目标的实际情况并按照目标所设定的标准来衡量组织的绩效。

10.2.3 控制的原则

要真正发挥控制职能的作用，建立一个有效的控制系统，必须坚持一些基本原则。

1）重点原则

控制作为一种管理职能，为组织目标服务，良好的控制必须有明确的目标，不能为控制而控制。无论什么性质的工作，往往都有多个目标，但总有一两个是最关键的，管理者要在这些众多目标中选择出关键的、反映工作本质和需要控制的目标加以控制。事实证明，要想完全控制工作或活动的全过程几乎是不可能的，因此应抓住活动过程中的关键和重点进行局部和重点的控制，这就是所谓的重点原则。

2）及时性原则

高效率的控制系统要求能及时、准确地提供所需的信息，迅速发现问题并及时采取纠正偏差的措施，并使采取的措施与已变化了的情况相适应，即纠正偏差措施的安排应有一定的预见性。

3）弹性原则

任何一个控制系统，为了同外界进行正常的物质、能量和信息交换，同外部环境之间保持积极的动态适应关系，都必须充分考虑到各种变化的可能性。因此，管理控制系统整体或内部各要素、层次在各个环节和阶段上都要保持适当的弹性。

4）经济性原则

控制是一项需要投入大量的人力、物力、财力等各种资源的活动，耗费之大正是今天许多应予以控制的问题没有得以控制的重要原因，因此在进行控制时必须坚持经济性原则。一是要求实行有选择的控制，全面周详的控制不仅是不必要的也是不可能的，要正确而精心地选择控制点，太多会不经济，太少会失去控制；二是要求努力降低控制的耗费而提高控制效果，改进控制方法和手段，以最少的资源投入取得理想的控制效果。

5）全局性原则

在组织控制过程中，各个部门和成员都在为实现其个别和局部的目标而活动。管理者在控制过程中要特别注意次一层级控制标准的从属性和服务性，这一点对成功、有效地实施控制至关重要。

6）可操作性原则

控制工作的最后落实应是纠正偏差措施的实际贯彻，并取得应有的效果。因此这些措施必须具有可操作性，即这些措施必须是可以投入实际运作过程中的，而且在经济上是合理的，在技术上是可行的。

10.3 控制的过程

完整的管理控制过程由制定控制标准、衡量绩效、采取矫正措施三个步骤组成。

10.3.1 制定控制标准

控制标准是控制工作得以开展的前提，是检查和衡量实际工作的依据和尺度。如果没有控制目标、标准，便无法衡量实际工作，控制工作也就失去了目的性。控制标准的种类有：

1）统计性标准

统计性标准也叫历史性标准，是以分析反映企业经营在历史上各个时期状况的数据为基础为未来活动建立的标准。

2）根据评估建立的标准

实际上，并不是所有工作的质量和成果都能用统计数据来表示，也不是所有的企业活动都保存着历史统计数据。对于新从事的工作，或对于统计资料缺乏的工作，可以根据管理人员的经验、判断和评估来为其建立标准。

3）工程标准

严格地说，工程标准也是一种用统计方法制定的控制标准，不过它不是对历史性统计资料的分析，而是对工作情况进行的客观的定量分析。比如，机器的产出标准是其设计者计算的正常情况下其被使用的最大产出量；劳动时间定额是利用秒表测定的受过训练的普通工人以正常速度按照标准操作方法对产品或零部件进行某个（些）工序的加工所需的平均必要时间。

10.3.2 衡量绩效

控制过程的第二个步骤是衡量、对照及测定实际工作的成绩与标准之间的差异。

为了及时、准确地提供能够反映偏差的信息，同时又符合控制工作在其他方面的要求，管理者在衡量工作绩效的过程中应注意以下几点：

1）确定衡量的项目

衡量什么是衡量工作中最为重要的方面。管理者应该针对决定实际工作成效好坏的重要特征项目进行衡量。但实际工作中容易出现一种趋向，即侧重于衡量那些易衡量的项目，而忽视那些不易衡量、较不明显但实际相当重要的项目。实际衡量应该围绕能产生良好绩效的重要特征项目来进行，而不能够仅仅偏向那些易衡量的项目。

2）确定适宜的衡量频度

控制过多或不足都会影响控制的有效性。这种“过多”或“不足”不仅体现在控制对象和标准数目的选择上，而且体现在对同一标准的衡量次数或频度上。对影响某种结果的要素或活动过于频繁地衡量，不仅会增加控制费用，还可能引起有关人员的不满，从而影响他们的工作态度；检查和衡量的次数过少，则可能使许多重大的偏差不能及时被发现，从而不能及时地采取措施。

3）建立信息管理系统

负有控制责任的管理人员只有及时掌握反映实际工作绩效与预期工作绩效之间偏差的信息，才能迅速采取有效的纠正措施；不精确、不完整、过多或延误的信息将会严重阻碍他们的行动。通常，并不是所有的衡量绩效的工作都是由主管直接进行的，有时也需要借助专职的检测人员。然而，管理人员所接收的信息通常是零乱的、彼此孤立的，并且难免混杂着一些不真实、不准确的信息，所以需要建立信息管理系统，以便为管理人员提供精确、完整、适量和及时的信息。

4）检验标准的客观性和有效性

现实中偏差既可能是由于工作不当造成的，也有可能是标准本身存在问题。如果是后者，就要修正和更新预定的标准，这样利用预定标准去检查各部门、各阶段和每个人的工作过程，也是对预定标准的客观性和有效性进行检验的过程。

10.3.3 采取矫正措施

采取矫正措施是控制过程的最后一个步骤，也是最关键的一步。它之所以关键，就在于它体现了执行控制职能的目的；同时，将控制工作与其他管理职能结合在一起。采取矫正措施要注意做好如下工作：

1）确定偏差产生的原因

并非所有的偏差都可能影响工作的最终成果。有些偏差可能反映了计划制订和执行工作中的严重问题，而另一些偏差则可能是一些偶然的、暂时的、局部性因素引起的，不一定会对组织活动的最终成果产生重要影响。因此，在采取纠正措施以前，首先要对反映偏差的信息进行评估和分析。

2）确定纠偏措施的实施对象

如果偏差是由于绩效的不足而产生的，管理人员就应该采取纠偏行动。他们可以调整企业的管理战略，也可以改变组织结构，或制订更完善的选拔和培训计划，或更改领导方式。但是在有些情况下，需要纠正的可能不是企业的实际活动，而是组织这些活动的计划或衡量这些活动的标准。例如，大部分员工没有完成劳动定额，可能不是因为全体员工的抵制，而是由于定额水平太高；企业产品销售量下降，可能并不是因为质量劣化或价格不合理，而是由于市场需求的饱和或周期性的经济萧条。在这样的情况下，首先要改变的不是或不仅是实际工作，而是衡量这些工作的标准或指导工作的计划。

3）选择恰当的纠偏措施

针对偏差产生的主要原因，组织应制订改进工作或调整计划与标准的纠正方案。一般来讲，控制大都是从以下三个方面进行的：

（1）调整和修正原有计划。控制结果所显示的偏差过大，有可能是原有计划安排不当，在控制活动中这些不当之处逐渐显露出来，也可能是由于内外因素的变化，使原有计划与现实状况偏离甚远。在这些情况下，就要对原有计划加以适当调整。必须指出的是，调整计划不是任意地变动计划，它不能偏离组织总的发展目标。调整计划归根结底还是为了组织总体目标的实现。要特别注意不能用计划来迁就控制，任意地根据控制的需要来修改计划，这是本末倒置。

(2) 改进技术。达不到原定的控制标准，技术上的原因占有重要地位，特别是在企业组织中，其计划的目的之一就是生产出高质量的、符合社会需要的产品。因此，它的计划工作和控制工作都是以生产为中心的，生产技术则是生产过程中的重要一环。在很多情况下，偏差是由于技术上的原因导致的。为此，就要采取技术措施，及时处理生产过程中出现的技术问题，纠正偏差，完成计划目标。

(3) 改进组织工作。控制职能与组织职能是相互影响的。在这里组织工作的问题可以分为两种：一是制订计划之后，在实施方面的工作没有做好，没有实现预定的目标。二是控制阶段本身的组织体系并不完善，不能对已产生的偏差进行及时的跟踪与纠正。在这两种情况下，都要进一步改进组织工作，如调整组织机构、调整责权利的关系、改进分工协作关系、适当调配和培训人员等。

在纠偏措施的选择和实施过程中要注意以下两个方面：

(1) 充分考虑原先计划实施的影响。由于对客观环境的认识能力提高，或者由于客观环境本身发生了重大变化而引起的纠偏需要，可能会导致对原有计划与决策的局部甚至全局否定，从而对企业活动的方向和内容进行重大调整。这种调整有时被称为“追踪决策”，即“原有决策的实施表明将危及决策目标的实现时，对目标或决策方案所进行的一种根本性修正”。因此，在制订和选择追踪决策的方案时，要充分考虑到伴随着初始决策的实施已经消耗的资源，以及这些消耗对客观环境造成的种种影响。

(2) 注意消除人们对纠偏措施的疑虑。任何纠偏措施都会在不同程度上引起组织结构、关系和活动的调整，从而涉及某些组织成员的利益，不同的组织成员会因此对纠偏措施持不同态度，特别是纠偏措施属于对原有决策和活动进行重大调整的追踪决策时。因此，控制人员要充分考虑到组织成员对纠偏措施的不同态度，特别是要注意消除执行者的疑虑，争取更多人理解、赞同和支持纠偏措施，以避免在纠偏方案的实施过程中可能出现的人为障碍。

上述控制过程的三个基本步骤构成了一个完整的控制系统，三个步骤完成了一个控制周期。每一次循环都使偏差不断缩小，从而保证组织目标最有效地实现。

10.4 控制的方法

任何组织的计划都是在确定计划前提条件的基础上制订的。通过控制活动，管理者可以及时了解环境变化的程度和原因，从而采取有效的措施，使得组织与环境相适应。从大的方面说，控制的方法主要包括两大类：预算控制和非预算控制。

10.4.1 预算控制

1）预算的含义

企业未来的几乎所有活动都可以利用预算进行控制。**预算**就是用数字特别是用财务数字的形式来描述企业未来的活动计划，它预估了企业在未来时期的经营收入和现金流量，同时也为各部门或各项活动规定了在资金、劳动力、材料、能源等方面的支出的额度。

预算控制就是根据预算规定的收入与支出标准来检查和监督各个部门的生产经营活动，以保证各种活动或各个部门在完成既定目标、实现利润的过程中对经营资源的利用，从而使费用支出受到严格有效的约束。

2）预算的种类

由于不同企业的生产活动的特点不同，预算表中的项目会有所不同，但一般来说，预算内容主要涉及以下几个方面：收支预算、现金预算、资金支出预算、原材料和产品产量预算、资产负债预算。

（1）收支预算，即收入预算和支出预算，这是以货币来表示组织的收入和经营费用支出的计划。

由于企业收入主要来源于产品销售，因此收入预算的主要内容是销售预算。销售预算是在销售预测的基础上编制的，即通过分析企业过去的销售情况、目前和未来的市场需求特点及其发展趋势，比较竞争对手和本企业的经营实力，确定企业在未来某一时期内为了实现目标利润必须达到的销售水平。

企业销售的产品是在内部生产过程中加工制造出来的。在这个过程中，企业需要借助一定的劳动力，利用和消耗一定的物质资源，因此与销售预算相对应，企业必须编制能够保证生产过程得以进行的生产活动的预算。关于生产活动的预算，不仅要确定为取得一定销售收入所需要的产品数量，更重要的是要预计为得到这些产品、实现销售收入需要付出的费用，即编制各种支出预算。

（2）现金预算。它是对企业未来生产与销售活动中现金的流入与流出进行预测，通常由财务部门编制。现金预算并不需要反映企业的资产负债情况，而是要反映企业在未来活动中的实际现金流量。如果企业的销售收入很多，即便利润相当可观，但大部分处于尚未收回状态，或收回后被大量的库存材料或在制品所占用，那么也不可能在目前给企业带来现金上的方便。现金预算可以帮助企业发现资金的闲置或不足，从而指导企业及时利用暂时过剩的现金，或及早筹齐维持运营所短缺的资金。

（3）资金支出预算。上述各种预算通常只涉及某个经营阶段，是短期预算，而资金支出预算则涉及好几个阶段，是长期预算。如果企业的收支预算能够得到很好的执行，企业有效地利用资源，那么得到的产品销售收入就会超出资源消耗的支出，从而给企业带来盈利。企业可以利用盈利中的一部分来进行生产能力的恢复和提升。这些支出由于具有投资的性质，因此其计划安排通常被称为投资预算或资金支出预算。资金支出预算的项目包括：用于更新改造或扩充包括厂房、设备在内的生产设施的支出，用于增加品种、完善产品性能或改进工艺的研究与开发支出，用于提高普通员工和管理队伍素质的人事培训与发展支出，用于广告宣传、寻找顾客的市场发展支出等。

（4）原材料和产品产量预算。这是一种以实物单位来表示的预算。因为在计划和控制的一定阶段采用实物计量单位比采用货币单位更有意义。常用的实物预算单位有直接工时数、原材料的数量、占用的面积和生产量等。

（5）**资产负债预算**。它是对企业会计年度末的财务状况进行预测。它通过将各部门和各项目的分预算汇总在一起，表明如果企业的各种业务活动达到预先规定的标准，在会计期末企业资产与负债会呈现出何种状况。作为各分预算的汇总，管理人员在编制资产负债预算时虽然不需做出新的计划或决策，但通过对预算表的分析，可以发现某些分预算的问题，从而有助于及时采取调整措施。

3）预算的作用

预算的作用主要表现在以下四个方面：

（1）明确工作目标。预算作为一种计划，规定了组织一定时期的总目标以及各部门的具体目标。这样就使各个部门了解了本部门的经济活动与整个组织经营目标的关系，明确了各自的职责及努力方向，从各自的角度去完成组织的战略目标。

（2）协调部门关系。预算把组织的各方面工作都纳入统一计划之中，促使组织各部门相互协调，环环紧扣，达到平衡。在保证组织总体目标最优前提下，进行各自的经营活动。

（3）控制日常活动。编制预算是组织管理的起点，也是控制日常经济活动的依据。在预算执行过程中，各部门应通过计量、对比，及时揭露实际脱离预算的差异并分析其原因，以便采取必要措施，改善薄弱环节，保证预算目标的顺利完成。

（4）考核业绩标准。预算确定的各项指标，也是考核各部门工作业绩的基本尺度。在评定各部门工作业绩时，要根据预算的完成情况，分析偏离的程度和原因，划清责任，奖罚分明，促使各部门为完成预算规定的目标努力工作。

4）预算的缺点

由于预算具有上述积极作用，预算手段在组织管理中得到了广泛运用，但在预算的编制和执行中，也暴露了一些缺点，主要表现在：

（1）控制范围的局限性。预算只能帮助企业控制那些可以计量的，特别是可以用货币单位计量的业务活动，而不能促使企业对那些不能计量的企业文化、企业形象、企业活力的改善予以足够的重视。

（2）缺乏灵活性。编制预算时通常参照上期的预算项目和标准，从而会忽视本期活动的实际需要，因此会导致出现这样的错误：上期有的而本期不需要的项目仍然沿用，本期必需的但上期没有的项目会因缺乏先例而不能增设。

（3）容易导致控制过细。有的预算缺乏弹性、非常具体，特别是涉及较长时期的预算可能会过度束缚决策者的行动，使企业经营缺乏灵活性和适应性。

（4）容易导致本位主义。项目预算或部门预算不仅对有关负责人提出了希望他们实现的结果，而且为他们得到这些成果而能够支配的费用规定了限度。这种规定可能使得主管们在活动中精打细算，小心翼翼地遵守不得超过支出预算的准则，而忘记了自己的首要职责是实现组织的目标。因此，部门的预算目标有时会取代组织的目标。

5）预算方法的改进

为了克服预算的上述不足，使预算在控制中更加有效，有必要采用可变的或灵活的预算方案。

（1）弹性预算。它是指在不能准确预测预算期业务量的情况下，根据其与成本形态或者与其他因素的依存关系，按预算期内业务量可能发生的一定范围编制而成的预算。

弹性预算有很多优点，如比固定预算运用范围广，使预算具有可比基础、控制和差异分析具有说服力；其缺点是编制预算时确定业务量的依存关系如果发生变化，就需要大大调整工作量。

（2）零基预算。它是把组织的计划分为由目标、业务和所需资源等组成的几个"分计划"，然后从零开始测算每个分计划的费用。这种方法是针对增减预算方法的缺点而采用的，对于任何预算期的任何预算项目，其预算数额都以"零"为起点，按照预算期内应该完成的工作内容和经营目标，重新考虑每项业务量及其成本费用支出的情况，从而确定当期预算数额。

零基预算的优点是：它迫使主管人员根据实际需要重新安排每个分计划，这样可以从整体出发，将新计划与费用结合起来考虑所确定的计划及费用；不受前期预算影响，促使各部门精打细算。

零基预算的缺点是一切以"零"为起点进行分析，不参照以前指标，编制工作量大，由于没有依据，会争执不休。

（3）概率预算。由于在预算期内市场变化较大，变量甚多，人们难以对这些变量进行准确预测（如油品销售价格），而这些变量又会对整个预算产生重大影响，在没有办法的情况下，估计其变化范围，分析其在此范围内出现的可能性（概率），然后据此对其他预算数进行调整，计算期望值，这种方法叫概率预算，它实际上也是一种弹性预算。

（4）计划-规划-预算方法。为了克服传统的预算方法难以做到按组织目标合理地分配资源的缺点，20世纪60年代中期美国国防部在编制预算时创造了计划-规划-预算方法。

传统的预算是分部门编制的，编制预算时，首先由下级部门提交下年度的预算报告，然后由上级预算部门根据资源的数量经过平衡后批准下达。因此，传统的预算方法难以做到按组织目标合理地分配资源。

计划-规划-预算方法完全是从目标出发编制预算的。首先，计划开始时，先由最高主管部门提出组织的总目标和战略，并确定实现目标的项目。例如，美国国防部根据国家的战略目标，确定武器系统的研制项目，这一步称为计划。其次，分别按每一个项目实施阶段所需的资源数量进行测算和规划，并排出项目的优先次序。再次，在编制预算时，从目标出发按优先次序排列项目实际需要的资源，当资源有限时，应保证排在前面的项目的需要。最后，根据各部门在实施项目中的职责和承担的工作量将预算落实到部门。

据报道，这种计划方法在美国国防部及美国联邦政府和一些州政府的部门推行，取得了显著的效果。

6）预算的编制

在编制预算之前，应首先建立一套预算制度。通过规章制度的建立，为预算的制定和执行提供保障。在此基础上，一个组织可参考下列步骤来编制预算：

（1）高层主管人员将可能列入预算或影响预算的计划和决策提交预算管理机构。预算管理机构在综合考虑各种因素后，确定未来某一时期的业务量。根据预测的业务量、价格与成本，进而预测该时期的利润。

（2）负责编制预算的主管人员向各部门主管人员提出有关预算的建议并提供必要的信息和帮助。

（3）各部门主管人员根据企业的总计划和部门的实际工作情况，编制出本部门的预算，并由更高层主管和预算部门协调部门间可能发生的矛盾。

（4）组织负责编制预算的主管人员将各部门的预算汇总整理成总预算，并预拟资产负债表及利润表计算书，以揭示组织未来预算期限中的财务状况。最后将预算草案提交预算委员会和上层主管人员核查批准。

预算批准后，在实施过程中，必须经常检查和分析其执行情况，必要时可修改预算，使之能适应组织发展的需要。

案例分享10-2　　鸿达建设公司的预算控制程序

鸿达建设公司总经理张润华先生的办公桌上摆着刚刚送来的内部审计报告。报告指出，公司的财务预算已明显失控，新拟出的下一年度预算方案也有一大半指标过高。张先生对此极为重视，将负责编制预算的财务部门主管李红女士和负责支出控制的副总经理陈刚先生请到他的办公室，共同商讨对策。

李红女士首先介绍了财务预算的产生过程。据她介绍，下一年度的预算，每次都是先由下属项目单位报部门预算，然后由财务部门汇总，并进行资金平衡计算。各下属单位与财务部门都经常采用“下一年度指标=本年度指标×（1+变动率）”的公式来试算新的预算指标。当谈到各项目间经费支持原则时，李红女士说，根据公司惯例，现有工程项目的开支一般获优先保证。

案例分享10-2

由陈刚先生负责的支出控制委员会是公司内部高层次管理机构，负责预算的审核及监督执行，并有审查批准追加投资的权力。陈刚先生指出，委员会每年都接到20份左右来自各个部门的预算外追加投资申请，其中获得批准的比例约占50%。当问及追加这些投资的主要原因时，陈刚先生说，较常见的原因有：出现了一些临时性的机会；预期的市场情况发生了变化，使原预算不能顺利执行；产品项目等开发工作出现新的进展，争取经费支持等。

分析提示

张润华总经理仔细倾听了两人的叙述，然后将审计结果告诉他们。审计人员的分析结论使他们十分震惊：公司预算明显偏高；各个项目工程中普遍存在拖延工时和资金浪费现象，如果将同样工程交给其他承包商，至少可节省20%的费用。3人一致意识到问题的严重性，认为有必要调整公司预算控制程序。

问题：鸿达建设公司在预算控制中存在什么问题？

10.4.2 非预算控制方法

除了预算控制方法以外，管理控制工作中还采用了许多不同种类的控制手段和方法。随着组织规模的扩大、分权管理的发展，对管理工作的综合控制显得日益重要。此外，还有一个显著的特点，那就是许多控制方法同时也是计划方法。这就再一次说明了一个客观事实，即控制和计划是一个问题的两个方面，控制的任务是确保计划得以实现。

常见的非预算控制方法主要有以下几种：

1）审计法

审计是对反映组织资金运动过程及其结果的会计记录及财务报表进行审核、鉴定，以判断其真实性和可能性，从而为控制和决策提供依据。其主要有三种类型：

（1）外部审计。它是由外部机构选派的审计人员对组织财务报表及其反映的财务状况进行独立的评估。

（2）内部审计。它提供了检查现有控制程序和方法能否有效地保证达成既定目标和执行既定政策的手段。

（3）管理审计。它是利用公开记录的信息，从反映组织管理绩效及其影响因素的若干方面将组织与同行业其他组织或其他行业的知名组织进行比较，以判断组织经营与管理的健康程度。

2）专题分析法

专题分析法是指由专门的人员针对某一专题做出专门的报告和分析的方法。专题分析对于具体问题的控制是非常有用的。这是由于专题报告和分析具有非例行工作的特点，引起了人们对某些非一般性问题的高度重视，这样可以揭示出对改善效率有重大意义的关键问题。

3）现场观察法

现场观察是指管理人员亲自到工作现场进行实地观察。这一方法使管理人员能够获得第一手的真实信息。基层的主管人员通过现场观察，可以判断出产量、质量情况以及设备运转情况和劳动纪律的执行情况等；而上层主管人员通过现场观察，可以了解到组织方针、目标和政策是否深入人心，可以发现职能部门的情况报告是否属实及员工的合理化建议是否得到认真对待，还可以从与员工的交谈中了解他的情绪和士气等。所有这些，都是主管人员最需要了解的，却是正式报告中见不到的第一手信息。

4）损益控制法

在实行损益控制的组织中，每一个主要的部门和分公司都要定期详细列出收入和费用情况，并定期计算其损益。通过对比分析各个部门和分公司的损益情况，可以对组织各个部分的盈利能力和对组织的贡献做出评价，并以此作为衡量业绩的标准。一般情况下，只有组织中的主要部门才进行损益控制，因为如果所有部门都使用这一方法的话，工作量未免过大。

损益控制法适用于对组织内部相对独立单位的控制。例如，作为利润中心管理和考核的分公司、事业部等，但不适用于组织内部作为成本中心管理的部门，如生产车间、参谋部门和服务部门。利润是一个企业追求的目标和生存的基础，是衡量企业成功与否的常用标准。

5）比率分析法

单个地去考虑反映经营成果的某个数据，往往不能说明任何问题。比如，企业本年度盈利100万元，某部门本期生产了5 000个单位产品，或本期人工支出费用为85万元，这些数据本身没有任何意义。只有根据它们之间的内在关系，相互对照分析才能说明某个问题。**比率分析法**就是将组织资产负债表和利润表上的相关项目进行对比，形成一个比率，从中分析和评价组织的经营成果和财务状况。

组织活动分析中常用的比率分为财务比率和经营比率两类。

（1）财务比率。它揭示企业的偿债能力和盈利能力等财务状况，主要指标包括：①流动比率。它是组织的流动资产与流动负债之比，反映了组织偿还需要付现的流动债务的能力。②速动比率。它是流动资产和存货之差与流动负债之比。③负债比率。它是组织总负债与总资产之比。④盈利比率。它是组织利润与销售额或全部资金等相关因素的比例关系。

（2）经营比率。它也称为活力比率，是与资源利用有关的几种比例关系，反映了企业经营效率的高低和各种资源是否得到了充分利用。

常用的经营比率有三种：①库存周转率。它是销售总额与库存平均价值的比率关系，反映了与销售收入相比库存数量是否合理，表明了投入库存的流动资金的使用情况。②固定资产周转率。它是销售总额与固定资产之比，反映了单位固定资产能够提供的销售收入。③销售收入与销售费用的比率。这个比率表明单位销售费用能够实现的销售收入，在一定程度上反映了企业营销活动的效率。由于销售费用包括了人员推销、广告宣传、销售管理费用等组成部分，因此还可进行更加具体的分析。比如，测度单位广告费用能够实现的销售收入，或单位推销费用能增加的销售收入等。

10.5 危机管理

任何一个组织在其发展过程中，都不可避免地会遇到许多突发的、对本组织发展不利的意外事件，如环境污染、产品质量受到投诉、严重的交通事故、组织内部安全事故、社会舆论的负面报道等。正所谓天有不测风云，这类事件一旦发生，对组织的生存和发展就是一次严峻的考验。若处理不当，对组织的打击就是致命的。

10.5.1 危机的含义

当今社会瞬息万变，人们在享受着科技发展和进步所带来的便利和舒适的同时，也面临着越来越不稳定的社会环境，突发事件和危机的发生在所难免。

危机是指组织由于突发事件或重大事故的出现，导致其面临强大的公众舆论压力和危机四伏的社会关系环境，使组织的形象受到严重的损害。危机管理是指组织对危机事件进行预测与防范、发现与处理以及修复与完善组织形象的一系列活动过程。

管理育人10-1 **滴滴们到底缺什么？**

2021年7月2日，国家互联网信息办公室发布公告，对“滴滴出行”实施网络安全审查。为配合网络安全审查工作，防范风险扩大，审查期间“滴滴出行”停止新用户注册。两天后，7月4日晚，国家网信办发布通报称，根据举报，经检测核实，“滴滴出行”App存在严重违法违规收集使用个人信息问题，依据《中华人民共和国网络安全法》相关规定，国家网信办通知应用商店下架“滴滴出行”App。作为国家网络安全法重拳处理的第一个案例，此新闻一出，关注颇多，且大部分人都对这一结果拍手称快，有媒体称这一处罚“深得人心”。

其实这已经不是滴滴第一次被卷入舆论漩涡：2018年，一起刑事案件就曾让滴滴顺风车在网上被骂了。甚至在公司创始人和管理团队发表了《致歉声明》以后，今日头条上讨论最多的话题依然是人们为何不能接受滴滴的道歉声明。

经历过成功，同时也因为其失格行为被全网舆论攻击，品牌信誉接近破产，直到在技术、产品和业务经营过程中，逾越了法律的底线，被依法下架处理。滴滴用了不到10年的时间，经历了一家企业从万众瞩目到万夫所指的全部过程。

资料来源 佚名.从失格到违法，滴滴到底缺什么？[EB/OL].[2021-07-12]. https://baijiahao.baidu.com/s?id=1705061938003355815&wfr=spider&for=pc.

感悟：资本逐利的本质，让滴滴这样的新生企业从一开始，就将全部的注意力都放在了对“结果”的追逐上：只有尽快达到目标，缩短周期，才能真正增加投入产出的比例。但是，也正是这种对最终目标过分高效的“执着”，使得像滴滴这样的企业，在大力提高能力、开拓市场、赢得竞争的同时，缺少对自身道德、精神以及企业价值观的反省和调整，从而导致其在不断从整个社会攫取商业价值的同时，缺少反哺社会的机制，甚至没有考虑过自身应该承担的企业社会责任。

10.5.2 危机产生的原因

引起组织发生危机的原因很多，大体可以分为组织内部原因和组织外部原因。

1）组织内部原因

（1）组织行为不当引起的危机。组织行为不当引起的危机是指社会组织在其运行过程中，由于自身行为的不得当或工作失误，而给社会公众带来了损失和危害。对一个组织来说，生产工艺设计欠科学、财务管理不善、产品质量与广告宣传不相符、对消费者的承诺不能兑现、随意提高产品价格、服务不周等引起的危机，都属于此类危机。危机发生后，组织社会声誉严重下降，经济活动受到很大影响，甚至出现生产经营活动的全部停滞。

（2）经营管理者决策失误引起的危机。管理的最终目的是使企业的经营目标与企业的内外部环境、条件相适应，达到动态的平衡。一旦决策失误，势必使企业的经营行为受挫，产生危机。

（3）员工素质低下造成的危机。组织是由员工组成的，而员工素质的低下也常常给组织带来危机，这方面的例子确实很多。

（4）产品质量问题或违法行为引发的危机。产品质量问题或违法行为引发的危机更容易引起公众的关注。如光明牛奶危机，郑州市食品药品安全委员会发表书面调查文件称，郑州光明乳业使用了在保质期内的库存奶进行再加工。

2）组织外部原因

（1）由自然灾害等突发事件引起的危机。对于一个组织来说，诸如飞机失事、火车脱轨、轮船沉没、毒气泄漏、食物中毒、火灾、爆炸、坍塌、产品漏电、漏水、漏油等恶性事故均属于突发事件。突发事件会使组织陷入巨大的舆论压力和危机之中。因此，对突发事件处理的效果如何，是关系到组织生死存亡的大事。

（2）体制和政策因素引起的危机。国家的经济管理体制和经济政策是企业难以控制的外部因素，它对企业的经营和发展产生着重大影响和制约作用。一般来讲，任何企业都希望国家经济管理体制和经济政策有利于本企业的生存和发展，如果体制不健全，政策对企业发展不利，那么企业就可能在经营活动中遭遇很大风险，出现严重问题，甚至陷入一种欲进不能、欲退不忍、欲止不利的困境。

（3）由媒介对组织的负面报道而引起的危机。舆论的负面报道有两种情况：一种是对组织损害社会利益行为的真实报道，如违章排污、生产的产品有质量问题或不符合卫生标准、内部员工有伤害消费者的言行等；另一种则是对组织情况的一种失实报道，它往往是由部分公众向媒体投诉而引起的，也有部分是因为组织与传媒界的个别记者交恶而受到中伤。

（4）竞争对手或个别敌对公众的故意破坏而引起的危机。此类危机由于是人为恶意破坏，往往会对公众造成某种严重后果。如1993年发生在美国的百事可乐罐中注射针头事件（事后查明是一对老年夫妇在用完注射器后顺手将针头放进了空置的百事可乐易拉罐中所致），由于传媒报道，造成谣言四起，一周内在美国竟然出现七例同类针头事件，加之公司反应不够及时，在一周后才将事件平息，导致百事可乐公司损失了2 500万美元。

（5）民族情结引发的危机。民族是人们在历史上形成的一个有共同语言、共同地域、共同经济生活以及表现于共同文化上的共同心理素质的稳定的共同体。同一民族使用共同语言文字，共同孕育出民族文化，也共享着民族潜意识的心理内容。民族情结是人们有意或无意地在语言和行为上集中地表现出来的民族自我意识。任何一个民族的人们都热爱本民族的历史和优良的文化传统，习惯于本民族的习俗、生活方式，并关切它们的存在和发展，这种表现通常也被称为民族感情。

10.5.3 危机管理的意义

由于危机事件影响重大而又涉及面广，甚至会危及组织的生存，因此危机管理具有重要意义：

1）在公众心目中重塑良好形象

危机的实质就是形象危机和声誉危机。对于组织来说，无论由何种因素或事件引发的危机，都会影响其在公众心目中的良好形象。危机公关能控制事态的发展，使形象损失降到最低，甚至可以塑造比危机前更佳的形象。

2）降低或挽回经济损失

给组织带来直接或间接的经济损失是危机的后果之一，及时并认真地处理危机，可以尽可能降低或挽回经济损失。

3）更好地协调与公众的关系

面临危机时，组织与公众的关系处于不协调的状态。在这种情况下，对危机进行审慎的处理，目的在于尽力协调组织与公众的关系，形成良好的组织发展环境。

4）为组织的发展带来机遇

从字面上看，"危机"中既包含"危"——危险和危难，也包含"机"——时机和机遇，危机的危险性和机遇性是同在的。中国的一句古语："祸兮福所倚，福兮祸所伏"，辩证地阐明了危机本质的双重性。危机的危险性不言而喻，危机的机遇性在于：首先，危机可以暴露企业的弊端，使企业能够对症下药，为进一步发展清除障碍；其次，企业在危机中往往会成为公众关注的焦点，如果危机处理得当，可以比在常态下更为有效地提高企业的知名度和美誉度，是提升企业公众形象的一次机遇。危机的危险性是固有的，而危机的机遇性必须基于企业成功的危机处理。

10.5.4 危机处理的程序

当危机不可避免地发生后，所要做的就是如何减少损失，挽回形象。危机处理的基本程序包括以下几个方面：

1）建立临时的专门机构

临时的专门机构是危机处理的领导部门和办事机构，要由主要领导亲自领导危机的处理工作；根据事件的情况可设领导小组和办公室，并设专人负责事故调查、处理及接待工作。

2）对事件进行调查

调查的内容包括：

（1）突发事件的基本情况：事件发生的时间、地点、原因、周围环境等。

（2）事件的现状与发展趋势：目前状况如何、是否还在发展、采取了什么措施等。

（3）事件产生的原因和影响：引发事件的原因；伤亡的情况及人数；损坏的财产数量及价值；事件涉及的范围和在经济上、政治上、社会上带来了什么样的影响等。

（4）查明事件涉及的公众对象，包括直接与间接的受害公众、与企业有利害关系的部门和个人、与事件的处理有关的部门机构以及新闻舆论界人士等。

3）对造成危机的事件进行分析

如果事件给社会带来严重危害，危机处理工作就要以寻求受害方和社会对企业的谅解、宽恕，重建企业的信誉为目标；如果事件给组织带来巨大的伤害和损失，危机处理工作就要以得到社会的同情、支持，争取人力、物力、财力的资助，迅速恢复组织秩序和解决职工的困难为目标。

4）确定对策，控制险情

在掌握危机事件第一手情况、了解公众的情绪和舆论的反应的基础上，深入研究，迅速确定应采取的对策和措施，及时控制危机险境，力争把组织和公众的生命财产损失降到最低点，这是在危机发生时要果断处理的。在这个过程中，尤其要把公众的利益放在第一位，这是在危机处理完毕后使组织形象得以尽快恢复的基础。接着要尽量控制危机态势的蔓延，使影响不再扩大。危机处理小组成员要按照分工积极妥善地做好分管工作，发扬团队合作精神，齐心协力为共同的目标而努力。

5）抓紧时机，落实措施

这是危机处理的中心环节，公众和舆论不仅要看组织的宣言，更要看组织的行动。组织要诚恳地听取危机事件中受害者的意见，实事求是地承担责任，坚决避免在事故现场与受害者或其家属发生争执。向媒体传递的信息要统一口径，由组织负责人公布事件真相。在实际操作中，当对危机事件的处理意见统一后，各方面负责人要同时开展工作，按照职责做到各司其职、步调统一、及时交流、保持协调，齐心协力地处理危机，使局面向着有利于维护组织形象的方向发展。

在处理整个事件的过程中，组织要始终把公众利益放在第一位。同时，组织还要随时向上级领导汇报情况，使上级领导随时掌握事态发展情况，以便及时给予指导。

6）善后处理，公之于众

对事件作上述处理后，危机处理工作尚未结束，舆论仍在关注危机给组织带来的社会影响，新闻媒介可能还会持续报道一段时间。组织应通过新闻媒介向社会宣传自己的新打算、新变化，邀请有关部门或公众代表到现场参观，回答咨询，做好解释工作。调动各方面的力量，挽回企业形象损失，恢复声誉，重新赢得广大公众的信任。

知识拓展10-2

企业如何规避“菜刀拍蒜”的风险

本章小结

★本章主要介绍了控制的含义与意义、控制的类型与原则、控制的过程及控制的方法。

★所谓控制，就是按既定计划、标准和方法对工作进行对照检查，发现偏差，分析原因，进行纠正，以确保组织目标实现的过程。管理控制的必要性主要是由下列原因决定的：组织环境的不确定性、管理权力的分散以及工作能力的差异。控制的意义包括：控制是组织适应环境的重要保障，控制能够有效提高管理水平，控制是强化成员责任心的重要手段，控制是限制偏差积累的有效手段。

★从不同的角度，可以把控制分为不同的类型：根据控制信息获取的方式和时点不同可将控制划分为前馈控制、同期控制和反馈控制；按照控制的原因与结果，控制可以分为间接控制与直接控制；从领导的角度出发，控制可分为制度控制和文化控制；根据整个组织控制活动的来源不同，控制可分为正式组织控制、群体控制和自我控制；根据力量的来源不同，控制可分为外在控制与内在控制。

★控制的内容主要包括以下几个方面：对人员的控制、对财务的控制、对作业的控制、对信息的控制、对组织效率的控制。控制的原则包括：重点原则、及时性原则、弹性原则、经济性原则、全局性原则、可操作性原则。

★完整的管理控制工作过程由制定控制标准、衡量绩效、采取矫正措施三个步骤组成。

★控制的方法主要包括两大类：预算控制和非预算控制。预算控制就是根据预算规定的收入与支出标准来检查和监督各个部门的生产经营活动，以保证各项活动或各个部门在完成既定目标、实现利润的过程中对经营资源的利用，从而使费用支出受到严格有效的约束。预算包括收支预算、现金预算、资金支出预算、原材料和产品产量预算、资产负债预算。

★常见的非预算控制方法主要有以下几种：审计法、专题分析法、现场观察法、损益控制法、比率分析法等。

★危机是指组织由于突发事件或重大事故的出现，导致其面临强大的公众舆论压力和危机四伏的社会关系环境，使组织的形象受到严重的损害。危机管理是指组织对危机事件进行预测与防范、发现与处理以及修复与完善组织形象的一系列活动过程。

★危机处理的程序：建立临时的专门机构；对事件进行调查；对造成危机的事件进行分析；确定对策，控制险情；抓紧时机，落实措施；善后处理，公之于众。

主要概念和观念

★ 主要概念

控制　前馈控制　反馈控制　预算　预算控制　资产负债预算　弹性预算　零基预算　审计　比率分析法

★ 主要观念

控制过程　预算控制　非预算控制

基本训练

在线测评10-1

判断题

在线测评10-2

选择题

1）判断题

（1）一切有效的控制方法首先就是计划方法。（　　）

（2）预算容易导致控制过细。（　　）

（3）库存周转率属于财务比率。（　　）

2）选择题

（1）控制的基本特征有（　　）。

A.目标性　B.整体性　C.激励性　D.动态性

（2）从领导的角度出发，可将控制分为（　　）。

A.前馈控制、同期控制与反馈控制

B.间接控制与直接控制

C.制度控制与文化控制

D.外在控制与内在控制

（3）机器的产出标准属于（　　）。

A.统计性标准　B.根据评估建立的标准

C.工程标准　D.工业标准

（4）以实物单位来表示的预算是（　　）。

A.收支预算　B.现金预算

C.资金支出预算　D.原材料和产品产量预算

3）简答题

在线测评10-3

简答题

（1）简述管理控制的必要性。

（2）试述控制的意义。

（3）控制的内容主要包括哪几个方面？

（4）简述控制的原则。

4）分析题

老干妈的危机处理

2020年6月，腾讯起诉老干妈拖欠其广告费1 624万元，并向法院申请对老干妈冻结1 624万元的资产。6月30日，深圳南山法院裁定腾讯的申请符合法律规定。当天，老干妈公开对外发表声明，声明中提到“6月10日接到法院送达的腾讯起诉文书，老干妈与腾讯之前无任何商业合作，并向公安机关报案，6月20日公安机关已立案侦查。”

腾讯素有“南山必胜客”之称，有很强的互联网法务团队，法律诉讼战无不胜，又有深圳南山法院的裁定，公众基本认定老干妈违约是既定事实。对此，老干妈在6月30日当天发表声明，明确表达老干妈和腾讯无任何商业合作并报案，并表示公安机关已立案侦查，并对影响公司声誉的行为保留追究法律责任的权利。第二天，贵阳警方通报案件侦破细节，是曹某、刘某利、郑某君三名犯罪嫌疑人伪造老干妈公司印章与腾讯签署营销合作协议，目的是骗取腾讯游戏礼包。至此，该事件对老干妈造成的负面影响以及给公众带来的负面情绪一扫而空。

那么老干妈是如何在短短两天内化解一场公众危机的呢？首先，是老干妈对事件本身、相关利益和潜在风险的准确判断，在接到法院诉讼文书后，开始内部自查，发现与老干妈无关后收集好相关证据，这足以应对诉讼风险。但是老干妈意识到金额巨大，腾讯或法院肯定会采取进一步措施，也极有可能成为公众事件，所以选择第一时间报警并积极准备应对预案。其次，应对措施得当。面对法院介入，老干妈直接选择报警，用同等的法律手段来应对，是最有效的办法。面对公众质疑，再以官方形式发表声明，阐述自查的结果、相应的措施和明确的态度。同时，通过媒体发声，向公众传达老干妈从不做推广营销的事实。最后，反应迅速，节奏把握恰到好处。6月30日法院裁定诉讼有效，将冻结老干妈1 624万元的资产。老干妈当天发表声明，予以积极回应。第二天，贵州警方发布通告，宣布案件侦破。老干妈用其迅速、专业和负责的处理态度以及高效的管理方式，赢得了公众好感。不少网友留下了评论，纷纷表示期待双方正式合作。

7月9日，腾讯与老干妈发表联合声明，“腾讯正式向老干妈道歉，撤销之前的诉讼，并表达积极探索未来双方合作的意愿”，腾讯和老干妈的这场危机事件告一段落。

资料来源　佚名.以公关的角度解析危机公关在腾讯和老干妈事件中的价值［EB/OL］.［2020-08-27］. https://zhuanlan.zhihu.com/p/202697778.

在线测评10-4

分析题

问题：你如何评价老干妈的这次危机处理？该案例对你的启示是什么？

实践训练

（1）分组讨论怎样才能建立一个有效的控制系统，以衡量你所在的班级在本学期所有课程的学习方面所取得的进步。该控制系统应该包括哪些方面的内容？如何运用？

（2）走访你所在学校的相关部门，了解学校在日常管理中的预算控制情况，并写一份调研报告。

主要参考文献

［1］许倬云．从历史看管理［M］．桂林：广西师范大学出版社，2005.

［2］史金平．管理学［M］．北京：高等教育出版社，2006.

［3］汪克夷，易学东，刘荣．MBA管理学［M］．4版．大连：大连理工大学出版社，2006.

［4］何海燕，李存金，陈振凤，等．现代管理学：理论与方法［M］．北京：北京理工大学出版社，2007.

［5］娄成武，魏淑艳．现代管理学原理［M］．北京：中国人民大学出版社，2008.

［6］聂锐．管理学［M］．北京：机械工业出版社，2008.

［7］孙喜林．组织行为学［M］．大连：东北财经大学出版社，2008.

［8］戴淑芬．管理学教程［M］．北京：北京大学出版社，2009.

［9］杨文士．管理学［M］．北京：中国人民大学出版社，2009.

［10］段丽娜，张凤英．管理学原理与实务［M］．西安：西北工业大学出版社，2010.

［11］林志扬．管理学原理［M］．厦门：厦门大学出版社，2011.

［12］方振邦．管理学基础［M］．北京：中国人民大学出版社，2011.

［13］蔡茂生，黄秋文．管理学基础［M］．2版．广州：广东高等教育出版社，2011.

［14］王欣欣，杨静．管理学原理［M］．北京：北京交通大学出版社，2012.

［15］徐碧琳．管理学原理［M］．北京：机械工业出版社，2012.

［16］吴价宝．管理学原理［M］．北京：高等教育出版社，2012.

［17］左仁淑．管理学原理［M］．北京：电子工业出版社，2014.

［18］孙元欣．管理学——原理、方法、案例［M］．北京：科学出版社，2016.

［19］罗宾斯·库尔特．管理学［M］．13版．刘刚，程熙镕，梁晗，等译．北京：中国人民大学出版社，2017.

［20］牟绍波，曹嘉晖．管理学——原理与案例［M］．北京：科学出版社，2018.

［21］单治国，郭改英，杜锦．管理学原理［M］．北京：北京师范大学出版社，2018.

［22］王博，张红，曾婧．管理学原理与实践［M］．北京：科学出版社，2018.

［23］周三多．管理学原理与方法［M］．7版．上海：复旦大学出版社，2018.

［24］张向东．管理学原理［M］．上海：华东师范大学出版社，2018.

［25］林志扬，陈福添，木志荣．管理学原理［M］．厦门：厦门大学出版社，2019.

［26］刘铁军．管理学原理［M］．武汉：武汉理工大学出版社，2019.

[27] 马广林. 管理咨询：原理·方法·专题 [M]. 大连：东北财经大学出版社，2019.

[28] 赵玉田. 管理学原理 [M]. 北京：科学出版社，2019.

[29] 马海牡，管理学理论与方法 [M]. 北京：北京大学出版社，2019.

[30] 方振邦，鲍春雷. 管理学原理 [M]. 北京：中国人民大学出版社，2019.

[31] 黄志平. 管理原理与实务 [M]. 北京：机械工业出版社，2021.

[32] 苗雨君. 管理学——原理·方法·实践·案例 [M]. 北京：经济科学出版社，2021.

[33] 张智光. 管理学原理 [M]. 北京：清华大学出版社，2022.

[34] 朱舟，周健临. 管理学基础 [M]. 上海：上海财经大学出版社，2022.

[35] 贡小妹. 管理学 [M]. 上海：上海大学出版社，2022.

[36] 李维刚. 管理学原理 [M]. 北京：清华大学出版社，2022.

[37] 王西娅. 管理学原理与应用 [M]. 西安：西安电子科技大学出版社，2022.

[38] 胡川. 管理学通论 [M]. 北京：北京大学出版社，2022.